KB054768

채의진 평전

빨간 베레모

채의진 평전
빨간 베레모
문경 석달마을 민간인 학살 사건 진상 규명 70년의 기록

초판 1쇄 발행 2018년 3월 30일
초판 2쇄 발행 2018년 10월 19일

지은이 · 정희상, 최빛
발행인 · 표완수
편집인 · 문정우

펴낸곳 · ㈜참언론 시사IN북
출판신고 · 2009년 4월 15일 제 300-2009-40호
주소 · 100-858 서울시 중구 중림로 27 가톨릭출판사빌딩 신관 3층
주문전화 · 02-3700-3256, 02-3700-3250(마케팅팀), 02-3700-3255(편집부)
주문팩스 · 02-3700-3209
전자우편 · book@sisain.kr
블로그 · book.sisain.co.kr

• 시사IN북은 시사주간지 〈시사IN〉에서 만든 출판 브랜드입니다.
• 이 책은 저작권법에 따라 보호받는 저작물이므로 무단 전재와 무단 복제를 금지하며,
이 책 내용의 전부 또는 일부를 이용하려면 반드시 저작권자와 시사IN북의 서면동의를 받아야 합니다.
• 잘못된 책은 바꾸어 드립니다.
• 책값은 뒤표지에 있습니다.

ISBN 978-89-94973-45-6 03300

이 도서의 국립중앙도서관 출판예정도서목록(CIP)은 서지정보유통지원시스템 홈페이지(http://seoji.nl.go.kr)와
국가자료공동목록시스템(http://www.nl.go.kr/kolisnet)에서 이용하실 수 있습니다. (CIP제어번호: CIP2018008277)

채의진 평전

빨간 베레모

정희상·최빛 지음

문경 석달마을 민간인 학살 사건
진상 규명 70년의 기록

· 머리말 ·

채의진의 인권 투쟁 기록

1989년 가을, 스물여섯 새내기 기자였던 나는 교육 현장에서 막 은퇴한 중년의 채의진 선생을 처음 만났다. 그 후 인연은 27년간 질기게 이어지다가 2016년 여름 '진실의 힘' 인권재단이 수여하는 '제6회 인권상 공동 수상'을 마지막으로 둘은 이승과 저승으로 갈렸다. 이 책은 그 오랜 기간 내가 지켜본 '채의진의 인권 투쟁 기록'이다.

초년 기자 시절 전국을 돌며 탐사 발굴 취재를 시작한 이래 30여 년간 끈을 놓지 않고 있는 '한국전쟁 전후 비무장 민간인 학살 사건' 가운데에서도 특히 문경 석달동 학살 사건과 현장 생존자 채의진의 사례는 특별할 수밖에 없다. 1949년 12월 24일 국군 부대가 마을 주민 86명을 사냥 연습하듯 무차별 학살하고 역대 정부가 조직적으로 은폐해온 문경 민간인 학살 사건. 경북 문경 산북면 석달 부락 학살 현장에서 아홉 식구를 잃고 형님의 시신 밑에서 기적처럼 살아난 소년 채의진은 그날 이후 감당하기 어려운 충격을 딛고, 모든 게 망가질 수밖에 없는 피학살 유족 가운데 드물게 학업에 정진해 대학 교육까지 받았다.

1989년 가을 내가 처음 찾아갔을 때 채의진 선생은 20여 년간 몸담아온 교직을 그만두고 서각 공예로 예술혼을 불태우며 학살 트라우마를 달래고 있었다. 그는 특히 민간인 학살을 외면해온 한국 언론에 대한 불신과 원망이 깊었다. 오랫동안 중·고교 영어 교사로 재직했던 채의진 선생은 1980년대 말 영문으로 문경 석달부락 학살 사건 보고서를 정리하기도 했다. 그러던 중 나와 만나면서 채 선생은 국내 언론과 손잡고 진상 규명을 해나가기로 마음을 고쳐먹었다. 그 징표로 채의진 선생은 학살 사건이 해결되는 그날까지 머리와 수염을 자르지 않겠다고 내게 다짐했다.

이후 붉은 베레모에 허리까지 늘어뜨린 긴 머리, 덥수룩한 흰 수염은 비극적 현대사의 증언자 채의진만의 징표였다. 기이한 외모 때문에 곧잘 기인이나 도사로 오해받기도 했지만 그는 아랑곳하지 않았다. 팔순을 눈앞에 둔 마지막 순간까지 도대체 어디서 저런 괴력이 나올까 싶을 정도로 노익장을 과시했다. 그는 단순한 기인이 아니라 '집념의 화신'이었다. 1990년대 중반부터 한국전쟁 전후 국가 공권력이 자행한 비무장 민간인 학살 현장이라면 전국 어디든 달려갔다. 건강을 염려한 주변의 만류에 "나는 쓰러지고 싶어도 맘대로 못 한다. 그날 억울하게 쓰러져간 분들의 원혼이 내려다보며 학살 진상을 규명할 때까지는 저승 근처에 한 발짝도 얼씬거리지 말라고 하신다"라며 투지를 불태우곤 했다.

국회와 언론사, 국방부 문턱이 닳도록 뛰어다니던 1990년대 진상 규명 투쟁 과정에서 채의진 선생은 민간인 학살 문제 해법이 개별 사건의 한계를 뛰어넘어야 한다는 사실을 깨쳤다. 이후 2000년대 들어 그는 전국 유족회와 범국민위원회를 결성하는 데 산파 역할을 도맡았다. 채 선생을 중심으로 전국 민간인 학살 유족들이 한데 뭉쳐 외친 한 맺힌 통합특별법 제정 요구에 시민사회와 정치권도 어느 정도 화답하기에 이르렀다. 마침내 2005년 5월 여야 합의를 통해 부족하나마 '진실·화해를 위한 과거사 정리 기본법'이 통과됐다. 채의진 선생은 비로소 국가 범죄에 대한 저항으로 17년간 단 한 번도 자르지 않고 길러오던 머리를 삭발했다.

그 전 과정을 이 책에 담았다. 여기에 학살 현장에서 같이 살아남아 박정희 정권 때 고초를 치른 채 선생의 친조카 채홍락 씨, 평생에 걸쳐 채 선생의 모진 삶에 때로는 빛이, 때로는 나무그늘이 되어준 친구 김주태와 제자 유복연, 동지 이이화·김동춘·김원웅 등이 '가슴에 간직하고 있던 각각의 채의진'을 함께 끌어내 입체적으로 엮었다. 이 책의 후반부에는 '진실·화해를 위한 과거사 정리 위원회'에서 문경 사건에 대해 진상 규명을 한 이후 내린 사과와 배상 권고에 따라 채의진이 박갑주 변호사와 함께 국가를 상대로 벌인 지리하고도 험난한 법정 투쟁기를 담았다.

한국전쟁 전후 민간인 학살 문제 해결은 아직도 미완의 인권 숙제로 남아 있다. 진실화해위에서 진상 규명이 이뤄진 문경 등 일부 지역 학살 사건에 대해 법원에서 개별적 배상 판결을 내리기는 했지만, 아직도 대다수 피해 유족은 사법부의 보수화 흐름 속에 시효 문제 등에 걸려 배상을 받지 못하고 있다. 국가 범죄에 의한 억울한 주검의 유골들은 아직도 전국 각지에 흩어져 있다. 일부 수습된 유골도 안식처를 찾지 못한 채 대학병원 법의학교실 등에 쌓여 있다. 집단 학살 유해에 대한 합당한 처리와 역사관(추모관) 건립 등은 아직도 요원한 실정이다.

채의진의 삶과 투쟁 기록이 그가 못다 이루고 떠난 남은 학살 사건의 궁극적 해결에 보잘것없는 작은 밑돌이라도 되기를 간절히 소망하며 이 책을 그의 영전에 바친다.

끝으로 이 책이 나올 수 있도록 협조해준 채의진 선생의 자녀 채숙희·채홍필 님께 감사드린다. 또 채의진의 80년 삶의 기록을 자원봉사하는 정신으로 돕겠다며 취재원 인터뷰 정리와 자료 분류 작업을 기꺼이 도맡아준 '글공장' 최빛 작가와 강지원 작가에게도 이 자리를 빌려 감사의 뜻을 전한다.

2018년 3월 정희상

· 내가 본 채의진 ·

평생을 건 싸움

1999년 무렵이다. 당시 나는 〈전쟁과 사회〉라는 한국전쟁 관련 책을 준비하는 중이었다. 자료를 찾기 위해 가끔 헌책방에 들러서 책을 구하곤 했는데, 우연히 〈아, 통한의 44년〉이라는 예사롭지 않은 제목의 책을 발견했다. 그 책에서 나는 문경 학살 사건을 알게 되었고, 채의진이라는 유족이 그 사실을 알리기 위해 책을 낸 것도 알게 되었다. 당시 나는 고양 금정굴 사건 등 여러 학살 사례를 이미 알고 있었고, 한국전쟁 피학살 유족들과 인터뷰도 진행한 터라 '아, 이런 기막힌 피해 사실도 있고, 한을 풀기 위해 이런 책까지 내는 사람이 있구나' 싶어 언제 연락해서 만나봐야겠다 생각했다.

그 무렵 그 전부터 알고 지내던 조용환 변호사가 내게 전화를 했다. 자기가 입법부작위로 헌법소원을 낼 사건을 맡았다고 했다. 입법부가 제 역할을 하지 않을 때 내는 소송을 입법부작위라고 하는데 한국전쟁 때 학살당한 민간인과 관련된 일이라고 했다. 그런데 조용환 변호사는 이 문제는 입법부작위로 해결될 것 같지도 않고 자신도 어떻게 해야 할지 막연하다는 것이었다. 그가 말하길 자신에게 찾아온 사람이 '채의진'이라는 것이었다. 깜짝 놀랐다. 정말 이상한 우연이었다. 내가 며칠 전에 그 사람이 쓴 책을 읽었고 한번 만나봐야겠다고 생각했는데, 조용환 변호사에게 그런 전화가 왔으니 말이다. 그래서 나는 조용환 변호사에게 바로 채의진 씨 전화번호를 가르쳐달라 했다. 그래서 통화를 하고 만나자고 약속했다. 2000년 1월 몹시 추운 겨울날 제자들과 문경을 직접 찾아갔다.

옛날 책들과 각종 청원 서류로 어지러운 그의 방에서 들은 문경 민간인 학살 사건은 정말 충격적이었다. 나는 연구자로서 자료 수집을 위해 그를 만났으나 그는 내가 단순한 연구자로서 이 문제를 바라보지 못하도록 강하게 끌어당겼다. 준비하던 책 〈전쟁과 사회〉는 2000년 6·25 직전에 출간했지만, 내가 단지 연구자로 머물지 않고 한국전쟁 민간인 학살 사건과 관련된 활동을 시작하게 된 계기는 바로 채의진 선생님과의 만남이었다. 문경 사건의 현장 생존자로서 온몸과 마음을 바쳐 직업도 버리고 거의 평생을 이 문제 해결에 매달렸다는 그의 개인사가 내가 큰 울림을 주었다.

이 점에서 그는 유족이기는 하나 한 사람의 투사였다. 유족 중에서 채의진 선생처럼 민간인 학살 진상 규명 운동에 자신의 모든 것을 던진 사람은 없었다. 이후에 알게 되었지만 사실 피학살 유족들은 한국에서 가장 약한 존재였다. 빨갱이 취급당하는 것이 천형처럼 여겨지는 한국에서 자신의 가족이 국군과 경찰에 빨갱이로 몰려 희생당했다는 사실을 드러내놓고 말하기는 매우 어렵다. 그들은 직장 동료나 이웃에게 따돌림당할까 봐 드러내놓고 말하지 않는 경우가 대부분이었다. 유족에 대한 탄압의 기억 때문이기도 하겠지만 그에 따른 트라우마도 심각했다. 그렇기 때문에 민간인 학살 사건의 억울함을 알리기 위해 나서서 일하는 사람은 거의 없다. 그런데 채의진 선생은 고등학생 시절부터 이 문제에 매달린 것이다. 거기에는 자기 가족 중 아홉 명이 죽고 혼자 살아남았다는 죄책감도 작용했을 것이다. 진상 규명 운동에 뛰어들고 나서는 그 책임의식 위에 분노가 더해졌다. 그래서 그는 언제나 분노와 억울함에 가득 찬 모습이었고, 나는 그것을 들어주는 입장이었다.

2000년 제주 인권회의를 시작으로 2000년 9월 '한국전쟁 전후 민간인 학살 진상 규명과 명예 회복을 위한 범국민위(범국민위)' 결성 과정에서 나는 그를 언제나 유족 대표로 추대하여 발언할 수 있도록 했다. 이후 수십 번의 각종 집회, 각종 세미나, 국제회의에 그 특유의 빨간 모자와 긴 머리를 가진 그가 나타났다. 나는 그 대부분의 자리에 그와 함께했다. 나는 그 자리에서 적어도 수십 번 그의 한풀이 하소연을 들었다. 당사자가 아닌 나에게 문경 사건은 한국전쟁 전후 발생한 수백, 수천 건의 민간인 학살 사건 중 하나이지만, 채의진 선생에게 그것은 하나뿐인 절대적인 사건이었다. 그 건널 수 없는 거리를 알고 있었기 때문에 나는 가끔씩 약간 짜증을 내기는 했으나 대체로 그의 이야기를 묵묵히 들었다.

나는 그에게 이 문제는 유족들이 생각하듯이 개인의 억울함만 호소해서는 풀리지 않는다고 계속 설득했다. 시민사회와 정치권의 공감을 얻어야 하기 때문에 내가 억울하다고만 말해서는 안 된다고 말했다. 그래서 그도 처음에는 자기 이야기만 절대적으로 중요하다고 생각했으나 나중에는 내 이야기를 어느 정도 받아들여 유족회의 대표로서 일반적인 학살 얘기도 하기 시작했다. 그러나 피해자가 자기 문제가 아닌 일반적인 이야기를 하는 데는 한계가 있다. 채의진 선생의 경우 본인 스스로가 이 한계에 대해 잘 알고 있었다. 그렇기 때문에 늘 자신을 사회운동가가 아닌 한 사람의 유족일 뿐이라고 말하고는 했다. 사실 끝내 한 사람의 유족 입장을 벗어나지는 못했지만 그는 활동을 통해서 자기 개인과 가족의 해원만을 추구하는 일반적인 유족의 한계를 뛰어넘은 사람이었다.

나는 그가 매우 불행한 사람, 어쩌면 한국에서 최고로 불행한 사람이라는 생각을 언제나 갖고 있었다. 또 불같은 성격 때문에 사람들과 원만하게 잘 지낼 수 있는 사람이 아니었다. 여기에 학살 사건의 트라우마까지 더해졌으니 평범한 삶을 살기는 힘들었을 것이다. 주변 사람들과의 관계 유지에도 큰 어려움을 겪는 것처럼 보였다. 맺힌 한이 많고 성격이 불같기 때문이었을 것이다. 그래서 나보다 나이는 훨씬 위였지만, 나는 그가 화를 참지 못하고 즉흥적으로 말해서 실수를 할 때는 아이들에게 야단치듯이 그의 행동을 책망하기도 했다. 그도 농담 반 진담 반 나를 '어른'이라고 부르기도 했다.

그는 2000년 범국민위 아래 전국유족협의회가 조직되고, 전국 곳곳에서 열리는 위령제에 참가하면서 나름대로 새로운 기쁨을 느낀 것 같았다. 사회운동이라는 것이 힘든 일이지만 원래 그 속에서 느끼는 동료들 간의 유대를 통해 작은 즐거움을 찾을 수 있는 법이다. 수십 년 동안 외롭게 싸워왔던 그는 동료들과 지지자들을 만났기 때문에 새로운 활력을 얻었고, 삶의 기쁨도 맛본 것 같았다. 2005년 '진실·화해를 위한 과거사 정리 기본법'이 통과되자 그는 약속했던 대로 종로에서 그 긴 머리를 잘랐다. 그리고 수년 동안 운동을 함께 했던 모든 사람들과 큰 파티를 열었다. 그의 인생의 절정의 순간이었다. 2007년 사라예보 국제 제노사이드 학회에 나와 함께 참가한 것은 그에게 잊지 못할 추억이 된 것 같았다. 한국에서도 그런 국제 행사를 개최하자고 내게 제안을 했지만 그의 소원을 들어주지 못해 아쉬움이 크다.

2005년 '진실·화해를 위한 과거사 정리 위원회'가 문을 열자 나는 정부 측 사람이 되었고, 그는 민원인이 되었다. 문경 사건은 제일 먼저 조사 개시되어 충실한 조사를 거쳤다. 새로운 자료나 증인도 찾았다. 그는 진실 규명의 기쁨을 맛보았을 것이다. 진실 규명 결정이 내려진 몇 년 동안 그는 인생의 보람을 찾았을 것이다. 그는 더 이상 한국에서 가장 불행한 사람은 아니었다. 민간인 학살 사건을 겪었던 유가족 중에서 진상 규명에 보상까지 받은 사람은 거의 없다. 채의진 선생은 나중엔 '진실의 힘' 인권상까지 받았다. 그런 기쁨을 맛본 사람은 그분 외에는 없다. 꼭 법적인 보상이 아니더라도 사회적으로 어느 정도 인정을 받은 것이다.

그러나 보상 소송 과정에서 유족 내부의 갈등, 법원의 보상금 반환 요구 등이 그의 병을 더 악화시킨 것 같다. 나는 정부 측 사람이 되어 보상 문제에 대해 왈가불가할 자격도 없고 해서 입을 다물었다. 단 "보상은 쥐약이 될 것이다"라고만 그에게 경고했고, 사망하기 전에 그도 내가 왜 그런 말을 했는지 이해했다고 말한 적이 있다.

그는 학살 현장에서 기적적으로 살아나 한 많은 인생을 살다 갔다. 그러나 그 와중에 참 많은 사람들을 만나고 위로를 받는 기쁨도 누렸다. 2000년 이후 아마 그에게 나는 가장 중요한 사람 중 하나였을 것이다. 그러나 나는 그가 병중에 힘들어 할 때, 시간을 내서 그의 하소연과 억울함을 모두 다 들어줄 수 없었던 것이 아쉬움으로 남는다.

김동춘(성공회대 교수·전 진실화해위 사무처장)

· 내가 본 채의진 ·

인생의 만남, 채의진 선생님

변호사로서 내 인생의 사건이라 할 수 있는 사건이 몇 개 있다. 삼성 X파일 관련 노회찬 의원 형사 사건, 1인 1표 비례대표 선출 방식 위헌소원, 민주노동당 당원이던 두산중공업 노동자 배달호 분신 사망 진상 조사, 그리고 문경 석달마을 민간인 학살 손해배상 청구 사건 등이 그것이다. 그런데 평소 진보정당에서 활동했고, 선거 제도에 관심이 있었으므로 다른 사건들이야 인연이라고까지 할 만한 사건들은 아니다. 한편 나는 평소 과거사 문제 해결은 마치 2학기에 1학기 공부를 하는 느낌이었다. 그래서 친일 청산 문제나 한국 전쟁 전후 민간인 학살 진상 규명 및 배상 문제는 내가 할 일이라는 생각이 들지 않았다. 그러니 내가 문경 석달마을 민간인 학살 사건을 만나고 그 소송까지 진행하게 된 것은 특별한 인연이라 볼 수밖에 없다.

예전에 '법무법인 해마루'에서 근무한 적이 있었다. 그곳에 일제

강점기 강제 징용 문제, 한국전쟁 전후 민간인 학살 문제 등의 과거사 문제와 관련하여 많은 활동을 하시던 장완익 변호사님이 계셨다. 장 변호사님이 안식년을 맞아 해외로 나가시면서 후배 변호사인 나에게 당신께서 몸담았던 '한국전쟁 전후 민간인 학살 진상 규명 및 명예 회복을 위한 범국민위원회' 활동을 부탁하셨다. 그렇게 범국민위원회 활동을 하게 되었고, 그곳에서 유족 대표로 활동하시던 문경 석달마을 학살 사건의 유족인 채의진 선생님을 뵙게 되었다. 빨간 베레모, 긴 수염, 생활한복을 입은 외모보다 당신이 겪은 학살 사건의 진상 규명을 위해 오랫동안 노력해온 열정과 의지가 훨씬 더 인상적이었던 선생님이었다. 범국민위원회 회의를 마치면 늘 문경 석달마을 사건에 대한 국가 책임에 대해 말씀하셨고, '진실·화해를 위한 과거사 정리 기본법' 제정 활동에도 열성적으로 참여하셨다. 그 모든 열정과 활동이 존경스러웠다.

하지만 나는 과거사 기본법이 통과된 뒤로 관여해야 할 1학기 숙제도 대강 끝냈다고 생각했기 때문에 범국민위원회 활동에 뜸해졌다. 그사이 채의진 선생님은 '진실·화해를 위한 과거사 정리 위원회'에 문경 석달마을 학살 사건의 진상 규명을 신청하셨고, 결국 2007년 진실화해위로부터 문경 석달마을 학살 사건에 대한 진실 규명 결정도 받으셨다. 하지만, '진실 규명 결정' 자체는 말 그대로 대한민국 소속 군인들이 문경 석달마을 민간인들을 집단 학살했다는 점을 밝히는 것으로 끝나는 것이었다. 공비共匪가 아닌 대한민국 군인에 의해서 학살되었다는 사실이 밝혀졌으므로 명예 회복이 다 되었다고 볼 수는 없었다. 관官의 지원으로 위령비가 설립되었기 때문에 실질적 피해가 회복되었다고 할 수도 없었다. 이에 채의진 선생님은 진실 규명 결정 이후 정부나 국회 등이 나서서 진정한 명예 회복이나 정의 실현, 피해 회복을 해주기를 요구했고, 기대했다. 하지만 그와 같은 희망들은 진실 규명 결정 이전과 마찬가지로 저절로 이루어지지 않았다.

그리하여 채의진 선생님은 2008년 초여름 나를 찾아오셨다. 국가를 상대로 손해배상을 청구하는 소송을 해야겠다고 말씀하셨다. 처음에는 선생님을 말렸다. 민간인 학살 사건 진상 규명 및 명예 회복 운동의 정신을 따를 때 개별 소송이 아니라 법률의 제·개정을 통하는 것이 적절하다고 생각했고, 특히 대법원이 바로 그해 5월 거창 민간인 학살 사건에 대해 공소시효가 지났다는 이유로 패소 판결을 내렸기에, 당시 대법원 구성으로 볼 때 승소 가능성이 전혀 없다고 판단했기 때문이었다. 하지만 선생님은 언제 될지 알 수 없는 법률의 제·개정을 더 이상 기다릴 수 없고, 정부와 국회는 의지와 책임감이 없다고 말씀하셨다. 그리고 법원에서 패소가 예상되더라도 끝까지 법적 정의를 다투어보고 싶다고 하셨다. 당신의 여생 안에 문경 석달마을 사건을 정리하고 싶었던 마음이 간절했던 데다, 쉽게 포기하지 않는 성격도 한몫을 했다. 민간인 학살 관련 사건에 관여하고 있던 변호사가 많지 않던 상황에서 채의진 선생님이 소송을 하시겠다면 내가 끝까지 책임지고 맡아야겠다는 결심을 했다. 그렇게 문경 석달마을 학살 사건은 내게 특별한 인생의 사건이 되었다.

채의진 선생님은 유족 네 분을 원고로 모아오셨다. 2008년 7월 손해배상 청구 소장을 제출한 후 2009년 2월 예상대로 1심에서 패소했다. 항소했고, 같은 해 7월 항소심에서 역시 예상대로 패소한 후 대법원에 상고했다. 선생님은 그 과정에서 어떤 망설임도 없이 상소를 결정하셨다. 상급심으로 올라갈수록 더 많은 인지대를 준비해야 했다. 그와 같은 현실적 문제가 선생님을 가장 힘들게 했으리라 짐작했지만 나는 선생님께 여쭤보지는 않았다. 그사이 대법원의 태도가 바뀌었다. 정확히는 대법원 구성이 바뀌었다. 물론 그와 같은 대법원의 변화는 채의진 선생님과 같은 분들이 오랫동안 진상 규명 및 명예 회복을 위해 활동해왔기 때문이었다. 대법원은 2011년 6월에 울산 보도연맹 학살 사건에서 공소시효가 지났다는 국가의 주장을 받아들이지 않고, 유족들의 손을 들어주었다. 하지만 소송 과정에서 국가가 그동안 울산보도연맹원 처형자 명부 등을 비밀로 지정, 보관하고 있었다는 점이 밝혀진 울산 보도연맹 학살 사건의 대법원 판결이 모든 민간인 학살 사건에 적용될 수 있는지는 분명하지 않았다. 대법원은 다시 같은 해 9월에 문경 석달마을 학살 사건의 판결을 선고한다고 통보했고, 전국의 유족들이 마음을 졸이며 선고를 기다렸다. 결국 대법원은 2011년 9월 8일 문경 석달마을 학살 사건에서 국가 책임을 인정하면서 기존 판결을 파기하여 서울고등법원에 환송했다. 그리하여 문경 석달마을 학살 손해배상 청구 사건은 울산 보도연맹 학살 손해배상 청구 사건과 함께 한국전쟁 전후 민간인 학살 손해배상 청구 사건의 리딩 케이스가 되었다.

파기 환송 후 고등법원 판결은 2012년 4월에 선고되었다. 희생자

기준 3억 원의 손해배상액을 인정하면서 국가 책임을 준열히 묻는 내용이었다. 판결 선고 직후 국가는 판결이 확정되지 않았음에도 불구하고 서둘러 판결금을 지급하고 형식적으로(!) 다시 대법원에 상고를 하였다(그때는 그렇게 생각했다. 상고를 한 국가도 그렇게 생각했으리라 확신한다!). 채의진 선생님은 국가로부터 판결금을 지급받고 무척 기뻐하셨다. 원고들로부터 판결금 일부를 갹출받아 한국에서 국제 제노사이드 학회를 유치하고 싶어 했고, 계획을 의논하곤 했다. 나는 매칭펀딩을 하겠다 말씀드렸다.

하지만 그 이후부터 채의진 선생님께 상처가 되는 일들이 계속 생겼다. 이미 그 전부터 시작된 전국 유족회와의 관계 악화에 대해서는 나는 잘 모른다. 하지만 서울고등법원 판결이 내려진 뒤 소송에 참여하지 않은(또는 못한) 문경 석달마을 학살 사건의 나머지 유족들과 마음이 상하는 일들이 있었던 듯하다. 여러 이유로 국제 제노사이드 학회를 유치하지 못해 낙담하셨다. 그리고 정권이 바뀐 이후 대법원은 또 한 번의 태도 변화, 정확히 이야기하면 사법부에 의한 기존 과거사 청산 작업을 전면적으로 부정하기 시작했다. 대법원은 2013년 5월 16일 전원합의체 판결로 민간인 학살 사건과 관련해 진실화해위원회라는 국가기구에서 진실 규명 절차를 거쳤음에도 불구하고 원고들에게 다시 입증하게 하여 국가의 불법 행위 책임 인정을 훨씬 어렵게 하고, 시효를 더욱 짧게 보며, 사실상 하급심이 인정한 손해배상액도 깎을 수 있다는 취지의 판결을 내렸다. 그리고 그와 같은 대법원 판결의 영향으로 문경 석달마을 학살 사건은 다시 파기 환송되어 서울고등법원으로 돌아갔고, 고등법원은 기존 판결금의 3분의 1 이하인 손해액만을 인정하는 판결을 내렸다. 결국 오랜 가난으로 이미 다 사라져버린 판결금 지급금은 물론 그 이자까지 반환해야 하는 상황이 된 것이다. 나는 이것이 결정적으로 선생님께 분노와 좌절을 안겨주고, 건강을 크게 상하게 한 원인이라 생각한다. 선생님은 그와 같은 고등법원 판결을 받아들이지 않았고, 다시 대법원에 상고해 결국 패소로 확정되었다. 하나의 사건이 몇 년에 걸쳐 세 번이나 대법원 판단을 받아서 확정된 결과였다.

그것이 끝이 아니었다. 이제 국가가 유족들을 상대로 기존에 지급받은 판결금의 3분의 2 이상을 반환하고, 그것에 대한 이자까지 지급할 것을 요구하는 소송을 제기했다. 역시 채의진 선생님은 그런 국가의 요구를 부당하다 생각했고, 법률상으로 끝까지 다투기를 원하셨다. 마지막까지 최선을 다한 후 결과를 받아들이면 된다 하셨다. 그래서 부당 이득 반환 청구 사건까지도 내가 진행하게 되었다. 알고 있다시피 바로 그 소송 진행 도중에 선생님은 돌아가셨다. 만일 채의진 선생님이 살아 계셨다면, 다시 지급된 판결금을 돌려달라는 국가의 요구가 문경 석달마을 학살 사건의 유족에게 다시 한 번 피해를 입히는 부정의不正義임을 끝까지 주장하셨을 것이다. 하지만 소송 도중에 선생님은 돌아가셨고, 그것으로 사실상 선생님의 소송은 마무리되었다. 물론 국가로부터 부당 이득 반환 청구를 받은 다른 유족들 일부는 국가의 소송에 일절 대응하지 않았고, 일부는 그 자체가 강제력인 국가의 요구를 하는 수 없이 그대로 수용했으며, 다른 일부는 금원을 반환하라는 1심 판결에 항소하면서 끝까지 국가의 요구에

항의해 국가로부터 일부 이자를 감면받기도 했다. 물론 그와 같은 일부 이자의 감면도 2016~2017년에 걸친 촛불항쟁 이후 새로운 정부가 들어선 영향이었다.

처음 채의진 선생님이 그 직전에 있었던 거창 양민 학살 사건에 대한 대법원의 패소 판결에 좌절해 소송을 제기하지 않았다면, 한국전쟁 전후 민간인 학살 사건의 리딩 케이스인 대법원 판결은 없었을 것이다. 문경 학살 이후부터 평생을 진상 규명과 명예 회복을 위해 노력해오신 선생님의 활동이 없었더라면 진실 규명에 더 많은 시간이 걸렸을 것이다. 만일 채의진 선생님이 돌아가시지 않고 국가의 부당 이득 반환 청구에 맞서 끝까지 싸웠더라면 그 결과가 현재와 같지 않았을 것이다. 그런 의미에서 채의진 선생님은 한국전쟁 전후 민간인 학살 사건의 유족 운동에서도 하나의 역사이며, 그 의지와 활동에서 특별한 분이었다. 솔직히 말씀드리면, 과거사기본법이 통과된 후 많은 유족회가 생겨나고 활동하는 유족들이 많아졌지만, 나는 아직까지 채의진 선생님과 같은 분을 만나지 못했다.

채의진 선생님 생전에 선물을 하나 받은 적이 있다. 선생님은 2012년 4월 서울고등법원에서 승소 판결을 얻어낸 후 내가 지금의 법무법인을 개업할 때 '음마투전飮馬投錢'이라는 사자성어를 새긴 전각을 선물해주셨다. 옛날 선비들이 말을 타고 과거 보러 가다가 강에 다다라 말에게 물을 먹일 때 먼저 돈을 물속에 던져 물 값을 지불했다는 것에서 비롯된 사자성어이다. 보통 대가를 지불하라는 의미에서 역전이나 식당에 걸려 있기 쉬워 현실적인 의미에서 새겨주신 글이라 생각했다. 하지만 이제는 스스로 경계하며 살라는 의미로 주신 글이라 생각하며 산다. 채의진 선생님, 감사합니다.

박갑주(변호사)

· 차례 ·

• 프롤로그 •

진혼곡

그날이 오면, 두둥실 춤을 추고
그날이 오면, 서울 종로 네거리에서
성대한 삭발식을 하리라.
가신 님들 영전에 자른 머리 바치고
비로소 마음껏 목 놓아 울어보리라.
50년간 숨죽여 외치던 통한의 메아리를
비로소 목청껏 외쳐보리라.

한 남자의 목소리가 울려 퍼진다. 애달픔이 짙게 묻어 있는 목소리가 폐부를 찌른다. 그 노래는 사무치는 진혼곡이다. 남자는 '가신 님들'을 떠올린다. '가신 님들'을 생각하는 목소리가 울음으로 변한다. 허리까지 머리를 길게 늘어뜨린 남자. 제멋대로 자란 머리가 나무뿌리처럼 얽혀 단단히 굳어 있다. 하얗게 센 머리 위로 빨간 베레모를 눌러쓴 남자는 캄캄한 어둠 속을 헤맨다. 짙은 어둠 속에서 희미한 총소리와 비명 소리가 메아리친다. 남자가 귀를 막아보지만 메아리는 두 손가락 사이를 날카롭게 파고들어 머릿속을 휘젓는다. 칠흑 같은 어둠을 비집고 남자는 한 걸음 한 걸음 앞으로 걷는다. 희미한 빛조차 보이지 않는 길, 남자는 먼저 떠난 영혼들의 무게만큼 무거운 발걸음을 내디디며 빛을 찾아 걷고 또 걷는다.

제1부

1949년에 멈춘 시계

1장

시체 아래 누운 아이

경상북도 문경군 산북면 석달마을. 주변의 다른 집들에 비해 조금 더 크고 정갈한 집, 넓은 대청마루 위로 어린아이의 호통 소리가 흘러나왔다.

"채홍락!"

"으응, 삼촌."

"또 조는 거냐?"

열세 살 소년 채의진은 책을 품에 안은 채 졸고 있는 아홉 살짜리 조카를 나무랐다. 어쩜 이렇게 자기와 다른지 어린 조카 채홍락은 책만 폈다 하면 졸음에 빠지기 일쑤였다. 자고로 사람은 늘 배워야 한다고 했거늘 의진은 저와 달리 공부에 큰 뜻이 없어 보이는 조카가 늘 걱정이었다. 집안 장손인 조카 홍락이 이 좁은 시골에서 살아가든 저 먼 도시로 나가든 의지할 것이라곤 공부밖에 없었다. 그러나 홍락은 반쯤 감긴 눈으로 아직 정신을 차리지 못했다. 의진은 고개를 절레절레 저었다.

"곧 스승님이 오실 거니 가서 세수나 하고 와라."

"으응, 알겠어요."

"어서! 책은 내려놓고."

아직도 잠에서 빠져나오지 못한 홍락은 책을 든 채 움직이다 또 혼나고 말았다. 주섬주섬 책을 마루에 내려놓은 그는 수돗가로 향했다. 그 뒷모습을 보며 채의진은 긴 한숨을 쉬었다. 열세 살의 어린이가 내뱉을 한숨은 아니었다.

"커서 뭐가 되려고 저럴까?"

아직 아홉 살밖에 안 된 조카에 대한 걱정을 한아름 안고 의진은 방에 들어가 상을 폈다. 곧 독선생님(과외 선생님을 일컫던 말)께서 오실 시간이었다. 작은 산골 마을에서 독선생을 모시고 공부를 하는 건 채의진의 집이 유일했다. 다 의진의 열띤 학구열 때문이었다. 선비였던 작은아버지와 달리 농사꾼으로 한평생 살아온 의진의 아버지는 학업에 열중하는 아들을 뿌듯하게 생각했다. 자신이 배우지 못해 느끼는 허기를 달래려는 듯 아들 공부에는 금전적인 지원을 아끼지 않았다. 독선생을 부른 것도 한문 공부를 더 하고 싶다는 의진의 간청 때문이었다. 다른 아이들이 겨우 말을 제대로 할 나이가 되었을 때 의진은 이미 한 발 앞서 더 많은 것을 알고 싶어 했다. 비록 돈은 많이 들었지만 아들의 공부를 위해 쓰는 거라 전혀 아깝지 않았다. 농사꾼 아버지의 남다른 교육열과 아들의 학구열은 어느새 동네의 이야깃거리가 됐다. 마을 사람들이 입을 모아 칭찬하는 건 당연했다.

"아휴, 의진이가 이번에 또 학교에서 1등을 했다지요?"

"의진이 아버지는 좋겠수, 아들이 누굴 닮았는지 아주 똑 부러져."

"의진이는 완전 애어른이야, 애어른. 저런 애는 난생처음 보는 거 같아."

"뭘 그러나. 다 나를 닮아서 그런 거지. 우리 의진이는 아주 큰 사람이 될 거라고."

사람들의 칭찬에 아버지의 입꼬리는 늘 하늘로 치솟아 있었다.

석달마을은 채씨들이 모여 사는 집성촌이었다. 그만큼 소문도 빠르고 서로 누구네 집 수저와 젓가락이 몇 개인지 알 수 있을 정도로 허물없이 지냈다. 200여 호가 옹기종기 모여 사는 마을에서 비교적 잘사는 편에 속하는 채의진의 집 소식은 그중에서도 단골 메뉴였다. 산 넘어 김룡초등학교에 다니는 채의진이 전교 수석에 모범생이라는 건 온 마을 사람들이 다 아는 사실이었다. 의진이 시험을 보고 오는 날이면 동네 사람들이 그 결과를 같이 궁금해했다. 물론 정작 채의진 본인은 남들 이야기에 아랑곳하지 않고 묵묵히 제 할 일을 할 뿐이었다. 의진은 어린 나이지만 보기 드물게 올곧고 대찼다. 그러니 함께 사는 어린 조카의 공부도 늘 의진의 몫이었다. 누가 따로 시키지 않아도 의진은 스스로 홍락을 앉히고 공부를 가르쳤다.

"얘 홍락아, 이리 와봐."

"네, 삼촌."

"여기 이 책 읽을 수 있겠어?"

의진이 또 학교에서 책을 빌려 왔다. 도서관은 의진의 또 다른 선생님이었다. 의진은 자기가 읽을 책과 홍락이 읽을 만한 책을 늘 집에 가져왔다. 학교에는 집에 없는 책이 가득했다. 홍락은 책 앞에 앉아 있기보다 나가서 흙을 만지고 싶은 생각이 가득했지만 삼촌인 의진의 얼굴을 보고 있노라면 쉽사리 밖으로 나가야겠다는 생각이 들지 않았다. 다른 집에서는 증조할머니나 할머니가 아이들을 무릎에 앉히고 옛날이야기를 들려주었지만 채의진의 집에서 홍락에게 옛날이야기를 들려주는 건 의진이었다. 책을 읽는 게 낙인 의진은 매번 새로운 이야기를 들고 왔다. 독선생에게 배운 한문을 다시 공부할 때도 채의진은 곧잘 한자 한 자 한 자에 들어 있는 이야기를 궁금해했다. 글에 관심이 많은 채의진과 달리 채홍락은 그림이 더 좋았다. 그래서 채의진이 책을 들고 온 날이면 그림이 얼마나 있나부터 살펴보고는 했다. 네 살 많은 삼촌은 어린 채홍락에게 참으로 커 보였다.

그렇게 의진과 홍락은 참으로 행복한 시간을 만끽하고 있었다. 석달마을 사람들에게도 그해 겨울은 무척 따뜻했다. 어둠의 기운이라고는 찾아볼 수 없는 행복한 시기였다.

1949년 12월 24일 오전 9시.

살을 에는 매서운 산골 추위 속에서도 김룡초등학교 안에는 들뜬 기운이 가득했다. 겨울 방학식 날이었기 때문이다. 장작불이 타는 작은 난로의 열기보다 방학을 기대하는 아이들의 열기가 더 뜨거운 교실이었다. 이 학교 4학년인 열세 살 채의진도 그날은 유난히 설렜다. 긴 방학 동안 하고 싶은 일들이 많았다. 읽어야 할 책들이 산더미처럼 쌓여 있었다. 서둘러 집에 가고 싶은 마음에 엉덩이가 절로 들썩였다. 교복을 입은 아이들이 들뜬 기분에 왁자지껄 떠들고 있을 때 이윽고 드르륵 하는 소리와 함께 교실 문이 열렸다. 담임 선생님이

"자 다들 운동장으로 이동하자"라고 하자 아이들은 차가운 산골 바람을 가르며 교실 밖으로 줄지어 나갔다.

운동장에는 벌써 다른 반 친구들이 나와 줄지어 서 있었다. 까까머리를 한 아이들의 코에는 콧물이 흘러 붙었다. 아무리 킁킁거리며 코를 삼켜도 금세 다시 흐르는 콧물을 어찌할 도리가 없었다. 모든 아이들이 운동장에 나오고 나서야 방학식이 시작되었다. 방학 동안 지켜야 할 것들을 구구절절 설명하는 선생님의 말소리에 아이들의 얼굴에는 지루함이 드러났다. 콧구멍을 후비는 아이, 자꾸만 흐르는 콧물을 소매로 닦는 아이, 심드렁하게 운동장에 심어진 나무를 바라보는 아이, 발끝으로 바닥을 헤집는 아이부터 책을 싼 보자기를 끌어안고 나온 아이까지 있었다. 그중에 선생님의 말을 귀담아듣는 건 채의진 한 명뿐이었다.

끝나지 않을 것만 같던 방학식이 끝나고 아이들은 다시 교실로 몰려 들어갔다. 방학식이 진행된 사이 뜨겁게 데워진 난로에 아이들이 옹기종기 모였다.

"얘 의진아, 방학 동안 뭐 할 거니?"

"한문 공부를 더 하려고 해."

"재미없기는. 우리 뒷산에 가서 썰매나 타자. 아주 꽁꽁 얼었단다."

"공부 다 끝내면 가도록 할게."

"약속이다!"

석달마을에서 함께 온 친구는 벌써 놀 생각에 신이 나 있었다. 잠시 후 다시 선생님이 들어왔다. 제자리에 앉은 아이들은 모두 발을 동동 굴렀다. 조금 있으면 진짜 집에 갈 생각에 선생님의 말조차 귀에 잘 들리지 않았다. 그런 아이들의 마음을 안 선생님은 미소를 지었다.

"이놈들, 온통 놀 생각뿐이구나. 그래 방학 동안 공부 열심히 하고, 부모님 일손도 돕고, 건강하게 다시 보자."

"네에!!"

우렁찬 목소리로 대답을 한 아이들은 기다렸다는 듯 우르르 교실을 빠져나갔다. 채의진은 선생님에게 꾸벅 인사를 한 뒤 아이들의 뒤를 따라 마지막으로 교실을 나섰다.

김룡초등학교에서 석달마을까지 난 오솔길은 산등성이를 하나 넘어 4킬로미터나 됐지만 그날따라 유난히 짧게 느껴졌다. 겨울 방학을 맞이한 아이들의 발걸음은 날듯이 가벼웠다. 채의진과 조카 홍락을 비롯해 열네 명의 마을 아이들은 방학식이 끝나자마자 한달음에 석달부락을 향해 내달렸다.

오전 11시경, 산등성이를 막 올라서기 전에 갑자기 마을 쪽에서 시커먼 연기 기둥이 하늘로 치솟아 오르는 게 보였다. 누구네 집 난가리가 타는 줄 알았다. 모두들 앞 다퉈 불구경하러 가겠다며 신나서 산마루로 단숨에 내달렸다. 선두로 달리던 아이가 산등성이에 올라서던 찰나 마을에서 고막을 찢을 듯한 콩 볶는 소리가 들렸다.

탕! 탕! 탕!

"으아아아악!!!"

내달리던 아이들이 일제히 발걸음을 멈췄다. 웃고 있던 아이들의 얼굴이 일순 굳어졌다. 난생처음 느끼는 공포가 엄습했다. 마을이 가까워질수록 알 수 없는 괴성이 들렸다. 오금을 저리게 만드는 선명한 총소리와 사람들의 비명 소리가 들렸다. 초가지붕 타는 냄새가 바람을 타고 코끝을 찔렀다. 앙상한 겨울 숲 틈새로 저 아래 집집마다 지붕에서 불길이 치솟고 있는 게 보였다.

두려운 마음이 아이들을 잠식했다. 큰일이 일어난 것을 직감한 아이들은 그 자리에 서서 어찌할 바를 몰랐다. 그때 방한복을 입고 총을 든 군인 두 명이 학생들 앞으로 걸어 올라오는 모습이 보였다.

열네 명의 초등학생들을 발견한 한 군인이 걸어오던 쪽을 향해 소리를 질렀다.

"야! 여기도 더 있다!"

잠시 후, 잔뜩 움츠린 아이들 앞으로 완전무장을 한 군인들이 나타나 아이들을 에워싸며 총부리를 겨누었다. 군인들은 모두 방한화에 방한 철모를 쓰고 국방색 군복을 입은 채 총을 들고 있었다. 갑작스러운 무장 군인들의 등장에 아이들은 혼란과 공포에 빠졌다.

"무, 무슨 일이에요!"

채의진이 떨리는 가슴을 진정하고 군인을 향해 물었다.

"시끄러! 새꺄. 야, 이 새끼들도 다 끌고 가!"

아이들의 비명과 발버둥에도 아랑곳 않고 군인들은 양팔에 아이들을 우악스럽게 잡아 산모퉁이로 끌고 내려갔다. 영문도 모른 채 끌려와 혼비백산한 아이들 앞에 먼저 군인들에게 붙잡힌 청장년 일곱 명이 자신들의 지게 앞에서 무릎을 꿇고 있는 게 보였다. 채의진은 순간적으로 형님과 동네 아저씨들이 지게를 뺏긴 채 붙들려 있다는 것을 알았다. 이들은 그 무렵 문경 군민이 문경중학교 설립을 위해 집집마다 벼 한 가마씩 공출하기로 결의한 데 따라 마침 그날 아침에 산 너머 석봉리 큰 마을 동회에 중학교 설립용 벼를 져 날라주고 귀가하던 마을 청장년들이었다.

군인들은 잡아 온 초등학생들을 일곱 명의 청년들을 붙잡아둔 바위 사이로 밀어 넣었다. 공포에 질린 아이들은 신음 소리도 못 내고 눈물만 뚝뚝 흘렸다.

붙잡힌 어른 중 마을 반장을 맡고 있던 친형을 발견한 채의진은 "형님, 형님!" 하고 외치며 달려갔다. 조카 홍락도 아버지인 반장의 품으로 달려들었다.

"이 빨갱이 새끼들!"

고참인 듯한 군인이 외치자 군인들이 바위 밑에서 떨고 있는 마을 청장년과 초등학생들을 상대로 일제히 사격 자세를 취했다.

그러자 반장은 동생 의진과 아들 홍락을 양팔로 껴안은 다음 "내가 이 동네 반장인데 무슨 일로 이렇게 죽어야 하는지 알고나 죽읍시다"라고 말했다. 그 순간 옆에 섰던 군인 하나가 개머리판으로 반장의 뒤통수를 후려쳤다. 휘청하던 그는 무릎을 꿇고 눈물을 흘리며 애원했다.

"뭔가 잘못 알고 찾아오신 것 같습니다. 다른 동네에 우리 부락 사정을 자세히 확인해보십시오. 우리는 그동안 여러 번 공비토벌작전에 협조해서 경찰이 칭찬한…… 악!"

말이 떨어지기가 무섭게 탕 하고 총성이 울렸다. 의진의 형은 외마디 비명을 지르며 의진과 홍락을 덮어 안은 자세로 쓰러졌다.

그 총성을 신호로 사격 자세로 기다리던 나머지 군인들의 총구가 일제히 불을 뿜었다.

탕 탕 탕 탕 탕!

총을 맞은 사람들의 신음 소리와 이를 지켜보는 사람들의 비명 소리가 뒤엉켰고 곧 산모퉁이는 생지옥이 되었다. 군인들은 무자비하게 총을 쏘아댔고 한 발 한 발 총에 맞은 사람들이 쓰러져 산을 따라 아래로 굴러 떨어졌다. 모두가 산 아래로 떨어진 것을 확인한 군인들은 확인 사살차 몇 발의 사격을 더 퍼부었다.

"됐다. 철수해!"

총에 맞아 굴러 떨어진 의진은 아픔에 절로 나오는 신음을 막기 위해 입을 틀어막았다. 첫 총격에 먼저 산 아래로 굴러 떨어진 그의 몸 위로 죽은 사람들의 몸뚱이가 쌓였다. 두려움과 아픔에 온몸이 덜덜 떨려왔지만 살아 있다는 것을 들키면 진짜 죽을지도 모르는 일이었다. 그는 군인들의 발소리가 사라질 때까지 죽은 사람들 아래 한참 동안 숨죽이고 누워 있었다. 흙투성이가 된 얼굴 위로 눈물이 흘렀다. 왜 이런 일이 생긴 건지 알 수 없었다.

얼마나 지났는지 가늠도 안 될 시간이 흘렀다. 주위가 잠잠해지고 나서야 그는 제 위에 있던 몸을 비집고 밖으로 나왔다. 자신을 짓누르고 있던 것은 형님의 시체였다.

형님이 총에 맞던 마지막 순간 보듬고 엎어지며 목숨을 지키려고 했던 세 사람은 의진과 홍락, 그리고 사촌동생 홍준이었다. 그중 의진과 홍락은 목숨을 건졌지만 홍준은 총알이 목을 관통해 덜렁덜렁한 상태로 끔찍하게 죽어 있었다.

"형님, 형님…… 홍준아~"

채의진은 죽은 형과 사촌동생의 얼굴을 끌어안고 통곡했다. 그의 울음소리에 여기저기서 시체처럼 누워 있던 생존자들이 신음을 내며 몸을 일으켰다. 의진과 함께 집으로 향하던 열네 명의 아이들 중 여섯 명이 총에 맞아 현장에서 죽었고 바위에 붙잡혀 있던 일곱 명의 청년들 중에는 한 명만이 살아남았다.

살아남은 이들은 바로 아래 불타버린 마을로 기어가다시피 해서 내려갔다. 이들은 서로를 부축하며 마을 앞 논두렁으로 향했다. 그곳은 아비규환이었다. 마을 앞 동산에 기관총, 바주카포 등 중화기를 설치한 군인들이 마을 사람들을 논두렁에 불러 모아 집중 사격해 초토화시킨 현장에는 시체가 즐비했고 피비린내가 진동했다.

의진은 홍락을 데리고 논두렁에 버려진 시신을 뒤졌다. 머리가 깨진 사람, 창자가 배 밖으로 튀어 나온 사람, 아직도 숨이 끊어지지 않은 채 죽여달라고 마지막 몸부림을 치는 중상자들로 차마 눈뜨고 볼 수 없는 광경이었다. 생존한 가족은 찾을 수 없었다.

부상만 입은 채 가까스로 살아남은 사람들은 온 마을 집이 불타버려 의지할 곳이 없어서 급한 대로 마을 옆 산기슭에 있는 중석굴로 몸을 숨겼다. 의진은 중석굴로 들어서고 나서야 비로소 안도감을 느꼈다. 생존 부상자들이 모여 있던 중석굴 한편에서 아버지가 엄마를 간호하는 모습이 보인 것이다. 총알이 배를 관통해 이미 너무 많은 피를 흘린 의진의 어머니는 아들을 보자마자 뜨거운 눈물을 흘리며 "살아 있어 고맙다"라고 했다. 그러면서 의진에게 물을 달라고 애원했다. 의진은 엄마의 간절한 소원을 들어줘야겠다는 생각에 중석굴 바깥의 언 도랑을 깨고 물을 계속 퍼다 드렸다. 얼음물을 실컷 들이켠 의진의 어머니는 그날 밤 영영 눈을 감고 말았다(의진은 훗날 커서야 총상 환자에게 물을 먹이는 것은 극약이라는 사실을 알고 평생 어머니를 살려내지 못한 죄책감에 시달렸다).

언제 또다시 군인들이 들이닥칠지 모르는 상황에 불타버린 집터에 얼씬거리는 것은 위험했다. 살을 에는 추위를 피하기 위해 찾은 중석굴에서 가족을 잃은 사람들은 서로의 몸을 끌어안고 의지했다. 그 누구도 석달마을에 이 같은 생지옥이 펼쳐진 이유를 알지 못했다.

이날 군인들의 천인공노할 만행으로 가옥 24호가 전소됐고 127명의 마을 주민 중 81명이 현장에서 즉사했다. 의진의 어머니를 포함해 중상자 10명 중 4명은 자정 전에 중석굴에서 사망했고, 1명은 다음 날 점촌병원으로 후송됐다가 사망했다. 경상자를 포함해 의진과 아버지, 조카 홍락 등 생존 주민 23명은 중석굴에서 밤을 새운 뒤 이튿날부터 친인척을 찾아 뿔뿔이 흩어졌다. 극적으로 살아남은 사람들은 앞으로의 막막한 삶 앞에 넋을 놓았다. 그 어느 때보다 끔찍한 석달마을의 겨울이었다.

이날 야만적 학살을 저지른 군인들은 석달마을 사람들이 공비에게 물과 음식을 제공했다고 말했지만, 마을 사람 중 누구도 공비를 만난 사람은 없었다. 군인들의 오해와 적군을 향한 굴절된 분노가 석달마을 사람들 위로 덮친 것뿐이었다.

2장

공비나 막으라고?

이튿날인 12월 25일, 문경경찰서 및 산북지서 경찰관들이 점촌에 있는 국민사진관 사진사를 학살 현장에 데려와서 불타버린 마을과 논두렁 학살 현장에 밤새 꽁꽁 얼어붙은 채 방치된 시신들을 찍었다. 그러나 중석굴에서 밤을 지새운 부상자와 생존자들은 거들떠보지도 않고 돌아갔다. 생존자들은 날이 새자 부상자들을 급히 병원으로 옮기고 각자 자기 가족의 시신을 찾아서 한곳으로 모았다. 부상자들은 점촌과 김천으로 분산되어 치료를 받았다. 하지만 중상자 중 권가옥 씨(60, 여)는 치료 중 사망했고 이목열 씨(29, 남)는 한쪽 손을, 강희수 씨(30, 여)는 한쪽 다리를 잃고 장애인이 되었다.

부상당하지 않은 생존자들은 먼 곳의 친인척에게 연락해 가까스로 참살당한 가족의 시신을 가매장했다. 정부도 경찰도 이웃 마을도 모두 학살자 장례를 외면했다. 영문도 모른 채 억울하게 사냥당한 주민의 시신에는 관도 상복도 없었다. 생존자들이 언 땅을 파서 총 맞을 당시 입은 옷 그대로 겨우 가매장했다. 그렇게 혈육을 묻은 생존자와 부상자들은 집 한 채 없이 허허벌판으로 변해버린 고향 석달마을을 등졌다. 억장이 무너지는 슬픔을 안고 모진 목숨 죽지 못해 멀리 친인척들을 찾아 뿔뿔이 흩어졌다.

겨우 목숨을 부지한 의진은 아버지, 그리고 조카 홍락과 함께 김룡초등학교 근처에 있는 외갓집으로 찾아가 머물렀다. 사건 당일 집에 있었던 아버지는 의진보다 먼저 변을 당했다. 마을 사람들이 영문도 모른 채 논밭으로 끌려 나갔을 당시 의진의 아버지 역시 늙은 어머니를 이불에 싸 모시고 집을 나왔다.

그날의 천인공노할 만행으로 채의진은 아홉 식구를 잃었다. 군인들의 총격 후 남은 건 다 쓰러진 집과 지독한 탄내였다. 살아남은 세 사람은 아무런 말을 할 수 없었다. 외갓집에 머무는 동안에도 가족들은 아무런 말을 하지 않았다. 가족을 잃은 건 비단 채의진 식구뿐만이 아니었다. 채씨 집성촌 전체가 끔찍한 무덤으로 변하고 말았다. 그 누구도 그날의 일에 대해 말하려 하지 않았다. 살아남은 자는 모두 집단 실어증에 걸렸다.

사건이 벌어지고 3주가 지난 1950년 1월 17일 새벽, 학살 현장에서 4킬로미터 떨어진 의진의 모교 김룡초등학교. 학교 관계자들이 강당에서 바쁘게 움직이고 있었다. 강당 안에는 인근 안동 주둔 부대에서 찾아온 군인들의 모습도 보였다. 잠시 후 이곳을 방문할 신성모 국방부장관 때문이었다. 이승만 정부의 국방 책임자였던 그는 군인들의 야만적 만행에 희생당한 주민들을 '위로'하기 위해 문경을 찾왔다. 학살 현장에서 기적처럼 살아남은 생존자들은 군인 소리만 들어도 경기를 하고, 국방색 군복만 보아도 벌벌 떨던 시절이었다. 그런데 문경경찰서에서는 이들을 일일이 찾아와 신성모 장관이 방문하는 자리이니 유가족이 반드시 참석해야 한다고 강요했다.

채의진의 가족도 예외는 아니었다. 의진은 경찰을 따라 학교로 향했다.

"얘 의진아, 이리 좀 와보렴."

"네, 선생님."

아버지의 손을 잡고 강당 한구석에 서 있던 의진 앞으로 담임 선생님이 다가왔다. 그는 의진의 아버지에게 양해를 구한 뒤 의진을 데리고 교장실로 향했다. 교장실에는 교장 선생과 함께 경찰관 제복을 입은 한 사람이 기다리고 있었다. 이의승 문경경찰서장이었다.

"안녕하세요, 교장 선생님."

"그래 의진이 왔구나. 몸은 좀 어떠니?"

"많이 괜찮아졌어요."

"다행이구나. 이리 좀 오려무나."

채의진은 제복을 말끔하게 차려입은 이의승 서장을 힐끔힐끔 쳐다보며 교장 선생님 곁으로 걸어갔다. 교장은 채의진의 어깨를 두드리며 이의승을 소개했다.

"인사하렴. 이의승 경찰서장님이시다."

"안녕하세요? 채의진입니다."

"네가 의진이구나. 이야기 많이 들었다."

이의승은 인자한 표정을 지으며 의진의 어깨를 다독였다.

"여기 앉으렴. 할 말이 있어서 불렀단다."

채의진은 쭈뼛거리며 제 몸보다 훨씬 큰 의자 끝에 앉았다. 채의진이 자리에 앉자 이의승이 입을 열었다.

"의진아, 부탁이 하나 있는데 들어줄 수 있겠니?"

"무슨 부탁요?"

"이따가 저기 신성모 국방부장관님이라고 아주아주 높은 분이 오실 거야."

신성모 장관이 와서 연설을 하니 꼭 이 자리에 참석해달라는 강요로 이곳에 온 의진이었다.

"장관님이 연설하고 나서 너를 찾아오실 거다."

"저를요?"

"응, 너를. 네가 이 학교에서 가장 우수한 학생이라지?"

이의승의 칭찬에 채의진이 얼굴을 붉혔다. 교장은 미소를 지으며 채의진의 등을 두드렸다.

"그래서 말이다. 장관님이 오셔서 질문을 하나 하실 건데 네가 시키는 대로 대답을 하면 되는 일이야."

"무슨 말인지 잘 모르겠습니다."

"어려운 일이 아니야. 장관님이 너한테 '얘, 너 무슨 일이 일어났는지 좀 아니?' 하고 물어보시면 너는 그냥 '아니요, 우리는 아무것도 몰라요'라고 대답하면 된다."

아니라고, 모른다고 대답하라니 의아한 일이었다. 채의진은 그날 본 일을 도무지 잊을 수 없었다. 3주 내내 눈만 감으면 군인들의 총에 맞는 악몽에 시달렸다. 피범벅이 된 친형과 어머니의 얼굴, 여기저기서 신음하는 동네 사람들. 고막을 찢을 것 같은 총소리와 사람들의 비명 소리가 매일 밤 소년 채의진을 괴롭혔다. 그런데 모른다고 대답을 해야 한다니, 거북하고 혼란스러운 마음에 채의진은 교장 선생님을 향해 고개를 돌렸다.

"의진아, 어려운 일이 아니란다. 그렇게 대답만 잘하면 좋은 일이 있을 거야."

"그럼. 그렇게 대답을 잘하면 선생님이랑 내가 너를 서울로 데려가서 공부도 시켜주고 서울에서 대학도 보내줄 수 있게끔 신성모 장관에게 건의를 하려고 한단다. 어때, 잘할 수 있겠니?"

서울에서 공부를 할 수 있다니. 평소라면 두메산골 소년에게 정말 근사하고 환상적인 제안이었다. 말로만 들어본 서울은 어떤 곳일까? 정말 '아니'라는 한 마디만 하면 서울에 갈 수 있는 것일까? 잊고 싶은 일을 모른다고 하는 것이 나쁜 일은 아니겠지? 아직 사건의 충격이 다 가시지 않은 채의진의 머릿속이 복잡해졌다. 왠지 해서는 안 될 일인 것처럼 느껴졌지만 공부벌레로 통하던 의진으로서는 서울에서 대학까지 보내준다는 데 잠시 마음이 흔들렸다. 그날의 충격, 형의 비명, 죽은 사람들. 어머니, 할머니, 형님들, 누님들, 그리고 나의 소중한 친구들. 또다시 악몽처럼 떠오르는 기억들을 털어내려고 채의진은 눈을 질끈 감았다.

"의진아."

"네."

"할 수 있겠니?"

다시 한 번 묻는 말에 채의진은 이의승을 바라보았다. 인자해 보이는 미소가 왠지 두렵게 느껴졌다. 이 사람이 정말 나를 서울로 데려갈까? 마음이 흔들리는 순간 채의진의 마음에 아버지가 떠올랐다. 내가 떠나고 나면 우리 아버지는 어떻게 하지? 어머니와 아내, 그리고 자식들과 형제들까지 모두 총격에 잃은 아버지 역시 힘겹게 하루하루를 버티고 있었다. 항상 아들을 격려하던 모습은 사라지고 지금은 말을 잃은 채 방 안에 누워 하루하루 폐인처럼 보내는 아버지였다. 매일 밤 어깨를 들썩이며 짐승처럼 흐느끼는 아버지의 모습이 머리를 스치자 채의진은 입술을 지그시 깨물고 고개를 저었다.

"아니요, 저는 못 할 거 같아요."

"뭐야?"

"의진아, 잘 생각해보렴. 서울에 가고 싶지 않니?"

"제가 서울에 가면 아버지를 돌볼 사람이 없어요. 아버지는 제가 돌보고 싶습니다. 죄송해요."

의진은 허리를 굽혀 두 사람에게 사과했다. 교장은 허탈한 표정을 지었다.

김룡초등학교 최고 모범생인 채의진에게 닥친 가혹한 운명을 나름 걱정하며 앞길을 열어주기 위해 정부에 선처를 요청할 요량으로 마련한 자리였다. 이의승은 별수 없다는 듯 어깨를 으쓱했다. 어린아이 하나쯤이야 그리 중요하지 않았다. 안타까워하는 교장과 달리 채의진의 대답을 대수롭지 않게 여긴 이의승은 웃으며 채의진의 어깨를 두드렸다.

"듣던 대로 참 효성이 깊구나. 그래 아버지를 잘 모시렴. 이제 곧 연설이 시작될 테니 가보는 것이 좋겠다."

"감사합니다. 안녕히 계세요."

다시 한 번 허리를 숙여 인사를 한 채의진은 교장실을 나왔다. 참으로 희한한 일이었다. 강당으로 돌아와 무슨 일이 있었느냐는 아버지의 물음에 채의진은 그저 위로를 해주셨다고만 대답했다.

이윽고 신성모 장관이 군 장갑차에서 내려 단상 위에 올라섰다. 도열한 안동 주둔 군인들은 우레와 같은 박수를 보냈다. 생존 유족들을 상대로 '위로 연설'을 했지만, 피해자들은 군인 복장만 봐도 악몽이 떠올라 벌벌 떨고 있었다. 신 장관은 자신이 3개월 전 여순반란사건 현장에 다녀온 얘기를 늘어놓더니 제주도에서도 많은 주민이 희생되었는데 해방 후 이런 일이 자주 일어나 슬프다면서 손으로 눈물을 닦는 시늉까지 했다. 그러나 위로의 말처럼 시작한 연설은 어느새 호통으로 변했다.

"어찌 칼과 배짱으로 학살자를 잡지 못했소! 그런 빨갱이 공비 새끼들을 잡아야 나라가 바로 서는 것이오!"

생존자들은 어리둥절했다. 빨갱이라니. 분명 자신들에게 총을 겨눈 것은 국방군 옷을 입은 대한민국 국군이었다. 생존자들은 '어찌 국군이 왔는데 환대하지 않느냐'며 주민들을 논밭으로 끌고 간 것을 생생히 기억했다. 위로로 포장된 연설은 반공사상 주입과 빨갱이에 대한 경고로 마무리 지어졌다. 그러더니 유족들에게 군인들이 태워버린 집을 다시 지어 마을로 들어가 살라고 했다. 어린 채의진의 눈에도 참 이상한 연설이었다.

연설이 끝나고 흩어진 생존자들은 불안한 마음을 감출 수 없었다. 공비니 빨갱이니 하는 말들에 지레 겁을 먹은 사람들도 있었다. 그날 그들이 본 것은 대체 무엇이었을까. 집으로 돌아가는 채의진은 이 물음에 대한 해답을 찾을 수 없었다. 훗날 백발이 성성한 할아버지가 돼서 눈을 감는 순간까지도 채의진은 자문하고 또 자문할 수밖에 없었다.

이날 연설을 마친 신성모는 문경 군수 이정희를 불렀다.

"이 돈으로 주민들에게 새 집을 짓고 쇠죽창을 만들어 공비를 꼭 막으라고 하시오."

그는 큰 소리를 치며 100만 원과 함께 살아남은 가족들에게 미군용 담요, 약간의 식량을 남기고 떠났다. 죽은 86명의 목숨 값, 100만 원이었다. 유족들은 그가 떠나고 나서야 이정희 군수에게 생존자들이 집 지을 돈 100만 원을 주고 갔다는 사실을 알았다.

연설 전 몇 번 문경을 방문해 사건에 대해 조사한 신성모는 누구보다 진실을 잘 알고 있는 사람이었다. 그는 죽은 사람들을 비롯해 그들을 죽인 사람들까지 빨갱이로 둔갑시키고 진실을 은폐했다.

신성모의 위로금은 1950년 봄, 산북면사무소에서 '주택 건축 보조금' 명목으로 생존자 한 세대당 1만 6천 원씩 전달되었으며 유가족들 일부가 이 보조금으로 가옥을 새로 마련했다. 그러나 그 돈은 신성모가 입막음용으로 주고 간 것이었다. 신성모가 떠나고 난 뒤 문경 학살 사건의 희생자들은 국군이 아닌 빨갱이에 의해 죽은 것으로 호도되었다. 그들의 호적에도 공비가 출몰해 총살했다는 내용이 추가되었다. 이의승 문경경찰서장과 이기용 산북면 지서주임은 공비의 만행을 막지 못했다는 책임을 뒤집어쓰고 직위 해제됐다. 이승만 정권 차원의 무시무시한 진실 은폐 공작을 막을 수 있는 사람은 아무도 없었다. 이 사건은 어떤 언론에도 보도되지 않았다.

그러나 사건의 진상을 조용히 조사한 곳이 있었다. 바로 도쿄 맥아더사령부와 주한미군 군사고문단이었다. 문경 석달마을 학살 사건과 관련된 미군의 진상 조사 기록은 그로부터 40년 뒤에야 가까스로 채의진의 손에 들어오게 된다.

3장

영원한 우정

1953년 4월 15일 경북 상주중학교 입학식. 운동장에는 380여 명의 신입생들이 줄을 지어 서 있었다. 1조부터 6조까지 오와 열을 맞춰 서 있는 학생들은 전부 잔뜩 긴장한 표정을 짓고 있었다. 4년 전의 상처를 뼈에 깊이 새긴 채의진 역시 이날 입학식 자리에 나왔다. 그가 문경중학교가 아닌 상주중학교에 진학한 것은 순전히 초등학교 3학년 담임 선생님 때문이었다. 유난히 그 선생님을 따랐던 채의진은 그를 따라 상주중학교에 진학하기로 결심했다. 학살 사건 피해와 후유증으로 늦게 입학한 탓에 동급생보다 조금 나이가 많았던 채의진은 조용히 1조 줄에 서서 입학식이 시작되기를 기다렸다. 바로 옆 2조에 한 소년이 서 있었다. 채의진이 평생의 친구이자 동지가 될 김주태와 처음 만나는 자리였다.

일본에서 태어나 해방 직후 상주로 피난을 온 김주태, 수재였지만 집안이 변변치 않았던 채의진 그리고 김홍균, 세 사람은 가정 형편이 비슷했다.

"어려운 일이 있으면 항상 얘기하도록 해라. 도와줄 수 있는 대로 도와줄 테니 말이다."

세 학생을 안타깝게 여긴 담임 선생님이 그들을 따로 불러 격려의 말을 전했다. 교무실에 불려간 세 사람은 그곳에서 처음 서로를 알게 되었다. 중학교 3년 내내 삼총사라 불릴 세 사람의 운명 같은 만남이었다.

"만나서 반갑다, 채의진이라고 해."

"나도. 넌 아까 내 옆에 서 있었지? 1조에 있는 것을 보았어."

"난 김홍균이다. 잘 부탁해."

비록 다른 반으로 뿔뿔이 흩어졌지만 셋은 쉬는 시간이 되면 곧잘 만나곤 했다. 셋 모두 몸을 움직이기보다는 주로 이야기를 나누고 책을 읽는 걸 즐겼다. 또래 사내아이들이 운동장에 나가 땀을 흘리며 축구를 할 때 삼총사는 교지 만드는 데 더 관심을 쏟았다. 친구들과 함께 교지 편집에 나선 채의진은 한글로 인쇄된 교지를 만들어 마음이 맞는 사람들과 나누어 보았다. 글을 쓰고 편집하는 것은 주로 채의진의 몫이었다. 작심삼일을 반복하는 자신과 달리 하겠다고 마음먹은 일은 끝까지 해내는 채의진의 모습에 매료된 김주태는 그를 동경하기도 했다. 본받을 점이 많은 친구였다.

이듬해인 1954년 여름 방학. 김주태는 방학을 맞이해 채의진의 고향집을 찾았다. 하루가 다 가도록 함께 방 안에서 이야기를 나누던 두 사람은 저녁을 먹기 위해 일어섰다. 저녁상이 차려진 마루로 나가는데 돌연 곡소리가 동네에 길게 울려 퍼지기 시작했다. 놀란 김주태

중학교 시절 채의진은 손에서 언제나 책을 놓지 않았다.

가 걸음을 멈추고 밖을 바라보았다. 한 사람의 곡소리가 울리기 시작하자 이윽고 이에 답이라도 하듯 다른 곡소리가 이어졌다. 곧 온 동네가 여기저기서 울려 퍼지는 곡소리로 가득 찼다.

"의진아, 저게 무슨 소리냐?"

영문을 알 수 없는 구슬픈 통곡 소리에 놀라 김주태가 채의진에게 물었다. 채의진은 굳은 표정으로 밖을 바라보다 입을 열었다.

"사람들이 죽어서 그래."

"사람들? 누가?"

"저녁 먹고 얘기하자."

묵묵히 저녁을 먹은 두 사람은 방 안으로 돌아왔다. 어느새 통곡 소리는 줄어들고 여름을 알리는 매미 소리가 울리고 있었다. 한참을 머뭇거리던 채의진이 이야기를 시작했다.

"내가 열세 살 때야. 아직도 기억나. 1949년 12월 24일 낮이었어. 우리 석달마을에 살던 사람들 86명이 군인들한테 한 날 한 시에 총에 맞아 다 죽었다."

"뭐? 군인들이? 그게 무슨 소리야?"

군인들이 마을 사람들을 죽였다니. 채의진으로부터 처음 듣는 이야기에 김주태는 충격을 받았다. 그것도 86명이. 채의진의 어머니와 형제들도 모두 그때 죽었다는 이야기에 김주태는 도저히 믿어지지 않는다는 표정이었다.

"이럴 게 아니라 직접 나가서 보자. 아직 해가 지지 않았으니 가서 볼 수 있을 거야."

채의진은 친구를 데리고 그날 사람들이 총에 맞아 죽은 논밭으로 향했다. 아직도 눈을 감으면 비명 소리가 들리고, 옷가지와 살이 타는 냄새가 나는 것은 물론 몸을 짓누르던 형의 시체도 눈에 선했다. 채의진은 김주태와 함께 천천히 마을을 걸으며 그날의 일을 떠올렸다. 채의진에게 그날의 기억은 매일 밤 찾아오는 악몽이었다.

난생처음 듣는 친구의 끔찍한 과거에 김주태는 말을 잃었다. 어떤 위로라도 전하고 싶었지만 할 수 있는 말이 없었다. 도무지 받아들이기 힘든 그 이야기가 차라리 거짓말이었으면 싶었다. 성실하고 정직한 친구 의진의 마음에 새겨진 깊은 상처에 김주태는 울고 말았다. 채의진이 오히려 그런 김주태의 어깨를 두드렸다. 김주태의 마음이 채의진에게 더 가까이 다가간 날이었다.

그날 이후 채의진은 김주태에게 두 번 다시 그 이야기를 꺼내지 않았다. 다른 친구들 앞에서도 마찬가지였다. 훗날 김홍균에게만 한 번 더 그 이야기를 털어놓았을 뿐 오랜 시간 그는 입을 닫았다. 아마 이야기를 해도 다른 친구들이 이해 못 할 것이라 생각했을 터였다. 이해 못 할 사람들에게 굳이 아픈 과거를 말할 필요가 없었다. 채의진에게 필요한 건 그저 그날의 채의진을 깊이 이해해줄 한 사람의 친구였다. 김주태는 그런 면에서 이때의 일화를 계기로 더욱 깊이 채의진을 지지하고 또 오랫동안 의지하는 동반자가 되었다.

중학교에서 맺어진 인연은 고등학생이 되어서도 이어졌다. 1956년 김주태와 채의진은 나란히 상주고등학교에 입학했다. 의진은 손에서 책을 놓지 않는 학생이었다. 두 사람이 고등학생이 되고 얼마 지나지 않은 어느 날 채의진이 김주태를 교실 밖으로 불러냈다. 사람들이 없는 곳으로 불러내는 일이 드물었기에 김주태는 의아해하며 밖으로 나갔다.

"무슨 일이야?"

"나 결혼한다."

"뭐? 결혼?"

놀랍게도 의진이 전한 건 자신의 결혼 소식이었다. 고등학생이었지만 채의진에게는 이번이 두 번째 결혼이었다. 아버지 때문이었다. 집안 여자가 몰살당하는 학살 사건을 겪고 난 뒤 집에서 살림을 할 사람이 없어지자 채의진의 아버지와 외할머니는 채의진을 결혼시키기로 마음먹었다. 결혼을 하라는 아버지의 명에 초등학생이었던 채의진은 싫다는 말 없이 그저 알겠다고 대답했다. 결혼을 바라는 아버지의 마음을 헤아렸기 때문이다. 혼담이 오가고 며칠 뒤 부림 홍씨라고 불리는 여자가 집에 들어왔다. 변변한 결혼식도 없이 그냥 몸만

늘 함께했던 상주중고등학교 삼총사 채의진, 김주태, 김홍균(왼쪽부터). 채의진의 장난기 가득한 미소 뒤에는 남모를 아픔이 있었다.

들어온 것이다. 그러나 몸이 약했던 그녀는 몇 년 뒤 폐결핵으로 죽고 말았다. 채의진은 아직도 그때를 잊지 못했다. 저보다 나이가 많았던 여자는 아내라기보다 엄마처럼 가족들을 챙기곤 했다. 약한 몸으로 기침이 잦았던 여자지만 정말 죽을 줄은 몰랐다. 그것이 의진의 첫 결혼 생활이었다.

"고등학생인 네가 무슨 결혼이야?"

"아버지가 원하시더라고. 그래서 하는 거다. 다른 친구들은 몰라도 너랑 홍균이는 꼭 와주었으면 좋겠다."

채의진의 가슴 절절한 아픔과 기구한 운명을 헤아린 김주태는 친구의 결혼식에 무슨 일이 있어도 참석하기로 했다. 그해 겨울 움막같이 작은 교회에서 고등학생 채의진의 결혼식이 치러졌다. 종이를 엾어 만든 소박한 꽃으로 장식된 결혼식장 안에는 찬바람이 들이닥쳤다. 엄청난 추위에 사람들은 옷깃을 여몄다. 채의진을 위해 결혼식장을 찾은 김홍균과 김주태는 난생처음 보는 광경에 할 말을 잃었다. 비슷한 또래 여자아이 옆에 선 채의진의 표정은 그리 좋지 않았다. 누가 봐도 결혼을 원치 않는 신랑의 모양새였다. 죽기 전에 손자라도 한 번 보고 죽고 싶다는 아버지의 바람으로 결정한 결혼이었으니 말이다. 채의진은 무거운 마음으로 제 아내가 될 여자의 손을 잡았다. 그녀는 훗날 채의진의 첫째 딸 숙희의 엄마가 된다.

4장

신성모 나오시오!

고등학교에 진학해서도 한결같은 모습을 유지한 채의진은 선생님들의 사랑을 독차지하는 모범생이었다. 그는 남들이 읽지 않는 책까지 애써 찾아내 읽었다. 항상 앞서 나가겠다는 의진의 욕심이었다. 그러나 자신을 붙잡는 현실 앞에 그는 늘 고개를 숙였다.

"얘들아, 등록금 낼 날짜가 지나지 않았니?"

"죄송합니다."

고등학교에 진학해서도 가난은 의진을 놓지 않았다. 김주태 역시 마찬가지였다. 두 사람은 매번 등록금 문제로 교실 앞으로 불려나가곤 했다. 두 사람이 더더욱 친해질 수밖에 없는 이유였다. 둘은 여전히 만나면 운동보다 책 이야기, 공부 이야기에 열중했다.

고등학생이 되며 머리가 굵어진 채의진은 더 이상 옛날의 어린아이가 아니었다. 1949년 12월 24일, 혼비백산하여 무슨 일이 일어났는지 잘 몰랐던 그 시절이 죄스럽고 아픈 마음으로 또렷이 새겨졌다.

학창 시절의 김주태와 채의진. 김주태(오른쪽)는
이때부터 채의진을 평생 친구로 마음에 새겼다.

오히려 시간이 지나면 지날수록 그 고통과 아픔이 더 선명해지는 듯했다. 뼈와 살, 피, 그리고 영혼에 새겨진 아픔이 더해질수록 그날의 진실을 찾고 싶다는 생각이 더욱 강하게 들었다. 그날 죽어간 혈육과 마을 사람들에게 한없이 죄를 짓고 있는 것만 같은 무거운 심정이었다. 고통은 분노가 되었고 밤마다 죽은 원혼들의 울음소리가 그의 머릿속을 찢어발기는 듯했다.

1957년 2월 초, 상주고등학교. 의진은 우두커니 책상 앞에 앉아 8년 전의 기억을 더듬었다. 빨갱이를 조심하라며 소리치던 신성모의 모습이 눈에 선했다. 그날 이의승 문경경찰서장이 왜 자신에게 사건에 대해 모른다고 대답하라 제안했는지 아직도 이유를 알 수 없었다. '아니요' 한 마디면 서울에서 대학까지 보내준다던 어른들의 모습이 아직도 채의진의 마음에 물음표로 남아 있었다. 그때 느꼈던 의아함이 점점 실체를 드러내는 기분이었다. 분명 국방부에 몸담았던 신성모라면 그날의 진실을 누구보다 잘 알 것이라는 생각이 들었다. 사건의 실마리를 찾고 싶었다. 그는 학살 직후 현장에 다녀간 신성모 국방부장관을 찾아가 진상을 따져봐야겠다고 결심했다.

채의진은 이승만 정부 초대 국방부장관 신성모의 소재를 수소문했다. 그 결과 신 장관이 국방부장관을 그만둔 뒤 주일대사를 거쳐 부산에 있는 한국해양대학교 학장으로 근무하고 있다는 사실을 알아냈다. 채의진은 벼르고 벼르다가 부산으로 달려갔다. 그는 부산으로 이사 간 초등학교 동창 임한욱을 수소문해서 만났다.

"네가 여기까지 웬일이냐?"

"나 신성모 장관을 만나러 왔다. 며칠만 재워줘."

"재워주는 건 괜찮은데, 그 사람이 널 만나주겠냐?"

"해봐야지, 될 때까지."

친구 집에 몸을 의탁한 뒤 채의진은 친구와 함께 한국해양대학교를 찾아갔다. 그러나 학살 은폐의 장본인인 신성모가 채의진을 순순히 만나줄 리 만무했다.

첫날 한국해양대학교를 찾은 채의진은 정문 수위실에서 막혔다.

"안녕하십니까? 저는 상주에서 온 채의진이라고 합니다."

"무슨 일이오?"

"신성모 학장님을 만나러 왔습니다."

"뭐?"

어린 고등학생이 다짜고짜 신성모를 찾는다는 말에 위아래를 훑어보던 수위실 경비원이 어이없다는 표정을 지었다. 채의진은 아랑곳 않고 자기가 이곳까지 오게 된 경위를 차근차근 설명했다. 하지만 결과는 신통치 않았다.

"미안하지만 지금 학장님이 출타 중이라네. 내일 다시 오는 게 어떨까?"

경비원은 이렇게 에둘러 거절하면 어린 학생이니 알아서 다시 오지 않을 것이라 생각했던 모양이다. 하지만 채의진은 그냥 물러설 어린 고등학생이 아니었다. 이튿날 채의진은 또다시 수위실을 찾았다.

"어제 찾아왔던 채의진입니다. 신성모 학장님을 만나러 왔습니다. 오늘은 자리에 계신가요?"

"어이 학생, 돌아가지그래. 그분은 자네가 만날 분이 아니야."

경비원의 단호한 말에 채의진은 문에 매달려 사정했다.

"안 됩니다. 꼭 만나야 합니다. 상주에서 여기까지 그분을 만나기 위해 어렵게 왔습니다."

"자네 사정이 딱한 건 나도 알지만 만날 수 없는 분이라니까 그러네."

딱 잘라 말하는 경비원을 보고 채의진은 머리를 굴렸다. 수의실을 통해 들어갈 수 없다면 다른 방법을 찾아야 했다. 그는 일단 물러나는 모양새를 취하고 경비원이 한눈을 파는 틈을 타 몰래 학교 안으로 들어갔다. 난생처음 방문한 대학교 안에서 그는 학생들에게 학장실의 위치를 물었다.

"저기요, 혹시 신성모 학장실이 어딘지 아시나요?"

"글쎄, 잘 모르겠는데."

채의진은 아랑곳 않고 온 학교를 돌아다니며 학장실을 찾았다. 마침내 학장실이 위치한 건물을 발견한 채의진은 기쁜 마음으로 달려갔다. 하지만 그곳 역시 입구를 넘기 쉽지 않았다.

"학생, 무슨 일로 왔어?"

"신성모 학장님을 만나러 왔습니다. 오늘 학장실에서 보기로 약속했는데요."

건물 수위실의 경비원은 미심쩍은 표정으로 채의진을 보았다. 아무리 봐도 학장과 약속을 한 모양새가 아니었다.

"이름이 뭔가?"

"채의진입니다."

"잠깐 기다려보게."

일단 사실 확인을 위해 경비원은 학장실에 연락을 취했다. 당연히 학장실에서는 전혀 모르는 일이었다. 오히려 관리를 어떻게 하는 것이냐며 아무나 학교에 들였다고 욕을 먹고 말았다. 괜히 짜증이 난 경비원은 정문 경비원에게 연락을 취했다. 아니나 다를까 채의진의 얘기를 듣자마자 당장 쫓아내라는 대답이 돌아왔다. 경비원은 일이 귀찮게 되었다는 표정으로 채의진을 보았다.

"학생 오늘은 이만 돌아가야겠는걸."

"학장님은요? 꼭 만나야 합니다."

"학장님이 지금 안 계셔. 서울로 출장 가셔서 언제 돌아올지 모르네."

"하지만 어제는 분명 오늘 계실 거라고……"

“어허, 지금 안 계신다니까 그러네. 당장 돌아가게. 말을 안 들으면 끌어내는 수가 있어!”

채의진이 포기하지 않자 경비원은 호통을 치며 그를 쫓아냈다. 신성모를 만나기 위한 일념 하나로 찾은 부산. 당시만 해도 상주에서 부산까지는 교통편도 변변치 않은 먼 거리였기에 큰맘 먹고 찾아간 것인데, 고교생의 기개는 이렇게 해서 무참히 꺾였다. 먼 거리를 달려온 채의진이 느낀 참담함은 이루 말할 수 없었다. 신성모를 만나기만 하면 실타래를 풀 수 있을 것만 같았는데. 기가 죽은 채의진은 신성모를 만나는 것을 포기하고 머물고 있는 친구 한욱의 집으로 돌아가 당장 짐을 쌌다. 다시 상주로 돌아가는 수밖에 없었다. 문경 석달마을 사건의 진상 규명을 위한 첫걸음이자 앞으로 겪을 무수한 실패의 첫 경험이었다. 이후 대학생이 될 때까지 채의진은 오로지 공부에만 전념하기로 했다.

제2부

꺼지지 않은 불씨

1장

서울을 울린 혁명의 목소리

1960년, 서울. 채의진은 서울문리사범대학에 진학했다. 신성모와의 만남이 불발된 일은 그의 마음에 큰 상처를 남겼다. 진실을 알 만한 위치의 인물들이 부담스러워하고 은폐하는 현실 속에서 자신이 할 수 있는 일은 오로지 학업에 열중하는 것뿐이라고 생각했다. 훗날을 도모하기로 하고 서울문리사범대학 영어과에 진학한 채의진은 교사가 되기를 꿈꾸며 학업을 이어갔다.

"의진아, 오늘 술 한잔 어때?"

"안 돼. 내일 시험 있어."

대학에 진학하면서 서울에 올 때 함께 온 김주태는 외로운 타지 생활에 크게 의지가 된 친구였다. 의진은 고등학교 때 결혼한 아내가 있었지만 자신이 떠나고 나면 혼자 남을 아버지와 조카 채홍락에 대한 걱정 때문에 그녀를 문경에 두고 홀로 상경했다. 더불어 남들과 다른 과거를 안고 살아온 채의진은 학교에서도 외골수처럼 공부에만 집중했다. 대학 동기들과 어울리기가 쉬운 일이 아니었다. 간혹 그런 채의진의 모습을 좋아하던 여학생들이 속앓이를 했지만 채의진은 무뚝뚝하기 그지없었다.

"그러면 시험 끝나고 연락 줘. 한잔 해야지."

"다음 주면 끝나니 그때 보자고."

성인이 되었다는 해방감에 놀기 바쁜 다른 대학생들과 달리 하고자 하는 일을 위해 술을 참는 채의진을 보며 김주태는 혀를 내둘렀다. 중학생 때 처음 만난 그 모습과 한 치도 달라진 것이 없었다. '그래서 내 친구 채의진이지'라고 생각하며 김주태는 아쉬움을 달랬다.

대학생이 되었지만 여전히 채의진은 학살 현장에서 살아남은 자로서 억울하게 희생된 영령들에게 죄책감을 갖고 살아가고 있었다. 그런 채의진의 죄책감과 비통한 마음을 조금이나마 씻어낼 수 있는 첫 번째 계기가 드디어 찾아왔다.

1960년 4·19 혁명이었다.

1960년 3월 15일. 12년간 이어온 이승만 독재정권은 또다시 집권 연장을 위해 부정 선거를 저지른다. 1948년 선거에서 초대 대통령으로 당선된 이승만은 이미 재선 과정에서도 재집권을 위해 손쓴 바 있었다. 1952년 2대 대통령선거에 당선되기 위해 대통령 선출 방식을 간선제에서 직선제로 바꾸는 한편, 1956년에는 대통령직을 중임으로 제한했던 헌법을 무리한 개헌을 통해 바꾸어 3선이 가능하게 만든 것이다. 그리고 또다시 찾아온 1960년 대통령선거. 이승만 정권은 4선을 위해 또다시 부정 선거를 획책했다.

우선 선거 하루 전날, 그들은 선거함에 이승만과 이기붕이 찍힌 위

조 투표지를 무더기로 집어넣었다. 그리고 선거 당일, 그들은 투표하는 사람들에게 돈을 주는가 하면 한 명당 투표용지를 20장이나 가져갈 수 있게 조작했다. 또한 자유당 당원들을 기표소 안에 배치해 투표하는 과정을 지켜보게 했고, 깡패를 동원해 사람들이 이승만에게 투표하도록 폭력을 행사했다. 이러한 행위가 지속되자 유권자들은 부정 선거를 의심했고, 전국 각지에서 규탄 시위가 일어나기 시작했다. 한편, 개표 결과 자신에게 100퍼센트에 가까운 표가 몰리자 이승만은 부정 선거가 들통날 것을 우려해 득표율을 80퍼센트대로 조정하라는 지시까지 내렸다. 하지만 거짓은 진실을 이길 수 없는 법. 이날 이후 전국의 학생들을 중심으로 부정 선거를 규탄하는 움직임이 들불처럼 번져나갔다.

비정상적으로 치러진 부정 선거 이후 한 달이 지난 4월 11일, 대한민국의 역사를 뿌리째 뒤흔드는 사건이 발생한다. 3·15 부정 선거 무효와 재선거를 주장하며 마산에서 일어난 시위에 참여했던 마산상업고등학교 학생 김주열이 실종된 지 한 달 만에 마산 중앙부두 앞바다에서 왼쪽 눈에 경찰이 쏜 최루탄이 박힌 채 시신으로 떠오른 것이다. 〈부산일보〉를 통해 처음으로 보도된 이 사건은 전국으로 퍼져나가며 혁명의 불길을 당기는 방아쇠가 되었다. 아침 신문을 읽던 채의진 역시 기사를 보고 끓어오르는 분노를 감출 수 없었다.

채의진의 눈에 김주열 사망 사건은 10여 년 전 문경 석달마을을 덮쳤던 국가 공권력의 만행이 여전히 살아 있다는 증표나 다름없었다.

1960년 4월 19일 서울 청와대. 10만 명 규모로 불어난 시위대는 청와대로 진격을 시도했다. 시위대에 맞선 경찰의 발포로 국민들 마음에 심어진 분노의 도화선에 불이 붙었고 시위대는 무장한 채 경찰과 총격전을 벌였다. 전국적인 저항 운동과 군 지휘부의 무력 동원 거부로 이승만은 4월 26일 대통령 하야를 선포하고 만다. 광복 후 국민이 이뤄낸 첫 민주주의의 승리였다. 자유당 독재정권이 무너지자 곳곳에서 이승만 집권 기간 동안 벌어졌던 만행들이 밝혀지기 시작했다. 그동안 감춰졌던 한국전쟁 전후의 억울한 민간인 학살 사건들이 전국 곳곳에서 봇물 터지듯 알려져 연일 신문지상에 오르내렸다. 국민의 손으로 만든 민주주의 체제 안에서 채의진은 희망의 씨앗을 발견했다. 당시 서울문리사범대학 영어과 2학년에 재학 중이던 채의진은 드디어 한을 풀 기회가 왔다고 믿고 학교에 휴학계를 냈다.

진상 규명에 전념하기 위해서였다. 문경 석달동 민간인 학살 사건을 정리한 그는 서울시내 중앙 언론사 사회부를 일일이 찾아다니며 제보했다. 〈한국일보〉가 이때야 비로소 짤막한 보도를 내보냈다. 물론 현장 확인 취재는 없었다. 그러나 '이것만도 어디랴' 싶은 생각으로 의진은 마음을 다잡았다. 그러나 언론들은 정치적 문제를 크게 키울 수 있는 일에 집중했기에 문경 석달마을 사건을 보도하려는 의지를 보이지 않았다. 또다시 진상 규명에 실패하는 것인가 싶어 상심할 즈음 채의진에게 반가운 손님이 찾아왔다. 문경 사건에 관심을 가진 〈대구일보〉 사회부 이재문 기자였다.

"안녕하세요, 저는 〈대구일보〉 이재문 기자라고 합니다."

"안녕하세요, 채의진입니다. 들어오세요."

기자의 첫 방문에 채의진은 기쁜 마음을 감추지 못했다. 혼자 사는 누추한 방이었지만 채의진은 차를 끓여서 이재문과 마주 앉았다. 이재문은 가방에서 펜과 노트를 꺼내 취재를 시작했다.

"채의진 학생이 보낸 편지는 잘 받았습니다. 마음이 참 아프더군요. 그동안 어떻게 살아왔을지 짐작조차 되지 않습니다."

"감사합니다. 이렇게 관심을 가져주신 건 기자님이 처음이라. 제가 할 수 있는 얘기는 다 하도록 하겠습니다."

이재문은 채의진의 방에서 이틀 밤을 지내며 그날의 참상을 상세히 취재했다. 그리고 문경까지 내려가 학살의 전모와 은폐 과정, 생존자들의 끔찍한 고통을 취재하고 돌아온 이재문 기자는 채의진에게 "용서할 수 없다"고 몇 번이고 되뇌었다.

며칠 뒤 채의진의 집으로 날아온 〈대구일보〉에는 이재문 기자가 적어내린 문경 석달마을 사건의 참상이 낱낱이 적혀 있었다. 신문을 펼쳐 한 자 한 자 읽어 내려가는 채의진의 눈가에 눈물이 고였다(이재문 기자는 이후 박정희 정권에서 남민전 사건에 연루돼 사형 언도를 받고 서대문형무소에서 옥사했다).

채의진은 여기서 멈추지 않았다. 그는 문경에서 일어난 사건을 중앙에 알리기 위해 국회를 방문하기로 결심했다. 억울한 사연을 담은 호소문을 작성하기 위해 서울문리대학을 휴학한 채의진은 짐을 싸들고 고향 문경으로 내려갔다.

"삼촌 이것만 하면 돼요?"

"응, 그렇게 해서 목열이 매형이랑 같이 도장 좀 받아 와라. 국회에는 내가 제출할게."

채의진을 돕기로 나선 건 조카 채홍락과 매형 이목열이었다. 채홍락과 이목열은 채의진의 지시대로 학살 생존자와 사망자 유족들을 찾아다니며 일일이 도장을 받았다. 그사이 채의진은 호소문을 작성했다.

1960년 5월, 서울로 올라온 채의진이 국회를 찾았다. 먼저 민주당 정부 허정 내각수반에게 준비해온 서류를 제출했다. 이어서 국방부 장관, 내무장관과 검찰총장, 대법원장, 국회의장(당시는 민의원의장, 참의원의장), 육군참모총장 등을 상대로 쓴 호소문을 들고 정부 각 기관을 직접 찾아가 일일이 전달했다.

학살 사건 이후 12년 동안 한시도 잊은 적 없던 진상 규명과 해원의 염원이 드디어 성취되는가 싶었다. 그도 그럴 것이 4·19 혁명 이후 사회와 국회의 움직임을 보면 민주주의가 만개하고 국민이 주인 대접을 받는 새로운 세상이 올 것 같았기 때문이다.

4·19 혁명이 난 지 두 달도 채 지나지 않은 1960년 6월 3일 국회 조사단이 석달마을 학살 현장을 찾았다. 민주당 주병한 의원과 자유당 윤용구 의원이었다. 국회 조사반은 석달동 학살 현장 실지 조사를 벌이고 생존 유족과 지방 기관장들로부터 증언을 청취한 뒤 서울로 돌아가 국회에 보고했다. 이승만 정권 아래 스러져간 수많은 민간인들의 원혼이 국회에 닿은 것이었을까. 국회 본회의에서는 "앞으로 들어선 민주정부가 군·검·경 합동조사본부를 설치하고 철저한 수사를 통해 학살자를 색출해 엄중 처벌하며 아울러 피학살자에 대한 피해 보상을 하도록 하는 가칭 '양민학살사건처리 특별조치법'을 제정해야 할 것이다"라는 내용의 결의문을 여야 만장일치로 채택했다.

민간인 학살 진상 조사에 희망의 빛이 드리워지는 듯한 나날이었다. 채의진과 유가족들은 부푼 기대로 국가의 응답을 기다렸다. 그러나 이 모든 사태 전개는 역사의 신기루에 불과했다.

2장

수배령이 내려지다

한국전쟁을 전후한 시기에 문경 석달마을뿐만 아니라 전국 각지에서 수많은 민간인 집단 학살 사건을 자행했던 군경 관계자들은 이 무렵 대부분 현역에 있었다. 이들에게 수사본부를 설치해 학살 사건을 처리하도록 맡기자는 당시 국회의 사태 인식부터가 순진하다고 하지 않을 수 없었다. 게다가 12년에 이르는 자유당 독재치하에서 '못살겠다 갈아보자'는 구호 하나로 국민의 전폭적 지원을 받고 출범한 민주당 정부는 4월 혁명정신을 이어받아 민주주의를 확고하게 이끌어갈 힘도 없었다.

결국 이듬해 박정희 소장을 주축으로 한 일단의 군부가 5·16 군사쿠데타를 일으켰다. 1960년 4월 세워진 혁명정부의 1년 천하가 무너지는 순간이었다. 쿠데타를 일으킨 주도 세력 중에는 전국 각지에서 한국전쟁 전후에 집단 학살 사건을 자행했던 군경 관계자들이 대거 포함돼 있었다. 그들의 눈에 지난 1년간 이뤄졌던 정치권과 피해 유가족의 민간인 학살 진상 조사는 눈엣가시 같은 존재였다. 그들은 이승만 정권 내내 애써 은폐했던 반인륜 범죄가 세상에 드러나길 원하지 않았다.

결국 쿠데타로 정권을 장악한 박정희 일파는 혁명 포고령을 공포해 기존에 존재하던 정치, 경제, 사회, 문화, 예술 단체들을 모두 해산시키는 동시에 민간인 학살 진상 규명에 나섰던 전국 각지의 유족들에게 수배령을 내렸다. 이로써 전국에서 들불처럼 번졌던 민간인 학살 사건의 해결 노력은 물거품이 되었고, 이후 수십 년에 걸친 군사정권 기간에 민간인 학살 치유 해법은 천길 만길 낭떠러지로 추락하고 만다.

1961년 5월 19일 군사혁명위원회는 포고 제18호 '반국가적 활동시 엄중 처벌 포고'를 발표했다. 박정희 군사정부는 혁명 포고령을 발동해 학살 진상 규명 운동을 벌이던 각지의 유족들을 검거하라는 지시를 내렸다.

문경 석달동 학살 진상 규명 작업에 나섰던 채의진에게도 체포령이 떨어졌다. 도망자 신세가 된 것이다. 당시 채의진의 모교인 서울문리사범대학 학생과장으로 재직 중이던 채문식이 급하게 채의진을 불렀다. 문경 석달동 학살 사건 직후 문경군수를 역임했던 채문식은 채씨 문중의 어른으로 채의진과 알고 지내는 사이였다.

"무슨 일인데요?"

"아무래도 상황이 좋지 않아요. 채의진 씨랑 가족들이 피신해야 할 것 같아요. 일단 서울에서 좀 벗어나 있는 게 좋겠습니다."

심상치 않은 분위기를 느낀 채문식은 채의진에게 피신할 것을 조언했다. 채의진은 서울을 벗어나기 전 자기를 도와 진정서를 작성했던 채홍락이 체포될 것을 염려했다.

"홍락아 서울에 있지 말고 문경에 가 있는 게 좋겠다."

"네, 삼촌."

채홍락 역시 사태의 심각성을 느끼고 있었다. 서울에 있는 서라벌고교 2학년생이었던 채홍락은 그때 서울에서 삼촌과 함께 생활하고 있었다. 군사쿠데타 이후 휴교령이 내려 며칠째 학교에 가지 못하고 집에서 지내던 홍락은 채의진의 충고대로 할아버지가 있는 고향 석달동 집으로 내려갔다. 조카 홍락을 고향으로 내려보낸 뒤 채의진도 서울을 떠나 시골 친구 집으로 피신했다. 그러나 쿠데타 세력의 혁명포고령이라는 마수는 전국 구석구석 미치지 않는 데가 없었다. 전국의 모든 치안 조직이 방방곡곡의 민간인 학살 유족 대표들을 잡아들이는 데 혈안이 됐다.

쿠데타 발발 사흘째인 1961년 5월 18일, 문경 채의진의 집.

"홍락아, 서울 상황이 많이 심각하던?"

"말도 마요 할아버지. 아주 심각했어요. 사람들이 총 쏘고, 잡혀가고 아주 난리도 아니었다니까요."

서울의 상황을 신문을 통해서 혹은 직접 눈으로 본 고등학생 채홍락은 쿠데타 당일을 생각하며 겁에 질렸다. 갑작스러운 계엄령에 선생님들은 수업을 중단하고 학생들을 모두 집으로 돌려보냈다. 어른들은 아무도 무슨 일이 일어난 것인지 설명해주지 않았다. 그저 시키는 대로 시골에 내려온 채홍락은 알 수 없는 불안감에 휩싸였다.

"괜찮을 거다. 괜찮을 거야."

서울문리사범대 재학 시절, 조카 채홍락(왼쪽)과 사촌 채주호(앉은 이). 5·16의 마수는 어린 조카 채홍락까지 괴롭혔다.

포고령 위반죄 소식을 들은 채의진의 매형 이목열 역시 채홍락과 집에 함께 있었다. 민간인 학살 진상 규명을 위해 작성했던 진정서가 문제 될 것이 분명했다. 주도자는 채의진이었지만 계엄령까지 내린 정부가 그 친척들에게도 무슨 짓을 할지 알 수 없었다. 10년 전 그날의 학살 악몽이 되풀이될지도 모르는 일이었다. 겁에 질린 채홍락을 이목열이 다독이던 중 대문에서 큰 소리가 났다.

쾅 쾅 쾅 쾅!

대문이 부서져라 두드리는 소리에 놀란 이목열이 마당으로 달려나가 문을 열었다.

"누구시오?"

"경찰이오. 울곡에서 왔습니다."

"아랫마을에서 여기까지 무슨 일입니까?"

경찰복을 입은 남자가 위협적인 표정으로 집 안을 들여다보았다. 불안한 기운이 집 안을 엄습했다.

"채의진 씨 계십니까?"

"여기 없습니다."

남자는 미심쩍은 표정으로 집 안을 훑어보았다. 남자와 눈이 마주친 채홍락은 고개를 숙였다. 왠지 모를 위압감에 몸이 떨려왔다.

"그럼 이목열, 채홍락 씨 있습니까?"

"제가 이목열입니다."

"문경 석달마을 사건 아시죠? 거기에 대해 물어볼 것이 있어서 왔습니다."

문경 석달마을 사건. 역시 진정서를 낸 것이 문제였을까? 이목열은 안 좋은 예감에 얼굴이 굳어졌다. 고교생 채홍락의 이름까지 알고 있는 걸 보니 보통일이 아니라는 불길한 예감이 스쳤다.

"여기서 얘기하시지요."

"아니, 지서로 좀 가야겠습니다."

"경찰서로요? 홍락이도 가야 합니까?"

"네, 그렇습니다."

잠시 고민하던 이목열은 안에 있던 채홍락을 불렀다. 채홍락은 이목열을 따라 대문 밖으로 나섰다. 남자를 따라간 곳은 산북지서(파출소)였다. 두 사람은 경찰서 안에 앉아 남자를 기다렸다. 남자는 두 사람을 두고 문경경찰서에 전화를 걸었다.

"이목열, 채홍락. 당신들을 혁명 포고령 18호 위반죄로 체포합니다."

"네?"

"그게 무슨 소리입니까?"

당황한 이목열이 항의했지만 경찰은 듣지 않았다. 어린 채홍락만이라도 집에 보내달라고 애걸했지만 단호하게 거절당했다. 두 사람은 결국 안동교도소에 수감되었다.

채의진을 잡아들일 목적으로 문경 석달동에 들이닥친 군경 체포조는 그가 집에 없자 조카인 채홍락, 그리고 채의진의 매형인 석달동 이장 이목열을 대신 붙잡아간 것이다. 진정서를 직접 작성해 정부 당국에 제출한 유족 대표 채의진은 검거를 피해 피신했지만 곧장 수배령이 떨어졌다. 다행히 1961년 8월, 쿠데타 군부가 붙들어간 채홍락, 이목열 두 사람이 구금 두 달 만에 풀려나면서 채의진의 수배도 해제돼 힘겨운 도피 생활을 끝낼 수 있었다. 하지만 이후 30년 동안 입도 벙긋하지 못한 채 피멍 든 가슴을 쓸어내리며 살아가야 하는 세월이 강요되었다.

한편, 쿠데타로 권력을 찬탈한 박정희 군사정권은, 4·19 혁명 직후 채의진을 찾아와 문경 석달동 학살 사건을 현장 취재해 보도를 내보냈던 〈대구일보〉 이재문 기자를 끝내 죽음으로 내몰았다. 박정희 유신정권 치하에서 이재문 기자는 1976년 결성된 이른바 '남조선민족해방전선준비위원회'(남민전) 사건 주모자로 몰려 사형선고를 받았다. 그는 수감 중이던 서울 서대문형무소에서 1981년 11월 22일 고문 후유증으로 옥사하고 말았다. 이재문 기자의 옥사 소식을 접한 채의진은 이후 또다시 절망의 심연에 빠져들어 한동안 술로 세월을 보냈다.

3장

스승의 길

문경 석달동 학살 사건 진상 규명에 대한 염원을 가슴 깊이 간직한 채로 채의진은 휴학계를 냈던 서울문리사범대학으로 돌아갔다. 박정희 정권 아래에서 학살 진상 규명 운동을 한다는 건 불가능한 일이었다. 자기 때문에 옥고를 치러야 했던 이목열과 채홍락을 생각하면 마음이 무거웠다. 그는 그날의 참상을 다시 묻어두고 살아가리라 결심하고 대학 졸업 후 교단에 섰다.

1965년 경북 봉화군 소천면 임기초등학교. 5학년 유복연은 새롭게 부임한 담임 선생님을 초롱초롱한 눈빛으로 바라보았다. 교실 안에는 유복연을 포함해서 68명의 아이들이 앉아 있었다. 호기심을 가득 담은 수백 개의 눈망울이 새 선생님을 향했다. 다부진 얼굴의 20대 청년 채의진은 그동안 봐왔던 학교 선생님과는 확연히 다른 분위기를 풍기고 있었다.

'채 의 진.'

칠판 한가운데에 정갈하게 쓰인 이름을 조용히 따라 불러본 유복연은 난생처음 느끼는 설렘에 가슴이 두근거렸다. 채의진은 학생을 편애하는 일이 없었다. 지난 담임 선생님들은 잘사는 집 아이들을 편애하여 많은 학생들에게 상처를 주곤 했다. 반면 유복연의 눈에 채의진 선생님은 누구는 예뻐하고 누구는 그러지 않거나 하는 일 없이 공정하게 학생들을 대하는 것처럼 보였다. 선생님의 차별로 상처받았던 아이들은 채의진을 만나 치유 받고 있었다. 이상하리만치 아이들은 채의진을 좋아했다. 천방지축으로 날뛰던 남학생들도 채의진의 말은 잘 따랐다.

"얘가 먼저 때렸어요!"

"네가 먼저 시비를 걸었잖아!"

"뭐? 야! 내가 언제!"

어느 날 점심시간, 시끄러운 싸움 소리에 놀란 여자아이 하나가 교무실로 달려갔다.

"선생님! 애들 싸움 났어요! 이리 좀 와보세요!"

다급한 목소리에 자리에서 일어난 채의진은 교실로 향했다. 보통 교사였다면 손에 회초리 하나쯤 들고 갔겠지만 채의진은 아이들을 때리는 법이 없었다.

"서로 마주 보고 서 있어."

채의진의 단호한 목소리에 주먹질을 날리던 아이들이 조용해졌다. 채의진은 싸움을 한 두 아이를 마주 보고 서게 만들었다. 아이들은 아직도 분이 풀리지 않았는지 붉어진 얼굴로 서로를 노려봤다.

"가만히 서서 자기가 뭘 잘못했는지 생각해. 생각나면 선생님한테 와서 말하도록 해라."

모여들었던 아이들을 제자리로 돌려보낸 채의진은 교무실로 돌아가지 않고 교실 앞 의자에 앉았다. 화난 선생님의 눈치를 보느라 아이들은 쥐 죽은 듯이 조용해졌다.

"선생님……"

결국 먼저 주먹을 날린 아이가 채의진을 찾아왔다. 기어들어가는 목소리로 자신의 잘못을 말하자 채의진이 고개를 끄덕였다. 그 모습을 본 다른 아이도 채의진 앞에 서서 자신의 잘못을 이야기했다. 아이들 싸움에 끼어들기보다 스스로 생각하게끔 유도한 채의진은 화해한 아이들을 칭찬했다. 선생님의 호통이 아닌 난데없는 칭찬에 아이들은 눈이 휘둥그레졌다. 참 이상한 선생님이었다. 자신들을 말릴 때만 해도 오금이 저리게 무서웠는데 말이다. 게다가 회초리질 한 번 하지 않는 선생님이라니. 이 학급 아이들은 훗날 어른이 돼서야 채의진의 가르침이 '존중'이라는 것을 깨달았다.

유복연에게 채의진은 남들보다 조금 더 특별한 존재였다. 오죽 좋았으면 '우리 선생님'이라는 제목의 글로 글짓기 대회에서 장원을 받기까지 했을까. 그러나 채의진은 그런 제자의 마음을 아는지 모르는지 따로 편애하는 일이 없었다. 채의진의 성격에 당연한 일이었으리라. 그래도 유복연은 그것이 제자를 향한 '채의진 방식의 사랑' 표현이라는 것을 알았다.

중학교 진학을 걱정하던 어느 날, 유복연은 채의진을 찾았다.

"선생님."

"무슨 일이냐?"

"저 중학교에 가고 싶어요."

유복연의 말에 채의진은 가만히 제자를 마주 보았다. 남들보다 자기를 조금 더 따르는 소녀는 단호한 표정을 하고 있었다.

"저는요 중학교에 가고 싶은데 우리 어머니는 제가 시집을 가야 한대요."

"너는? 시집가고 싶니?"

"아니요. 저는 중학교에 가서 공부하고 싶어요."

그 시절 시골 여자아이들에게 주어진 사명은 공부가 아니라 집안일이었다. 딸이 좋은 집안 남자를 만나 시집을 가는 것이 여자아이를 둔 부모들의 바람이었다. 퇴계 이황의 후손이라던 유복연의 어머니 역시 마찬가지였다. 중학교에 가겠다는 딸을 이해하지 못한 유복연의 어머니는 유복연의 중학교 진학을 반대했다. 그러나 유복연은 달랐다. 공부가 더 하고 싶었다. 그래서 선생님의 옷자락을 잡아당기고 싶은 심정으로 채의진을 찾아왔다. 채의진은 유복연의 간절한 마음을 보았다. 빛나는 눈으로 매 수업에 열성을 보이던 제자가 학업을 중단한다는 것은 채의진으로서도 안타까운 일이었다.

"그러면 복연아 우리 이렇게 하자."

"어떻게요?"

"영주에 가면 스쿨서적이라는 곳이 있어. 거기 가서 강의록을 사서 보는 거야."

당장 중학교에 진학하기는 현실적으로 어려운 일이었다. 온 가족의 반대를 무릅쓰고 중학교에 진학하기 위해서는 뭔가 특단의 의지

1966년 경북 봉화 임기초등학교. 별 같은 스승과 꽃 같은 제자들의 행복한 한때.

를 보여줄 필요가 있었다. 채의진은 유복연이 강의록을 사서 열성적으로 공부하는 모습을 보인다면 부모님의 마음을 돌릴 수 있을 것이라 생각했다.

"그렇게 공부를 해서 때가 무르익으면 그때 중학교에 가자, 괜찮겠지?"

"네, 선생님!"

채의진의 조언을 들은 유복연은 그 길로 서점에 찾아가 강의록을 샀다. 부모님이 보고 있는 집에서는 책을 뺏겨서 공부하기가 어려웠다. 유복연은 아랑곳하지 않고 집 근처 보리밭에 숨어 공부를 하곤 했다. 그렇게 유복연은 채의진을 통해 중학교 진학의 꿈을 키웠다.

"얘, 우리 선생님 참 별 같지 않니?"

"별?"

"응. 꼭 하늘에서 내려온 별 같아. 참 맑고 깨끗해."

하루는 한 남자아이가 유복연에게 말했다. 선생님이 꼭 별 같다는 것이다. 유복연은 친구가 하는 말에 고개를 끄덕였다. 그러나 임기초등학교에 부임한 지 2년여 만에 채의진은 짧은 학교생활을 마치고 멀리 소천초등학교로 전근을 가야 했다. 많은 아이들이 채의진의 전근을 슬퍼했다. 유복연도 마찬가지였다. 아무도 선생님에게 가지 말라는 말은 못 했지만 마음만큼은 선생님의 옷자락을 잡고 놓아주기 싫은 심정이었다. 스승 채의진은 그렇게 아이들의 마음에 평생 지지 않는 '별'로 남았다.

그러나 아이들의 마음과 달리 채의진의 현실은 그리 영롱하게 빛나지 못했다. 교단에 섰을 때만큼은 지난 아픈 기억을 잊으려고 했지만 집에 돌아오면 몇 번이나 그날의 아픔이 가슴을 후비곤 했다. 특히 박정희 군사정권에 의해 무산된 진상 규명 운동의 실패가 그의 마음에 무겁게 앙금으로 남아 가라앉았다. 몇 번이나 다시 진상 규명 운동을 하고자 마음먹었지만 도와주는 사람은 아무도 없었다. 심지어 같은 채씨 집안사람들도 진상 규명 운동 앞에서는 손사래를 치고 쉬쉬하기 바빴다. 이렇게 진상 규명 운동 앞에 홀로 고립된 채의진의 마음속엔 자신도 모르게 조금씩 외로움과 분노가 쌓여만 갔다.

4장

사라지지 않은 앙금

이런 외로움과 분노는 진상 규명 운동을 좌절시킨 주체를 향해 거침없이 표출됐다. 채의진은 두 가지를 싫어했다. 하나는 가식이요, 다른 하나는 자기를 나타내려고 하는 거짓된 언행이었다. 평소 표리부동한 사람을 보면 화를 참지 못했던 채의진이 제일 싫어하는 부류가 있었으니 바로 정치인이었다. 교언영색巧言令色을 혐오했던 채의진은 "이 자식들 입에 발린 말 하고 자빠졌네, 다 거짓말이야!"라며 정치인에 대한 혐오를 숨기지 않았다. 채의진이 정치인을 혐오하기 시작한 건 사실 오랫동안 계속해온 진상 규명 운동이 매번 실패한 데서 비롯되었다. 문경 석달마을 사건을 외면하는 수많은 정치인들을 보며 속에 앙금이 하나씩 쌓여온 것이다. 국가의 손에 죽임을 당한 국민을 외면하는 위정자들에게 채의진은 항상 분노를 느꼈다. 그중에서도 특히 국회의원은 그가 욕을 제일 많이 하는 대상이었다.

1983년 가을. 서울의 한 식당에서 채씨 친족의 모임이 있었다. 대부분 문경 출신으로 문경 석달마을 사건의 아픔을 공유한 그들은 종종 모임을 갖곤 했다. 그날은 특별히 제11대 국회의장직을 맡게 된 문중 인물 채문식이 오는 날이었다.

"형님, 국회의장 되신 거 축하드립니다."

"고맙네."

식당에 모인 사람들은 너도나도 국회의장이 된 채문식을 축하했다. 단 한 사람 채의진만 빼고 말이다. 잔뜩 옷을 빼입고 여러 수행원을 데리고 나타난 채문식이 그의 눈에 곱게 보일 리가 없었다. 5·16 쿠데타 직후 채의진에게 신변을 조심하라고 귀띔해준 것 외에는 문경 석달마을 사건 진상 규명을 위해 채문식이 한 일이 아무것도 없었기 때문이다. 오랫동안 국회에 몸을 담아서 물든 것일까? 그날의 악몽, 더구나 같은 문중 사람들의 씨를 말리는 것이나 다름없었던 석달동 학살 사건을 모르는 일처럼 행동하는 채문식이 채의진의 눈에는 배신자로밖에 보이지 않았다. 더욱이 채문식은 석달동 학살 사건이 일어난 직후 문경군수로 부임해 근무한 이력이 있어 희생된 주민들의 억울함에 대해 누구보다도 잘 알고 있었다.

"좋은 날이니 다들 쭉쭉 들이켭시다!"

"염병."

작게 읊조린 채의진은 열불이 나는 속을 달래려는 듯 연거푸 술을 들이마셨다. 채씨 일가는 아니지만 오랜 친분으로 자리에 함께한 친구 김주태가 말리려 했으나 소용이 없었다. 다른 사람들이 채문식에게 아부하며 축하의 말을 건네는 사이 채의진은 조용히 소주잔을 기울였다. 아직도 그날을 떠올리면 잠을 이룰 수 없는데, 저렇게 멀쩡한 얼굴로 국회의장이나 하고 있다니. 세상이 잘못 돌아가도 단단히 잘못 돌아가는 것이 분명했다. 술을 마신 지 얼마나 됐을까.

"채문식!!"

취기가 잔뜩 올라 얼굴이 새빨개진 채의진이 소리를 버럭 질렀다. 사람들이 놀라 고개를 돌려보았다. 옆에 앉아 있던 김주태는 왠지 좋지 않은 예감을 느꼈다.

"의진아, 왜 그러냐. 그만해."

"그만하긴 뭘. 당신! 거 너무한 거 아니오?"

"뭐?"

김주태가 말리려고 했지만 소용이 없었다. 이미 취해버린 채의진의 눈에는 보이는 것이 없었다.

"당신이 대체 뭘 했어! 그때 우리 다 죽은 그날, 억울하게 죽은 우리 어머니, 할머니, 친척들, 어린애들, 청년들 위해서 네가 뭘 했냐 말이야!"

"뭐라는 거야 지금!"

"너도 똑같아! 어, 다른 국회의원 놈들이랑 똑같이 개야 개! 정부의 개! 개자식들!"

갑자기 퍼붓는 욕설에 어안이 벙벙해진 채문식의 얼굴이 붉으락푸르락해졌다.

"이 사람이!"

"인천 채씨? 인천 채씨 좋아하네! 채씨 집안에서 파내버려야 해 너 같은 건!"

"뭐라고!"

다시 채문식이 반박을 하려는 순간이었다. 누가 말릴 새도 없이 채의진이 눈앞에 보이는 간장 종지를 들어 채문식의 얼굴에 끼얹었다. 눈 깜짝할 사이에 일어난 일이었다. 자리에 있던 10여 명의 친족들이 모두 얼어붙었다. 곱게 차려입은 채문식의 하얀 와이셔츠가 누런 간장에 젖어들었다. 코를 찌르는 간장 냄새에 사람들은 저도 모르게 얼굴을 찌푸렸다.

"국회의장 좋아하고 있네."

한 마디 더 하려던 채문식은 입을 다물었다. 명색이 국회의장인데 저런 말에 발끈할 수 없었다. 놀란 수행원들이 물수건을 갖고 와 젖은 채문식의 옷을 닦았다. 진하게 밴 간장 얼룩은 쉽게 지워지지 않았다.

"흠, 먼저 일어나보겠소."

제대로 인사 한 마디 하지 못하고 채문식은 서둘러 자리를 떴다. 채의진은 뒤돌아 나가는 채문식을 향해 또다시 고래고래 소리를 질렀다. 김주태는 그제야 정신을 차리고 채의진을 말렸다. 채의진의 정치인 혐오가 극에 달해 생긴 일이었다.

채의진에게 국회의원들이란 그런 존재였다. 몇 번이나 국회를 찾아 억울함을 호소하고 진정서를 제출했지만 오히려 수배령을 내려 제 가족들을 잡아간 것이 바로 군사정권의 정치인들이었다. 해가 바뀌었지만 정권은 바뀔 생각을 하지 않았다. 여전히 군사정권이 권력을 잡고 있는 동안 채의진이 할 수 있는 건 아무것도 없었다. 그러는 사이 시간이 흘렀고 채의진의 아픔은 더 이상 감당할 수 없는 지경에 이르렀다.

5장

고통과 외로움을 깎다

1986년 봄.

"선생님, 그동안 감사했습니다."

"고맙다."

마지막 제자에게서 꽃다발을 건네받은 채의진의 눈시울이 붉어졌다. 아이들은 아쉬움을 감추지 못하고 채의진을 바라보았다. 창밖에서 들어오는 햇살과 아이들이 뛰어다닐 때마다 뿌옇게 피어오르는 먼지, 하얗게 쌓인 분필가루와 왁자지껄한 아이들의 말소리는 이제 곧 추억으로 남을 모습이었다. 교사 생활 21년. 채의진은 교직을 그만두기로 결심했다.

"괜찮아?"

"응."

채의진의 부름으로 김주태가 한달음에 달려온 곳은 미아리의 한 술집이었다. 김주태가 도착했을 때 이미 채의진은 술을 한 병이나 비운 상태였다. 김주태는 서둘러 앉아 제 몫의 술을 따르며 채의진을 바라보았다.

"21년이면 오래도 했지. 고생 많았다."

술잔을 비우는 채의진의 모습은 어딘가 쓸쓸해 보였다. 김주태는 착잡한 마음으로 빈 술잔을 채웠다. 교직에 있는 동안만큼은 밝은 모습을 보였던 의진이었다. 아이들에 대한 사랑과 교육에 대한 열정만으로 버틴 교사 생활에 우여곡절도 많았다. 촌지를 받지 않은 탓에 다른 사람들의 미움을 사기도 했고, 또 어떨 땐 아이들의 마음을 잘 헤아리지 못해 아이들을 서운하게 만들기도 했다. 바른 마음을 품고 아이들을 공평하게 대하려고 노력하는 일이 마냥 쉽지만은 않았다. 그렇게 지내온 세월이 어느덧 21년째다.

"더 이상은 그냥 지낼 수가 없다 정말."

"의진아."

"아이들을 볼 자신이 없어."

이미 퇴직 결심을 밝혔을 때 거나하게 술을 마셨던 두 사람이었지만 진짜 퇴직을 하는 것은 퇴직을 결심하는 것과 또 다른 일이었다. 채의진은 한탄하듯 말을 뱉었다.

"내가 참 오래도 참았지. 교단에 서면 다 잊힐 줄 알았다. 다 잊을 줄 알았어. 그런데 아니더라. 웃는 낯으로 아이들을 봐도 밤만 되면 눈을 감을 수가 없다. 눈을 감으면 그날이 보이거든. 같이 걷던 내 친구들, 우리 형님, 우리 어머니. 총소리가 들리고 사람들이 막 비명을 질러. 살려달라고. 그리고 그때처럼, 우리 죽은 형님 몸이 나를 눌렀던 것처럼 무언가 나를 짓누르는 기분이 들어. 매일 밤, 매일 밤 그렇다 주태야. 매일 밤 그래."

잊었다고 생각한 건 착각이었다. 그날의 악몽은 잊을 만하면 채의진을 찾아와 밤마다 괴롭혔다. 그러나 악몽보다 더 끔찍한 건 현실이었다.

"그래서 내가 할 수 있는 건 다 해봤지. 내가, 다 했어. 박정희 때, 그때도 내가 죽을 거 같았어도 다 찾아봤어. 왜 그날 그랬는지, 누가 그랬는지. 전두환 때도 말이야! 내가 정말 안 간 곳이 없다. 너도 알잖아. 그렇지?"

"그럼, 내가 다 알지. 내가 다 알아."

진상 규명의 꿈을 접었다고는 하지만 완전히 접을 수 있는 꿈 같은 건 없었다. 혹시나 하는 마음에 청와대, 총리실, 국방부 등 안 가본 곳이 없었다. 궁금한 건 단 하나였다. 대체 왜 그날 사람들이 죽어야 했는지, 도대체 누가 그 사람들을 죽였는지. 하지만 어느 곳에서도 답을 찾을 수 없었다. 물어보기만 하면 한결같이 '모른다', '없다'는 대답뿐이었다. 수도 없이 찾아가 억울함을 호소했지만 무수한 부인과 거절만 메아리가 되어 돌아왔다. 신성모를 만나지 못한 그날 이후로 매번 같은 일이 반복되었다. 이재문 기자를 만나 억울함을 호소해 언론에 알리고, 정부 각 기관에 진정서를 썼던 4·19 혁명 직후 그 1년이 그저 꿈만 같았다.

"사람들이 어찌 그럴까. 어떻게 그래. 내가 정말 괴로워서 교단에 설 수가 없다. 아이들을 봐도 괴로움이 사라지지 않아. 이런 사람이 더 이상 무슨 교사를 하겠냐."

억울한 마음은 강산이 네 번이나 변했어도 풀어낼 길이 없었다. 오히려 시간이 지나면 지날수록 나이테처럼 겹겹이 쌓여 더 두꺼워지고 무거워질 따름이었다. 그렇게 커져버린 한은 매일 밤 살아남은 채의진을 괴롭혔다. 이 괴로움은 눈덩이처럼 불어나 채의진을 짓눌렀고 결국 그를 교단에서 밀어내고 말았다.

"정상적인 사람이라면 견딜 수가 없는 게 당연하지. 그게 당연한 거다. 의진아, 너무 자책하지 마."

몇 십 년을 곁에서 지켜본 김주태로서도 헤아릴 수 없는 채의진만의 아픔과 슬픔이 있었다. 죽음과 삶, 그 경계에 서서 아무것도 못하는 자의 억울함은 채의진만이 알고 있었다.

"앞으로 무얼 할 계획은 있고?"

"서각書刻을 하려고."

"서각?"

괴로움을 잊기 위해서는 무언가에 집착해야 했다. 그래서 채의진은 서각을 선택했다. 그가 할 수 있는 유일한 일은 나무 위에 조그마한 글씨를 새기는 일이었다. 채의진은 어린 시절부터 종종 사람들의 부탁을 받아 나무 도장을 파고는 했다. 초등학생일 때도 그 작고 야무진 손으로 판 도장이 친구들 사이에서 인기였다. 중학교 땐 선생님들도 종종 그에게 나무 도장을 부탁하고는 했다. 소소한 즐거움으로 시작한 서각에는 남다른 힘이 있었다. 마음을 가다듬고 나무를 파는데 집중하다 보면 잠시나마 이 지옥 불 같은 세상에서 멀어졌으니 말이다. 그간의 고통이 다른 세상의 일처럼 느껴지며 마음에 안정이 찾아왔던 것이다. 채의진은 그렇게 교단에서 내려와 서각을 통해 통한의 아픔을 예술로 승화하는 길을 택했다.

1986년 여름 미아리.

"왔냐?"

"제법 그럴듯하네."

"간판도 내가 달았다."

채의진은 미아리에 '미목美木'이라는 이름의 서각 작업실을 마련했다. 집도 방학동에 장만해 아예 그곳에서 눌러살 생각이었다. 작은 가게 안에는 채의진의 작품과 함께 조각칼의 손길을 기다리는 서각 재료 나무들이 널브러져 있었다. 진한 나무 향기가 가득한 작업실 바닥에 나무껍질이 수북이 쌓였다.

"나도 하나 해줄 거지?"

"말이라고."

채의진은 무심하게 김주태에게 작은 나무 도장 하나를 건넸다. 김주태는 자신의 이름이 새겨진 나무 도장을 보며 그 옛날을 떠올렸다. 남몰래 아픔을 숨기고 살아온 채의진은 이제 그 아픔을 나무 위에 아름다운 서각으로 새겨냈다.

6장

운명적 만남

거리에 어지러이 낙엽이 구르던 1989년 늦가을 미아리 '미목'.

드르륵.

문을 밀치고 들어서자 어둑한 조명 아래에서 한 중년 남성이 조각칼 하나로 목재와 씨름하고 있는 게 보였다. 여기저기 고목나무 뿌리가 흩어져 있는 다섯 평 남짓한 작업실, 남자는 먼지를 뒤집어쓴 채 나무 판자에 글씨를 새기느라 한동안 누가 찾아온 줄도 몰랐다. 그는 학살 구덩이에서 살아나 생존 유족들에게는 문경 석달동 민간인 학살 사건 대변인으로 통하는 채의진이었다.

"계십니까?"

채의진은 나무만 바라본 채 입을 열었다.

"누구요?"

"〈말〉지 기자 정희상이라고 합니다."

기자라는 말에 채의진이 고개를 들었다. 단단한 체구에 진한 눈썹을 가진 젊은 청년의 모습이 채의진의 눈동자에 들어왔다. 정희상은 채의진을 향해 허리를 깊이 숙여 인사를 했다. 채의진은 자리에서 일어나 그에게 다가갔다.

"안녕하십니까? 채의진 선생님을 찾아왔습니다."

"내가 채의진이오."

정희상은 기쁜 표정으로 채의진에게 다가와 다시 한 번 허리를 숙여 인사하고는 명함을 꺼냈다. '정희상 기자'. 명함을 받은 채의진은 기자라는 직함을 한참 동안 바라보았다. 20년 전 형장의 이슬로 사라진 이재문 기자가 떠올라 마음이 편치 않았다.

"무슨 일로 찾아오신 거요?"

"저 문경에서 오늘 서울로 올라왔습니다."

문경이라는 단어에 채의진의 눈빛이 흔들렸다. 정희상은 〈말〉지에서 '현대사 발굴'이라는 기획 연재를 맡고 있었다. 해방 전후 신생 독립국가 건설을 둘러싸고 전국 곳곳에서 발생한 좌우 대립과 충돌로 인한 인명 피해 사건 가운데 지금까지 은폐된 사건을 발굴해 기록하는 기획이었다. 크게 미군정기와 정부 수립 이후로 나눠서 은폐된 학살 사건 현장을 찾아 나섰는데, 미군정기에 대한 취재는 동료이던 오연호 기자(현재 〈오마이뉴스〉 대표)가 맡았다. 둘은 학번은 같았지만 오연호가 정희상보다 1년 먼저 〈말〉지에서 활동을 시작했기에 수습기자였던 정희상에겐 정신을 바짝 차리게 할 만큼 깐깐한 선배였다. 오연호는 전국을 종횡무진하며 은폐된 미군의 민간인 학살과 만행을 발굴해 〈말〉지에 싣고 〈식민지의 아들에게〉라는 책으로 엮어내기도 했는데, 이런 사정으로 그에게는 '반미 기자'라는 별칭이 따라다녔다.

그런 오 기자가 현대사 발굴 취재를 같이 해 나가자고 권해 정희상도 미군 외에 한국 측 군경 우익 단체에 의해 저질러진 은폐된 민간인 집단 학살 추적 취재를 도맡았다. 정희상이 자료를 뒤진 결과, 해방 직후부터 한국전쟁이 끝나기까지 약 10년에 걸쳐 일어난 비무장 민간인에 대한 집단 살육 사건들이 1980년대 말까지도 제대로 기록조차 되지 않고 있었다. 알려진 것이 있다면 거창 민간인 학살 사건 정도랄까. 그마저도 그 사건이 한국전쟁 전후에 자행된 유일한 민간인 집단 학살 사건인 것처럼 통하던 시절이었다. 정희상은 이렇게 가위질당한 민족의 역사를 복원하는 것이 언론계에 발 디딘 자의 소명이라는 각오로 1989년 1년여에 걸쳐 전국 각지의 민간인 학살 현장을 수소문해서 찾아다니며 증언을 채록해 나갔다.

문경 석달동 민간인 학살 사건은 그해 여름 한양대학교 리영희 명예교수가 막 창간된 〈한겨레신문〉에 실은 칼럼을 통해 그 이름이나마 처음 접할 수 있었다. 리영희 교수는 1960년 4·19 혁명 이후 유족의 민원 제기로 국회에서 진상 조사를 벌였으나 5·16 군사쿠데타로 인해 논의가 일절 금기시된, 군인과 경찰, 우익 단체에 의한 민간인 학살이 재조명되어야 한다는 요지의 짤막한 칼럼을 게재했다. 리 교수는 1960년 4·19 혁명 직후 전국 각지에서 불거져 나온 민간인 학살 피해자 유족들의 진정을 근거로 당시 4대 국회가 일부 지역을 현장 조사해 국회에 낸 보고서를 그 자료로 인용했다. 정희상은 곧바로 국회도서관 서고를 찾아 리 교수의 칼럼에 등장하는 문경 석달동 민간인 학살 사건 자료를 뒤진 끝에 1960년 6월 21일에 열린 국회 본회의 보고서를 입수했다.

1. 부락: 험한 산골짝에 묻힌 반경 약 30미터, 26호의 벽촌으로 공비가 침입한 사실이 한 번도 없다. 또한 보련(보도연맹)에 가담하거나 할 수 있는 건더기라고는 하나도 찾아볼 수 없는, 말 그대로 소농에다가 무지한 민간인, 지금은 옛 집터가 전답이 되고 그 밑으로 500여 미터 아래에 16호의 집이 늘어서고 논둔덕에는 유족이 없거나 미성년자인 자들만 공동으로 매장해두었다.
2. 당시 공직자: 군수 이정희, 서장 이의승, 지서주임 이기용, 면장 황중교, 부면장 황보면(사망), 정보주임 김영길 등.
3. 학살 부대: 70에서 100명 정도로 추산, 방한복에다 MIBAR경기관총, 배낭, 철모로 완전무장했으며 충청도 말을 사용했다. 그 부대장이 박 모 대위로 호칭되었다. 동 부대는 당시 동로 방면에서 호계를 거쳐 1949년 12월 24일 상오 11시경 진주, 군경 합동 학살설도 있다.
4. 사상자: 피살자 총 86명. 그중 여자가 41명, 15세 미만이 22명, 국민학생이 10명에 이르고 부상자는 12명. 그중 불구가 된 주민 3명, 생존자는 23명에 이르고 있다. 생존자의 대부분은 아직 그 부락에 살고 있다.

1989년 10월 초순경. 26세의 초년 기자 정희상의 마음에 깊이 박힌 '문경 석달동 사건'은 그의 발걸음을 문경으로 이끌었다. 경북 문경군 산북면에 자리한 산골마을을 찾아가는 길은 험난했다. 점촌 읍내에서 산북면 방향으로 난 비포장 길을 한 시간쯤 달려 나타난 산골

마을에 버스가 멎었다. 그러나 버스 종점인 산간마을에서도 또 산 하나를 걸어 넘어야 목적지인 석달동 마을이 나타난다는 말만 전해 듣고 무작정 산길로 접어들었다. 정희상은 초행길인 탓에 석달마을로 들어가는 지름길이 따로 있다는 사실도 모른 채 험준한 산길을 택해 정상으로 향했다. '해가 지기 전에 산속에서 빠져나가지 못하는 건 아닐까' 하는 생각에 두려움이 와락 밀려들었다. 생각보다 깊은 산중이었다. 그의 손에는 취재수첩과 리 교수의 〈한겨레신문〉 칼럼을 복사한 종이 한 장이 쥐어져 있었다.

산등성이에 올라 내려다보니 마치 꼬막 껍질들을 엎어놓은 듯 옹기종이 모여 있는 집들이 단풍과 어우러져 산촌의 늦가을 정취를 뿜어내고 있다. 인적이 드문 산속이었기에 저무는 가을 해를 보면서 으스스한 느낌마저 들었다. 산을 내려가니 집 뒤 사립문이 열린 농가가 나타났다. 깊이 팬 주름으로 보아 아흔은 족히 되어 보이는 할머니 한 분이 툇마루에 앉아 있었다. 해가 지기 전에 마을을 벗어나려면 서둘러야겠다는 생각에 단도직입적으로 용건을 꺼냈다.

"할머니, 40년 전에 이 마을 주민 86명이 군인들 총에 학살당했다면서요……?"

할머니는 한동안 남자를 찬찬히 쳐다보더니 입언저리를 실룩거리며 연신 눈가를 훔쳐댔다. "저기 보릿대까리(경사진 논둑)에서…… 식구 아홉이, 아홉 명이 한 날 한 시에 세상 버렸지예. 내도 총에 맞았지만 안즉 살아간다 아이오. 총알이 목숨은 안 건드렸으니께예……"

황남순 할머니. 연세가 아흔셋이라고 했지만 말씨는 또렷했고 정정했다. 흐느끼던 황 할머니는 묻지 않았음에도 그날 숨져간 아홉 식구의 이름을 하나하나 불러가며 눈물을 연신 훔쳤다. 사건 당시 50대 초반이던 황 할머니는 학살 현장에서 졸지에 10남매 중 여섯 명의 자녀와 큰며느리, 손자, 남편 등 아홉 식구를 잃었다. 그녀는 오른팔에 관통상만 입은 채 기적처럼 살아남았다고 한다.

"아침밥 묵고 얼마 있다가 군인들이 들어와 집에 불을 놓고 험악한 말로 다 나오라고 케서 나갔지예. 마을 앞 논으로 들어가니 동네 사람들이 전부 다 끌려나와 있어예. 군인들은 머라 아무 말도 없이 사방에서 총을 쏘아대는 기라요. 순간적으로 젖먹이 손자를 가슴에 품고 보릿대까리 밑에 엎어졌지예. 어깨에 불이 확 붙는다 싶더니마 그 뒤로는 아무 기억이 안 나예. 깨어나 보니 말도 몬 해요. 온 논두렁에 피가 고여 있고, 마을 사람들이 여기저기 죽어 널브러져 있고……"

황 할머니는 40년 전의 그 끔찍했던 순간이 바로 엊그제 일인 것처럼 오열을 감추지 못했다. 어디 황 할머니뿐이었으랴. 일가족 중 한 사람이 겨우 살아남아 멸문만을 가까스로 면한 집이 부지기수였다.

40년 세월 쌓인 할머니의 한이 일시에 봇물 터지듯 하자 정 기자는 더 이상 이야기를 나눌 수 없었다. 그날 학살 현장의 전모를 생생하게 들려줄 좀 더 젊은 사람 집을 찾아 나섰다. 황 할머니가 설명해 준 대로 마을 중앙의 담배 말리는 건조장을 돌아 사립문을 열자 높다란 농가의 툇마루가 있는 채홍만 씨 집이 나타났다. 마루에 걸터앉자 마을 사람들이 하나둘 모여들었다. 모두들 낯선 젊은이가 첩첩산중 마을에 찾아온 것이 못내 미심쩍은 눈치였다. 찾아온 용건을 꺼냈다.

"아래깨도 어디서 와서 조사한다 해쌓더니만 이야기만 듣고 '이 마을은 안 되겠소' 하고 그냥 돌아갔다 아이오…… 그래, 어데소 왔소?"

가장 연장자인 채홍만 씨가 입을 열었다. 전두환 정권이 막강한 위세를 자랑하던 1980년대 중반, 어떻게 소문을 들었는지 반공연맹 대구지부에서 찾아왔더란다. 그들은 처음에 '민간인 학살을 당했다는데, 자세히 이야기해주면 정부에 보고해서 위령비도 세워주고 생활지원은 물론 책에도 실리게 해주겠다'며 접근했다고 한다. 주민들은 이제야 나라에서 원한을 풀어주려나 보다 하는 생각에 말 그대로 '뭣도 모르고' 사건 전모를 털어놓았다. 찾아온 이들은 금세 얼굴이 굳어지면서 "아군한테 당한 일이라 안 되겠소. 함부로 떠들지 않는 게 좋겠소"라는 말을 남기고 사라졌다고 한다. 마을 사람들은 4·19 혁명 이후에는 그 사람들이 처음 다녀갔고, 정희상이 현장에 두 번째 온 것이라 했다.

정희상은 반공연맹 같은 곳에서 온 사람이 아니라 서울에서 언론에 보도하기 위해 왔다고 했다. 끔찍한 사건을 겪은 이후 40년간 계속된 배반의 역사가 그들의 마음속에 깊은 의심과 피해의식을 드리우고 있어서였을까. 마을 사람들은 처음에는 잘 믿지 않는 눈치였다.

"〈말〉지는 다릅니다."

"아, 경마장에서 나오는 거 말이죠?" 우스운 경험이지만 어떤 주민은 지레 아는 체한 뒤 왜 경마 잡지가 이런 것까지 다루는지 의아해했다.

그래서 정희상은 한참 동안 설명을 했다. 그때만 해도 〈말〉지가 시골 마을에까지 알려져 있지는 않았다. 1985년 전두환 정권의 극악한 언론 통제 정책이던 보도지침 사건을 터뜨려 졸지에 몇몇 기자들이 구속되면서 〈말〉지가 어느 정도 알려지긴 했지만 주로 서울이나 대도시에 국한된 얘기였다. 그 때문에 민간인 학살 사건 취재를 위해 시골 구석구석을 돌다 보면 어디에서 왔는지 설명하느라 한동안 애를 먹는 건 당연한 일이었다.

아무튼 이날 석달마을 주민 앞에서 정희상은 4·19 이후 처음 찾아온 자신의 신분과 방문 목적에 대해서, 그리고 그때까지 그들이 알고 있던 상식적인(?) 기자와 다를 수도 있다는 점에 대해서 한참 설명해야 했다. 그리고 그때까지 얻어낸 소득은 "아무개를 찾아가 보라"는 말이었다. 먼 길을 달려온 정희상은 너무 야박하지 않느냐는 섭섭한 마음이 잠시 스쳤지만, 곧 이해할 수 있었다. 그들은 지난 40년간 군사정권 아래에서 침묵을 강요받고 있었던 것이다. 그 결과 누구든 외지인에게 함부로 입을 열어서는 안 된다는 묵계가 형성돼 있었다.

1960년대 초에 태어난 정희상 기자 세대만 해도 그전까지 우리 사회에 이런 깊은 상처를 갖고 말조차 못 꺼내며 살아가는 사람들이 있다는 사실을 제대로 알지 못했다. 그동안 반공 도덕 교과서를 통해 한국전쟁을 전후한 시기에 전국에서 저질러진 학살·납치 범죄는 모조리 인민군이나 그 사주를 받은 좌익들의 소행으로 돌려졌기 때문에 다들 그렇게 알고 자랐다. 역대 군사정권 아래에서 정부는 물론 사회 전반적인 분위기도 마찬가지였기 때문에 문경 석달동에서도 갑작스레 찾아온 처음 본 기자에게 한 번에 안심하고 모든 말을 털어놓을 수는 없었던 것이다. 입을 열더라도 그때까지는 그들에게 사건에 대해 언급할 대표 주자가 암묵적으로 정해져 있었다. 그는 학살 현장에서 살아남아 고등교육을 받은 유일한 사람이었다.

해가 지기 전에 그들이 알려준 사람을 찾아서 발길을 돌려 4킬로미터가량 오솔길을 걸어 나오니 어둑해지는 신작로 끝 버스 종점에 버스가 한 대가 서 있었다. 점촌행 막차에 몸을 던진 정희상은 이 질곡의 수수께끼를 놓고 한동안 갈피가 잡히지 않아 머리가 혼란스러웠다. 정부는 정말로 국군의 학살 사실을 영원히 묻을 수 있다고 보는 것일까. 혹시 학살 부대가 국군 복장으로 위장한 극우 단체는 아니었을까. 그렇다면 가해 부대를 찾는 일은 영원히 미궁에 빠지는 것이 아닐까. 학살 현장을 처음 방문한 뒤 서울로 돌아오는 길에 머릿속을 복잡하게 휘저으며 다가든 이런저런 의문을 어떻게 풀 것인지가 고민거리였다. 무슨 수로든 이 수수께끼를 풀어보자고 결심했는데 그 결심이 이후 서울에서 만나게 된 어떤 사람과 30여 년이라는 기나긴 인연을 맺게 해주었다.

다시 서울 미아리 '미목'.

정희상은 부랴부랴 점촌행 막차에 몸을 실었다. 서울에 도착한 그는 발에 불이 나게 먼저 '미목'을 찾았다. 정희상과 채의진은 운명적으로 대면했다. 40년 전 문경에서 일어난 수수께끼, 그 궁금증을 해결하겠다는 일념 아래 담담하게 여기까지 오게 된 경위를 듣던 채의진이 입을 열었다.

"여기서 이럴 게 아니라 우리 집으로 갑시다."

채의진은 깎던 나무를 바로 세우고는 '미목'의 셔터를 내렸다. 정희상은 채의진을 따라 그가 살고 있는 방학동 신동아아파트로 향했다. 집에는 채의진과 그의 딸 채숙희 그리고 아들 채홍필 세 사람뿐이었다. 집 안 어디에도 안주인으로 보이는 여자는 없었다. 젊은 여자가 채의진과 정희상을 반겼다.

"안녕하세요. 저는 딸 채숙희예요."

"반갑습니다."

정희상은 제법 예의 바르게 인사하는 채숙희를 보며 인사를 주고받았다. 채숙희는 능숙하게 동생 채홍필을 돌보는 중이었다. 채의진은 아이들이 엄마가 없이 자랐다는 얘기를 듣지 않게 하려고 노력했지만 그렇게 쉬운 일은 아니었다. 집안일은 어릴 때부터 일찍 철이 든 채숙희의 몫이었다. 채의진은 먼저 잠이 들어버린 채홍필을 확인하러 방 안으로 들어갔다. 채의진을 기다리는 사이 채숙희가 정희상에게 물잔을 내왔다. 잠시 후 다시 채의진이 방 밖으로 나왔다.

"기다리게 해서 미안해요."

"아니 괜찮습니다. 편하게 하세요. 다 준비되면 그때 말씀해주셔도 됩니다."

잠시 후 이야기할 준비를 마친 채의진은 오랫동안 묵혀두었던 그날의 기억을 떠올렸다.

채의진에게도 40년 묵은 한의 봇물을 터트린 격이었다. 그는 쉴 새 없이 눈물을 훔쳤다. 정말 다 잊으려고 했건만 그날의 이야기는 자신보다 30년은 더 어린 기자 앞에서도 눈물을 흘리게 만들었다. 그도 그럴 것이 초등학교 3학년 겨울방학을 맞아 하교하던 길에 날벼락을 만나 어린 나이에 세상을 뜰 뻔했다가 집단 학살 구덩이에서 기적같이 살아남은 그였다. 그날 아홉 명의 일가친척이 영문도 모른 채 죽었다. 채의진은 친형님의 시체 밑에 깔려 있다가 앞서의 황남순 할머니처럼 가까스로 목숨을 건진 사람이 아닌가.

기적적으로 살아남은 그는 그날 끔찍하게 희생된 영령들에게 항상 마음을 짓누르는 부채감을 떨치지 못하고 있었다. '학살 진상 규명과 해원.' 그날 이후 그는 평생 이 말을 가슴에 품고 살아갈 수밖에 없는 운명이었다. 더구나 생존자 가운데 그가 훗날 유일하게 고등교육을 받았기에 어깨는 더 무거웠을 것이다. 실제 그가 살아온 세월에는 그날의 학살 사건으로 인한 인고의 나이테가 켜켜이 쌓여 있었다.

채의진의 이야기는 그칠 줄 몰랐고 그날 밤, 정희상은 밤새 채의진이 걸어온 외길을 묵묵히 복기하며 따라 걸었다. 기나긴 침묵의 세월이었다. 그는 식사를 하다가도, 독서를 하다가도, 누구와 대화를 하다가도, 길을 걷다가도 불쑥불쑥 그날의 악몽에 시달렸다. 대학 졸업 후 교사 생활을 할 때도 마찬가지였다. 수업 시간 그날의 참상이 시도 때도 없이 떠올라 가슴을 갈기갈기 찢어놓았다. 결국 21년 만에 교사직을 그만두고 말았다. 서각을 시작하고 나서도 변한 건 없었다. 서각 재료들을 찾아 미친 사람처럼 산천을 헤매고, 칼끝으로 한 글자 한 글자를 새기는 데 혼을 바친 것도 그렇게 하지 않으면 슬픔과 분노를 견딜 수 없었기 때문이었다. 시도 때도 없이 북받쳐 오르는 슬픔과 분노를 잊기 위해 예술의 길로 들어섰지만, 쉽게 잊을 수 있는 슬픔과 분노가 아니었다.

그날 밤 정희상의 방문은 채의진에게 하나의 '사건'이었다. 그도 그럴 것이 그에게 학살 사건 이후 지금까지 언론은 불신 그 자체였다. 1949년 12월 24일, 사건이 일어난 그날부터 4·19 혁명이 나기까지 12년 동안 중앙은 물론 지방의 어느 언론도 석달마을 학살 사건의 진상 추적은 고사하고 짤막한 사실 보도조차 하지 않았다. 알 수 있는 방법이 없어서였을까. 당시 문경 주민은 이 끔찍한 만행을 소문으로 다 알고 있었다. 점촌에 있는 한 사진관에서 학살 현장 사진까지 찍어 갔다.

미군조차도 당시 한국군 부대가 문경 석달동에서 주민들을 상대로 저지른 끔찍한 만행을 알고 있었고, 그 사실이 보도되면 이승만이 크나큰 정치적 타격을 입을 것이라고 분석하고 있었다. 1990년대 기밀 해제된 미국 극동군사령부 비밀전문(NO 2694)에는 이 사건에 관해 이렇게 적혀 있다.

"신성모 국방부장관과 부참모장인 신태홍 소장은 1950년 1월 13일부터 20일까지 안동에 주둔한 한국군 2사단 25연대 관할 지역 내의 군사 시설을 시찰했다. 신 장관은 이 자리에서 문경 석달부락 학살 사건과 관련된 사항을 조사해 갔다. 한국군은 학살의 전말을 국민에게 숨기기를 바라고 있다. 지금까지 한국 언론은 이 사건을 전혀 보도하지 않았다."

이승만 정부의 극악한 언론 통제를 보여주는 상징적 사건이 문경 석달동 학살 사건이라 할 만했다. 그 끔찍한 사건에 대해 언론은 당연히 국민에게 알려 비인도적이고 야만적인 민간인 학살을 감시, 저지해야 했지만 사건 당시는 물론 1960년 4·19 혁명으로 이승만 정권이 붕괴되기까지 신문이나 방송, 통신, 잡지 등 어떤 국내 매체도 이 뉴스를 다룬 적이 없고, 현장을 찾은 기자조차 없었다. 한국 언론에 대한 채의진의 뿌리 깊은 불신은 바로 여기서 비롯되었다. 아무도 귀 기울이지 않은 공동체 내부의 가공할 상처에 대해, 그는 40년 만에 먼지를 털고 감정을 주체하지 못했던 것이다.

물론, 오래전에 학살 현장에 다녀간 이재문 기자가 있긴 했다. 그러나 이재문이 박정희 정권 아래에서 형장의 이슬로 사라진 후 채의진은 더 이상 한국 언론에 기대를 걸지 않고 있었다. 정희상이 그를 찾아갈 무렵에는 스스로 기자가 되려 했다. 차라리 미국 언론에 제보해 문경 석달동 민간인 학살 사건을 폭로하겠다는 구상 아래 사건 내용을 영문으로 정리하던 중이었다. 그날 밤 그는 20년 가까이 중등학교 영어 교사를 한 실력으로 한참 정리해 나가던 사건 관련 영문 보고서를 꺼내 보였다. 제목은 〈UGLY SOLDIERS〉. 국내 언론이 외면하는 사건 진상을 어떻게든 세상에 알려보겠다는 고육책이자 한국 언론의 40여 년에 걸친 비인도적인 침묵에 침을 뱉겠다는 응징의 몸부림이기도 했다. 정희상 역시 부끄러움을 감출 수 없었다. 그러나 그날 이후 채의진이 쓴 영문 기사 초안은 서랍 깊숙이 파묻혔다. 그리고 채의진의 집에서 날을 지새운 정희상은 바로 〈말〉지 사무실로 가서 기사를 작성하기 시작했다.

7장

불씨를 지피다

1990년 3월, 월간 〈말〉지 3월호. 헤드라인 뉴스로 정희상이 넉 달여에 걸쳐 입체 추적한 '발굴 특종/국방군 문경 양민 대학살' 기사가 실렸다. 그날의 사건에 대해 상세히 추린 기사를 읽으며 채의진의 마음은 점점 뜨거워졌다.

"정희상 기자, 참으로 고마워요."

"언론이 당연히 해야 할 일을 너무 늦게 한 것뿐입니다. 앞으로 남은 일이 더 중요하겠지요."

기사가 나간 뒤 다시 한 번 정희상을 만난 채의진은 젊은 기자의 두 손을 꼭 잡고 감사의 말을 전했다.

"나, 결심했습니다. 석달동 학살 사건 진상을 규명하고 명예 회복이 이루어질 때까지 머리를 자르지 않겠어요."

채의진은 정희상의 눈을 바라보며 다짐했다. 그때부터 비로소 국내에서 진상 규명을 위해 싸워야겠다는 희망과 용기를 갖기 시작했다. 5·16 군사쿠데타 이후 실로 30년 만에 가위에 눌려온 기억을 딛고 일어선 것이다. 그러나 제아무리 87년 6월항쟁의 성과로 얻어낸 대통령 직선제로 탄생한 노태우 정권이라지만 이런 문제에 관해서만큼은 군사정부의 억압적 본질에서 벗어날 수 없었다. 국가로부터 씻을 수 없는 상처를 입었지만 군의 과거 잘못을 대놓고 비판하는 일에는 유족들과 생존 부상자들조차도 여전히 주저했다. 군사독재 체제가 불러온 실어증이요, 피해의식이었다.

1993년, 전두환 독재정권의 잔재였던 노태우 정권이 막을 내리고 문민정부라 일컬어지던 김영삼 정부가 들어섰다. 5·16 군사쿠데타로 짓밟혔던 민주주의의 꽃이 다시 한 번 그 싹을 드러내기 시작한 것이다. 이미 과거의 경험으로 정권에 따라 민간인 학살 규명 의지가 달라진다는 것을 알고 있던 채의진은 정권이 바뀌기만을 기다리고 있었다. 김영삼이 대통령에 당선되고 새 정부가 들어서자 채의진은 본격적인 진상 규명 활동에 들어갔다. 전국 각지에서 벌어진 유사한 민간인 학살 피해자 중 누구도 진상 규명에 대한 관심과 의지를 보이지 않던 시기에 문경 석달동 학살 피해자 채의진이 가장 먼저 나선 것이다. 채의진은 또다시 외로운 싸움을 이어가야 했다. 그러나 이번에는 혼자가 아니었다. 전국 민간인 학살 피해 실태를 연쇄 취재하던 정희상 기자가 줄기차게 문경 사건을 후속 보도하면서 국가의 책임 있는 해결책을 촉구해주었던 것이다.

채의진이 가장 먼 한 일은 유족회를 결성하는 것이었다. 채의진은 다시 문경을 찾아 자기와 같이 그날 학살 현장에서 살아남은 사람들을 모았다. 그리고 1993년 5월 3일 정식으로 유족회를 결성했다. 무슨 일이든 사람이 모여야 할 수 있는 법이었다.

1992년 〈말〉지를 떠나 〈시사저널〉로 옮겨 활동 중이던 정희상 기자는 채의진이 유족회를 결성하자마자 다시 문경으로 달려갔다. '잠들지 않은 석달동'이라는 제목의 르포기사가 〈시사저널〉에 실렸다.

채의진 유족회장은 1993년 국회에 유족회 명의로 탄원서를 제출했다. 내무부, 정부합동민원실, 집권 여당인 민주자유당에 전달된 탄원서는 돌고 돌아 국방부에 이첩되었다.

그러자 육군본부는 '문경 민간인 학살 사건 사실에 대한 전사 자료 미보유로 확인 불가'라는 입장을 담은 민원 회신 답변서를 유족회에 전달했다. 정부가 이 사건을 진상 조사할 의지가 전혀 없다는 이야기였다. 그러나 채의진은 이에 굴하지 않았다. 국회에 탄원서를 낸 뒤 문경군의회에 '문경 민간인 학살 사건 진상 조사 촉구 건의서'를 제출했다. 문경군의회 본회의는 문경 사건 현지 답사를 의결한 뒤 곧바로 현장 조사를 실시하고 생존자들로부터 사건 당시의 상황을 청취했다. 이를 바탕으로 문경군의회는 1993년 8월 4일 '민원사안 현지 답사 결과 내용'을 국회의장과 국회 국방위원회 위원장에게 건의했다. 또한 7월 15일 채의진은 문경 지역구 국회의원 이승무 의원 외 13명의 국회의원의 소개를 받아 국회에 청원서를 제출했다. 그러나 이 두 번의 노력 역시 긍정적인 답변을 얻지 못했다.

같은 해 9월 13일 국회 국방위원회는 그들의 청원에 대해 '사건이 사실로 밝혀진다 해도 현행법상 손해배상 청구권의 소멸 시효가 최장 10년'이므로 기간을 초과해 배상이 불가능하고, 현재 군에서 보유하고 있는 관련 전사 자료가 거의 없어 국방부 차원에서 진상 조사 및 보상 대책 수립은 곤란하다는 입장만 확인했다. 더불어 이후에 제출한 청원들 역시 이듬해 12월 7일 '실현 불가 또는 내용 보완'의 이유로 철회되었다. 몇 번을 청원했지만 답은 변하지 않았고 채의진 회장과 유족들의 마음속 상처 역시 점점 커져갔다. 정부의 여전한 무성의와 냉대에 지쳐 진상 규명을 포기하는 유족들이 하나 둘 늘어났다.

이후 정희상과 채의진은 가해자의 윤곽을 공식적으로 확인하기 위해 국방부를 직접 찾았다. 하지만 문민정부는 물론 이후 국민의정부에 들어서도 국방부의 무책임한 답변은 계속되었다. 하나 달라진 답변이 있다면, 국회가 이 사건을 조사한다면 적극 협조하겠다는 내용 정도였다. 정권이 바뀔 때마다 국방 당국은 과거의 잘못을 딛고 국민에게 사랑받는 군대로 거듭나겠다고 다짐했지만 문경 석달동 사건에 관해서만큼은 군의 다짐이 공염불이었다. 기록이 없다는 것은 당연하다. 정부가 처음부터 깊숙이 개입해 기록을 불허하고 사건을 조작했기 때문이다.

"정말 너무합니다."

"놀랄 것도 없지요. 나는 벌써 20년이나 이런 꼴을 봤어요."

정희상은 술잔을 비우며 국회와 정부에 대한 야속함을 드러냈다. 이렇게 비협조적일 수는 없는 일이었다. 이미 오래전부터 거절의 쓴맛을 본 채의진은 정희상을 위로했다. 처음부터 각오한 일이었다. 기대도 버린 터라 그 어떤 거절과 모르쇠로 일관하는 태도에도 놀라지 않았다.

"이제 어떻게 하죠?"

"뭐 어쩌겠어요. 우리가 직접 찾는 수밖에. 그까짓 거, 우리가 찾아냅시다. 가해자들."

염려하는 정희상에게 채의진이 대답했다. 나라가 돕지 않는다면 직접 나서겠다. 두 사람은 '오냐, 우리가 직접 가해자들을 찾아 들이밀어주마!' 하는 심정으로 가해자 색출 작업을 결심했다.

1994년 서울.

채의진의 방학동 집은 온통 아수라장이 되었다. 이사 준비로 짐들을 모두 꺼내놓았기 때문이었다. 딸 숙희는 이미 결혼해 김포에 살고 있었고 아들 홍필은 군복무 중이라 이사를 하는 데 손이 부족했다. 돈 주고 사람을 부를 처지도 아닌 의진이 기댈 곳은 김주태뿐이었다. 의진의 연락을 받고 달려온 김주태는 의진을 도와 열심히 짐을 날랐다.

"아주 가는 거냐?"

"그래. 아주 간다."

아쉬운 마음에 김주태가 물었다. 그 먼 시골서부터 서울까지 오랜 시간 곁에 있던 친구가 떠난다고 하니 섭섭함이 밀려왔다.

"다시 안 올라오고?"

"올라와야지."

"언제?"

"우리 가족들 억울한 거 다 풀리면."

남은 생을 오로지 진상 규명에 바치겠다는 각오였다. 채의진은 서울을 떠나 사건 현장과 가까운 경상북도 상주시 외곽의 외딴 시골 마을로 집을 옮겼다. 그러고선 학살 현장과 경북 일대를 수소문하며 가해 군부대의 단서를 찾아내는 기나긴 탐문 작업에 착수했다.

이듬해인 1995년 여름. 채의진의 남다른 각오와 노력에 하늘이 감동한 것일까? 문경 석달마을 사건 가해 부대의 꼬리가 하나 잡혔다. 그날 학살 가해 부대에 있었던 군인들 중 한 명이 사회에 나와 사업 동료들과 술을 마시던 중 자기가 근무했던 부대가 바로 문경 석달마을 사건의 가해자라고 자랑 삼아 떠들었다는 제보였다. 제보자는 강원도 강릉에 거주하며 건설업을 하던 권 아무개 씨였다. 그는 문경 산북면 출신으로 어릴 때부터 석달마을에서 일어난 학살 참상을 들어 익히 알고 있던 사람이었다. 1968년 강릉에 근무하던 권 씨는 태백에 근무하던 박 씨를 만났다. 그는 문경 출신이라는 박 씨의 말에 문경 석달 사건을 아느냐고 물었다. 권 씨가 공비들이 석달마을에 내려와 주민들을 학살했다는 이야기를 들은 적이 있다고 말하자 박 씨는 '석달마을 사람들이 빨갱이한테 밥을 해줬다길래 우리 부대가 가서 싹 다 죽여버렸다'며 호탕하게 웃었다. 이 말을 들은 권 씨는 큰 충격을 받았지만 군사정권 아래에서 잘못 입을 놀렸다가는 어느 귀신이 잡아갈지 몰라 오랫동안 입을 다물고 그저 죄책감에 시달렸다고 한다. 세월이 흐른 뒤 권씨는 1995년 〈시사저널〉 기사를 통해 문경에 유족회가 결성되었다는 사실을 알아내고 박 씨에게 전화를 걸어 지금이라도 유족들에게 찾아가 진실을 털어놓고 사과하고 화해하라고 설득했다. 그러나 박 씨는 자기가 석달동 학살 사건 현장 부근에 주둔하다 석달마을을 토벌한 것은 사실이지만 사건이 난 지 얼마 지나지 않아 전쟁이 일어났고, 자신의 기록도 국방부에서 다 소멸 시켜서 없다며 양심고백에 나서는 것을 거절했다고 한다.

하늘은 역시 진실의 편에 서 있는 것이 분명했다. 박 씨를 설득하는 데 실패한 권 씨는 직접 〈시사저널〉을 통해 채의진에게 사실을 알렸다. 정희상은 채의진과 의기투합해 즉각 석달동 학살 가해 사실을 자랑했다는 박 씨의 소재 파악에 나섰다. 당시 76세였던 박 씨는 중풍에 걸려 경기도 이천군 모자면의 한 마을에서 요양을 하고 있었다. 정희상은 처음에 기자라는 신분은 숨기고 군의 역사를 조사해 누락된 공적을 기록하는 일종의 종군 작가라며 박 씨에게 접근했다. 그러나 그런 노력에도 박 씨는 한사코 외부인을 만나지 않겠다고 했다. 결국 두 사람의 인터뷰는 전화로 이뤄졌다.

정 군에 있을 때 경북 문경군 산북면 석봉리 석달마을 토벌 작전을 수행하셨지요?

박 그 마을 작전 아주 쉽게 했어요. 우리가 포위 딱 해서 공격해 전멸시켰으니까는……

정 그때 아무 죄 없는 양민들이 모두 죽었는데요.

박 산북에서 하루 이틀 있다가 거기서 나와 가지고…… 대원들이 나가서 한 일이라서…… 잘 모르겠는데요.

당당하던 박 씨의 목소리가 심하게 떨리기 시작했다.

정 지금이라도 그날 토벌했던 내용을 밝히고 유가족을 찾아가 사과할 용의가 없나요?

박 그때 석달부락에 공비 120명이 있다고 해서 포위해서 작전 수행한 것은 사실이지만 내가 늙고 병들어서 기억이 잘 안나요.

정 군적 사항을 말씀해주시죠.

박 나는 군에서 소대장을 했고, 그 뒤에는 군적을 소멸해서 잘 모르겠고…… 늙어서 기억이 잘 안나요.

통화는 20여 분간 계속되었다. 그러나 나머지 부분은 횡설수설로 이어졌다. 기억이 나지 않는다며 병든 몸이라 그만 끊겠다면서 빠져나가려는 박 씨를 상대로 정희상은 진땀을 뺐다. 박 씨는 시종 겁에 질린 목소리로 더듬거리기만 했다. 그는 마침내 자기가 소속된 부대가 석달부락 토벌 작전을 수행했다고 시인했다. 학살과 조작, 은폐로 얼룩진 46년 세월의 하늘 아래에서 피멍 든 가슴을 쓰다듬으며 살아온 피학살자 유족의 주장을 뒷받침할 결정적인 증거가 확인된 것이다. 정희상은 이 내용을 1995년 〈시사저널〉에 보도하고 국회와 국방부를 상대로 진상 조사에 성의를 다하라고 촉구했다.

같은 시기 채의진은 이 제보를 바탕으로 국방부를 찾아갔다. 국방부를 통해 박 씨의 군적을 확인하려 한 것이다. 하지만 국방부는 너무 오래전 일이라 자료가 없다며 또다시 협조를 거절했다. 참으로 애통한 일이었다.

제3부

마음과 마음이 만날 때

1장

의문의 편지

1년 전, 1994년 어느 휴일. 집에서 휴식을 취하던 제14대 국회의원 김원웅은 우체통에 들어 있던 편지들을 훑어보는 중이었다.

'보내는 이 채의진'.

받는 이는 따로 적혀 있지 않았다. 전혀 모르는 곳에서 날아온 편지 한 통. 경북 문경에서 온 이 편지 봉투의 겉면에는 직접 손으로 쓴 글씨가 적혀 있었다. 의아한 마음에 편지 봉투를 열자 안에서 서류가 하나 나왔다. 문경 민간인 학살에 대한 민원 서류였다. 서류 역시 직접 손으로 한 자 한 자 쓴 모양새였다. 몇 장 넘겨보니 여러 사람들의 도장이 수두룩하게 찍혀 있었다. 도장이 까만 걸로 보아 복사본을 보낸 듯했다.

편지를 읽는 순간 오래전 우연히 들었던 이야기 하나가 김원웅의 머리를 딱 치고 지나갔다. 한국전쟁 전후에 국군이 민간인들을 학살했다더라. 아는 사람이 있던 것은 아니었지만 누군가의 어깨 너머로 들었던 이야기였다. 더 이상 아무도 하지 않아 잊혔던 얘기가 문경에서 날아온 이 편지 안에 들어 있었다. 그 순간 김원웅의 마음속에 스쳐 지나가는 감정이 있었다. '이걸 정치인이 하지 않으면 누가 할 수 있을까?' 힘없는 사람은 감히 시도도 못 할 일이었다. 마땅히 해야 할 일이었지만 그 누구도 하지 않은 일. 바로 그 일을 해야겠다는 결심이 선 김원웅은 편지를 보낸 이에게 전화를 하려고 했다. 하지만 서류 그 어디에도 전화번호는 적혀 있지 않았다. 가지고 있는 건 편지 보낸 이의 주소와 채의진이라는 이름 석 자뿐이었다. 김원웅은 115로 전보를 보냈다.

'보내주신 서류 잘 받았습니다. 내가 돕고 싶습니다.'

사무실 전화번호와 함께 보낸 전보가 채의진에게 전달되었다.

그리고 며칠 뒤, 김원웅의 사무실. 빨간 베레모를 쓰고 머리를 길게 늘어뜨린 한 남자가 김원웅을 찾아왔다. 채의진이었다.

"안녕하십니까. 제가 채의진입니다."

"김원웅입니다. 기다리고 있었습니다."

김원웅 맞은편 의자에 앉은 채의진이 먼저 입을 열었다.

"편지에 답을 준 국회의원은 당신 하나뿐이오."

처음부터 김원웅의 집으로 편지를 보내려던 것은 아니었다. 특정인이 아닌 국회의원 전원에게 편지를 쓴 채의진은 복사된 편지들을 국회에 있는 국회의원 각자의 우편함에 집어넣었다. 하지만 편지를 꽂아두기만 하면 보좌관들이 다 빼는 통에 제대로 보낼 수가 없었다. 이에 굴하지 않고 수소문 끝에 국회의원들의 집주소를 알아낸 채의진은 서류 하나하나를 국회의원들의 집으로 보냈다. 그리고 단 한

명, 김원웅에게서 답이 온 것이다. 감사의 말을 먼저 전한 채의진은 자기 이야기를 시작했다.

어디서도 듣지 못했던 문경 석달마을의 이야기는 김원웅의 심장을 자극했다. 한두 해 지난 일이 아니었다. 몇 십 년간 은폐되고 잊힌 사건이었다. 이야기를 마친 채의진은 잘 부탁한다는 말과 함께 사무실을 나섰다. 채의진이 떠난 사무실, 김원웅은 이철 위원장에게 전화를 걸었다.

"위원장님, 김원웅입니다. 우리가 할 일이 좀 생겼습니다."

두 사람은 민간인 학살 사건에 대해 공동으로 청원서를 제출하기로 합의했다. 두 사람은 힘을 모으기 위해 청원에 동참할 국회의원들을 찾기 시작했다. 김원웅과 이철이 문경 사건과 관련해 청원을 준비하고 있다는 이야기가 퍼지자 가장 먼저 문경에서 연락이 왔다. 당시 점촌시 문경군 지역구 의원이었던 제14대 국회의원 이승무였다.

"우리 지역구 사건을 다룬다고 들었습니다."

김원웅과 이철의 청원 운동 준비로 문경이 논란의 중심에 선 것 때문이었다. 제 지역구에서 일어난 사건에 대해 모르는 척하고 있을 수 없었던 이승무가 합류하고 싶다고 연락을 한 것이다. 김원웅은 의아한 생각이 들었다. 누구보다 이 사건에 대해 잘 알고 있어야 하는 지역구 의원이 왜 진즉 이런 운동에 나서지 않았을까? 그 답은 채의진에게 있었다.

"의원님 저 왔어요."

"오셨어요? 어서 들어오세요."

김원웅의 연락에 채의진이 의원실을 찾았다. 첫 만남 이후로 얼마

지나지 않아서였다.

"다름이 아니라 논의드릴 게 있어서 불렀습니다."

"무슨 일이에요?"

청원을 진행하는 건 국회의원들이었지만 이 일의 중심에 선 사람은 채의진이었다. 김원웅은 청원을 준비하는 과정에 채의진의 의견을 최대한 반영하기 위해 수시로 채의진을 만날 작정이었다.

"혹시 이승무 의원이라고 아십니까?"

"이승무? 우리 지역구 이승무 말이오?"

이승무라는 말을 듣자 채의진의 얼굴이 험상궂게 변했다.

"네, 이승무 의원한테 연락이 왔습니다. 자기 지역구니까 자기가 좀 맡아서 하면 안 되겠느냐고 말입니다."

"이런 나쁜 놈이!"

김원웅의 말이 채 끝나기도 전에 채의진의 입에서 험한 말이 나왔다. 분노에 가득 찬 목소리였다. 그도 그럴 것이 채의진이 문경 사건의 진상 규명 운동을 시작하며 가장 먼저 편지를 보낸 곳이 바로 이승무 의원실이었기 때문이다.

"이승무 의원 말로는 이 청원 운동을 넘겨받고 싶다던데요."

"염치없는 놈이 그런 소리를 했단 말이오?"

채의진은 배신감에 저도 모르게 큰 소리를 냈다. 그래도 지역구 의원이니 관심 있는 시늉은 하겠거니 하고 찾아간 일이 한두 번이 아니었다. 몇 번이나 문경 사건에 관심을 가져달라며 찾아갔지만 이승무에게서 돌아온 건 원망스러울 정도의 냉대였다.

"그 빌어먹을 놈! 김원웅 의원님처럼 제대로 된 정치인이 좋은 일 좀 하려니까 이제야 발등에 불 떨어진 줄 안 거예요. 그런 놈이 이런 일을 해서는 절대 안 돼요."

펄펄 날뛰는 채의진의 모습에 김원웅은 깜짝 놀랐다. 물론 이승무가 채의진의 편지에 답을 안 했을지도 모른다는 생각은 했지만 이 정도로 불신을 받을 줄은 짐작하지 못했다. 이승무에게 찾아갔던 이야기를 하며 치를 떠는 채의진을 보고 김원웅은 이승무에게는 결코 이 일을 넘기지 않으리라 결심했다. 하지만 대놓고 이승무를 빼고 진행하겠다는 대답은 차마 하지 못했다. 미우나 고우나 그의 지역구에서 일어난 사건이었다. 화가 잔뜩 난 채의진이 돌아간 뒤 김원웅은 이승무에게 다시 전화를 걸었다. 채의진이 했던 말을 전할 수 없는 노릇이라 김원웅 입장에서도 난처하기 짝이 없었다.

"저 완전히 의원님께 넘겨드리기는 조금 힘들 거 같습니다."

"우리 지역구 사건 아닙니까?"

"네, 맞습니다만 오늘 유가족을 한 분 만났습니다. 채의진 선생님이라고."

채의진의 이름을 꺼내자 자기가 청원을 진행하겠다던 이승무가 입을 다물었다. 찔리는 구석이 있는 모양이었다. 결국 청원 진행은 그대로 김원웅과 이철의 몫이 되었다. 이승무는 공동 대표에 이름을 올렸다. 이승무 외에도 많은 국회의원들에게서 응답이 왔다. 김원웅과 이철은 열심히 동료 국회의원들을 찾아다니며 청원서를 준비했다. 그들의 부름에 답한 국회의원들이 60명 이상이었다. 문경 석달마을 사건 진상 규명을 위해 국회에서 벌어진 첫 활동의 시동은 이렇게 걸렸다.

동시에 진상 규명에 관련된 법을 발의하기 위한 준비도 이루어졌다. 법을 만들기 위해서는 우선 공청회를 거쳐야 했다. 그래야 공신력이 생기기 때문이다. 김원웅은 공청회를 시작하며 문경 석달마을 사건과 비슷한 사건을 찾기 위해 국방부에 자료를 요구했다. 김영삼 정부 시절부터 정권의 성격이 바뀌면서 문경 석달마을 사건처럼 억울하게 죽음을 당한 사람들의 유가족들이 다시금 진상 규명을 요청하기 시작했다. 그렇게 해서 국방부에 들어온 민원이 몇 십 건이었다. 김원웅은 국방부에 들어온 민원 자료를 받아 유가족 명단을 작성하기 시작했다. 그러나 진상 규명을 위한 특별법을 만드는 건 쉬운 일이 아니었다.

“네, 김원웅 의원실입니다.”

“야 이놈아! 이 빨갱이 새끼들이 말이야, 진상 규명은 무슨 진상 규명! 어, 그때 빨갱이 새끼들 그거 다 죽여버렸어야 했는데. 너 같은 놈들 때문에……”

본격적으로 진상 규명을 위한 특별법을 제의하고 이슈화하는 과정에서 반발이 심하게 일었다. 몇 번이나 울리는 전화의 대부분은 퇴역 군인이나 퇴직 경찰 단체 사람들로부터 온 것이었다. 빨갱이들이 나라를 망치려 든다며 다짜고짜 내뱉는 욕을 듣는 일이 한두 번이 아니었다. 게다가 민간인 학살을 주도했던 세력이 여전히 국회에 남아 있었다. 결국 김원웅과 이철의 노력에도 특별법 발의는 이루어질 수 없었다.

2장

바다 건너 찾은 증거

1990년대 중반 채의진은 입만 열면 자기는 두 개의 날개를 달았다고 주변에 자랑했다. 언론은 정희상, 정치 쪽은 김원웅이 날개가 되어 학살 진상 규명을 돕고 있다는 신뢰감의 표시였다. 하지만 언론과 국회에서 노력을 해도 진상 규명과 해원의 길은 험난했다.

문경 석달동 학살을 자행했다고 시인한 현장 군 지휘자를 색출해서 들이밀어도 모르쇠로 일관하는 국방부 앞에서 채의진의 분노는 점점 커져갔다. 국방부 입장에서는 채의진이 지쳐 떨어져 나가길 기대한 모양이었지만 그건 채의진을 모르고 하는 소리였다. 채의진 곁에는 1989년부터 꾸준히 문경 석달마을 사건을 집중해서 취재한 정희상도 함께였다. 정희상은 채의진을 만난 이후 '직업 정신'을 넘어 '살아 있는 자로서 외면해서는 안 된다는 사명감'을 느끼고 있었다. '칙칙한 사건'만 맡는다며 타박하는 동료 기자들의 말도 귀에 들어오지 않았다. 40년간 언론이 외면해온 진실을 더 이상 방치

할 수 없었다. 정희상은 채의진 곁에서 문경 석달마을 사건 진상 규명을 도우며 최초로 민간인 학살 문제를 다룬 〈이대로는 눈을 감을 수 없소〉라는 제목의 르포집을 내기도 했다. 그러나 아무리 기사를 쓰고 책을 내도 1990년대 중반까지 민간인 학살 문제가 공론의 장으로 떠오르는 데 한계가 있었다. 오로지 두 사람뿐인 이 전쟁터에서 채의진과 정희상은 기록 타령만 하는 국방부를 향해 쐐기를 박을 새로운 증거를 찾아내야만 한다고 판단했다.

그러던 1997년 어느 날.

"정 기자님! 지금 당장 좀 볼 수 있을까요?"

채의진이 다급한 목소리로 정희상을 찾았다. 사건 취재를 위해 밖에 나와 있던 정희상은 자신이 있는 곳으로 채의진을 불렀다. 무엇이 그리 급했는지 채의진은 택시를 타고 한걸음에 정희상이 있는 곳에 도착했다.

"채 선생님, 무슨 일 있습니까?"

"내가 미국에서 연락을 하나 받았어요."

한림대학교 명예교수로 미국에서 활동하고 있던 방선주 박사로부터 연락이 왔다는 것이었다. 군사기밀이 해제된 미국국립문서보관서의 문서를 뒤지던 방선주가 문경 석달동 민간인 학살 사건 관련 미군 기록물들을 발견한 것이다. 이 소식을 들은 채의진이 앞뒤 잴 것 없이 급하게 정희상을 만나러 온 것이었다.

"미국에서 문서가 발견되었다고 하네요."

"문서요?"

"군사기밀 문서였는데 얼마 전에 일반에게도 공개가 되었대요. 그래서 말인데 내가 미국에 한 번 가야 하지 않을까 싶어서 말이에요."

미국에서 발견된 문경 석달마을 사건의 실마리에 채의진은 흥분을 감추지 못했다. 그는 당장이라도 바다를 건너갈 준비가 되어 있었다.

"일단 그냥 갈 수는 없으니 준비를 좀 하는 게 좋겠습니다."

"그렇겠죠. 그래서 내가 상의를 좀 하려고 정 기자님을 찾은 거예요."

채의진과 정희상은 미국행을 앞두고 몇 가지 사항을 정리했다. 먼 길을 떠나는 만큼 단단히 준비해서 확실한 자료를 확보하는 일이 중요했다.

며칠 뒤 김포공항. 떨리는 마음을 안은 채의진이 출국심사대 앞에 서서 심사를 기다리고 있었다.

"정희상 기자, 나 다녀올게요."

"부디 좋은 결과 얻어가지고 돌아오시길 바랍니다. 몸조심하세요."

먼 길을 떠나는 채의진의 마음은 복잡했다. 처음 증거 자료를 발견했다는 소식을 들었을 때의 기쁨보다는 정말 그 자료를 한국으로 가져올 수 있을지 그 자료가 정말 확실한 증거 가치가 있을지 등 이런저런 고민이 앞섰다. 채의진을 배웅하기 위해 김포공항을 찾은 정희상은 손을 맞잡으며 용기를 불어넣어줬다. 유일한 아군의 응원만큼 든든한 것이 또 없었다. 정희상의 배웅에 다시금 진상 규명 의지를 다진 채의진은 단호한 발걸음으로 한국을 떠났다.

"안녕하세요, 채의진입니다. 처음 뵙겠습니다."

"방선주입니다."

미국에서 그를 기다리고 있던 건 처음 연락을 취한 방선주였다. 군사기밀이 해제된 문서들을 조사하던 중 발견한 뜻밖의 진실에 놀란 방선주는 누구보다 채의진을 기다리고 있었다.

"여기까지 오시느라 참 고생 많으셨습니다."

"아닙니다. 오히려 제가 감사하죠. 방 박사님 덕분에 살았습니다."

진심으로 감사의 마음을 전한 채의진은 방선주를 따라 문경 석달마을 사건의 흔적을 찾아 나섰다. 방선주가 채의진을 데리고 간 곳은 미국국립문서보관소와 맥아더기념관이었다. 한국전쟁에 참전했던 미군이 작성한 문서 안에는 그날의 진실이 들어 있었다. 이승만 정권이 조직적으로 은폐한 이후 모든 정부가 부인과 외면으로 일관했던 문경 석달마을 학살 부대와 가해 책임자들의 실체를 직접적인 증거로 확인하는 순간이었다. 문서를 손에 쥔 채의진은 한참 동안 입을 열지 못했다.

"채 선생님, 괜찮습니까?"

"아, 네. 잠시 좀 마음이 먹먹해서."

참 먼 길을 돌아 여기까지 올 수 있었다. 미군이 가진 기록에 따르면 이승만 정부는 학살이 일어난 직후 서울의 경찰청 정보과 형사들을 현장에 급파해 조사를 벌였다. 미국은 그 수사 기록을 입수해 보관했을 뿐 아니라 한국 경찰의 조사 보고서가 믿을 만한지 확인하기 위해 별도로 자체적인 사건 조사를 벌이기까지 했다. 당시 한국 상황에 관한 미국의 정보 장악 능력은 정말 상상 이상이었다. 채의진은 구세주처럼 나타난 이 미군의 자료를 그 어느 보물보다 소중히 품에 안았다.

문서를 가지고 한국에 돌아온 채의진은 가장 먼저 정희상을 만났다.

"잘 다녀오셨습니까?"

"그럼요. 여기 그 문서들이에요. 하나도 빠짐없이 가져왔습니다."

채의진은 자신이 가져온 문서들을 정희상에게 보여줬다. 그중 당시 주한미군 군사고문단장이었던 로버츠 준장이 입수해 미국으로 보낸 문경 석달동 학살 사건 관련 첫 번째 자료는 다음과 같았다.

제목: 주한미군 군사고문단장 로버츠 준장 서한철 중 37694 파일

A. 보고서 작성자: 국립경찰국 보안과 백한종 경감, 이구락 경위.

B. 장소: 문경군 산북면 석봉리 석달마을.

C. 관련 부대: 예천과 점촌에서 온 국방군 3사단 25연대 2대대 7중대 2소대 및 3소대.

D. 조사 내용: 이 마을에는 23가구 주민 139명이 살고 있었는데, 학살 당시에는 방문객 5명(남자 1명, 여자 4명)을 더해 모두 144명(남자 75명, 여자 69명)이 있었다. 7중대장은 유응철 대위(28)이다. 7중대 1소대는 문경에 주둔하고 있었으며 2소대는 점촌에, 3소대는 예천에 주둔하고 있었다. 석달마을을 공격한 부대는 2소대와 3소대이다. 2소대 지휘자는 안택효 중사(28)이고 그의 휘하에는 32명의 병사가 있었다. 3소대 지휘자는 유진규 소위(23)로서 그의 휘하에는 35명의 병사가 있었다. 이들은 M1 소총, 유탄발사기, 수류탄, 총검으로 마을 주민들을 학살했다. 학살은 1949년 12월 24일 13:00시부터 14:00까지 자행되었다. 공격하는 와중에 가옥 23채와 내부의 모든 가재도구가 불탔으며, 마을 주민 144명 중 남자 43명과 여자

43명이 살해되었고, 민간인 남자 5명과 여자 7명이 부상당했다. 문경경찰서 정보과에서 파견한 형사 황영훈은 7중대장과 함께 있었는데, 소대 지휘관이 수상한 마을을 공격했다고 보고하는 것을 들었으며, 그 보고를 받고 중대장이 소대 지휘자들에게 몹시 화를 냈다고 말했다. 황 형사는 문경경찰서장에게 이 사실을 보고했다. 다음 날 문경경찰서에서는 현장에 나가 사진을 찍은 뒤 시체들을 가매장했다. 그때까지 다친 여자 3명과 어린이 2명이 시체 더미 속에 생존해 있었다. 경찰은 부상자들을 김천도립병원과 점촌병원으로 후송했다. 중대장은 자기가 주민 학살 명령을 내리지 않았고 단지 2개 소대로 하여금 정찰 임무만 마친 뒤 17:00에서 18:00 사이에 귀대하라고 명령했다고 말했다. 이상은 군대를 현장으로 안내했던 민간인 2명과 황 형사, 부상자들의 증언을 토대로 조사했다.

출처: 미국국립문서보관소

당시 도쿄에 주둔하던 미국 극동군사령부와 주한미군 당국은 문경 석달동 학살 사건에 비상한 관심을 기울였던 것으로 드러났다. 한국군 3사단이 주한미군 임시군사고문단에게 허위 보고서를 작성한 것이 문제였다. 미군은 '공비 70여 명이 석달마을을 습격했다'는 한국군의 보고를 미심쩍게 여겨 즉각 별도로 자체 조사를 실시했다. 사건의 전말을 밝혀낸 미군은 보고와 분석을 통해 향후 한국 이승만 정부의 처리 방향에도 관심을 기울였다. 한국군의 은폐 조작 경위를 발견한 미군은 가해자들이 기소되어 처형될 것이라고 예상했으나 사태는 예상과 달리 은폐로 변질되었고 미군은 비밀 보고서를 통해 한

국군 수뇌부가 숨가쁘게 사건을 조작, 은폐한 과정을 기록했다. 그 내용을 요약하면 다음과 같다.

제목: 미국 극동군사령부, 비밀전문

내용: 학살당한 마을 주민들은 경찰의 작전에 협조하고 있었다. 따라서 사건 책임자는 당연히 기소되어 처형될 것이다(1950년 1월 16일자 비밀문서 NO 2686). 한국 육군본부는 한국군 주요 지휘부의 인사이동을 발표했다. 3사단 이응준 소장과 전임 2사단장 송호성 준장은 전격 해임됐다. 두 사람 모두 1949년 12월 24일 발생한 석달부락 학살사건에 책임이 있다는 사실이 해임 사유였다. 학살 사건 직접 책임자인 25연대장 유희준 중령을 해임하고 그 후임으로 강도현 중령을 발령했다. 유 중령은 보병학교에 배속되었다(1950년 1월 24일자 비밀문서 NO 2694). 신성모 국방부장관과 부참모장인 신태홍 소장은 1950년 1월 13일부터 20일까지 안동에 주둔한 한국군 2사단 25연대 관할 지역 내의 군사 시설을 시찰했다. 신 장관은 이 자리에서 석달부락 학살사건과 관련된 사항을 조사해 갔다. 한국군은 학살의 전말을 국민에게 숨기기를 바라고 있다. 지금까지 한국 언론은 이 사건을 전혀 보도하지 않았다(1950년 2월 15일자 비밀전문 NO 2176).

채의진과 함께 문서를 검토한 정희상은 이 비밀 해제 문건들을 1998년 11월 하순 〈시사저널〉을 통해 보도했다. 이후 채의진은 자료를 각 중앙 일간지 사회부에 돌렸다. 그러나 대부분의 신문이 이를 기사로 취급하지 않았다. 〈시사저널〉이 일부 보도한 것이 이들의 심기를 거스른 것이다. 특히 〈동아일보〉 사회부 데스크의 경우 자료의 성격을 파악한 후 대서특필하겠다고 호언장담했으나 앞서 보도된 적이 있다는 것을 알고 난 뒤 '기분 나빠서 안 신겠다'며 태도를 바꾸기도 했다. 이에 낙담한 채의진은 정희상을 찾았다.

"정 기자님, 정말 이래도 되는 거예요?"

"제가 대신 사과할게요."

"언론들이 정말 너무합니다. 너무해요."

한국 언론의 정신 상태를 성토하며 채의진은 탄식을 반복했다. 마주 앉은 정희상 역시 채의진과 함께 술잔을 기울이며 취하고 말았다. 먼저 자기를 찾아준 의리로 기사를 실은 것이 이렇게 되돌아온 바람에 괜스레 죄스러운 마음이 들었다. 그나마 〈대한매일〉(현재 〈서울신문〉)만이 이 자료를 크게 보도했다. 나중에 친일반민족행위진상규명위원회 사무처장을 역임했던 정윤현 기자가 당시 그곳의 현대사 전문 기자로 있었기에 가능한 일이었다.

언론들의 외면에 마음이 상한 채의진은 기사 보도를 포기하고 다시 국방부를 찾았다. 당시 김훈 중위의 타살 의혹 사건으로 정희상과 긴밀하게 협력 관계를 유지하고 있던 국방위원회 국회의원 하경근에게도 미군 기밀 해제 자료가 전달되었다. 하경근과 채의진 사이에 다리를 놓아준 정희상은 하경근에게 이 기록을 증거 삼아 국방위원회 차원에서 강력하게 문제 제기하고 즉각 조사에 나서줄 것을 요청했다. 하경근은 이를 바탕으로 1998년 11월 19일 국방 예산 심의회의 과정에서 천용택 장관을 추궁했다. 국방부는 이 자료를 넘겨받아 국방군사연구소에 넘기겠다고 답변했다. 그러나 이 적나라한 진실 앞에 국방부는 학살 책임자로 거론된 이들이 당시 문경 지역에서 작전을 벌인 것은 인정했으나 그들이 민간인들을 학살했다는 구체적인 증거 자료가 없다는 무성의한 답변을 또 보내왔다. 국군에 의한 학살의 개연성은 인정하되 한국군 내부에 학살을 증명할 문서가 없으므로 국방부로서는 결론을 내릴 수 없다는 뜻이었다. 말장난보다도 못한 답변에 채의진과 정희상은 분노가 더 타올랐다. 채의진은 초인적인 힘으로 하루가 멀다 하고 서울과 상주를 오가며 진상 규명 운동에 전력을 다했다.

새로운 돌파구가 필요한 시점이었다.

"채 선생님, 우리 국가와 국회를 상대로 법적 대응을 하면 어떨까요?"

"법적 대응이오?"

정희상은 채의진을 데리고 평소 기사와 관련된 법적 자문을 구하던 고문변호사인 조용환 변호사(당시 법무법인 덕수 소속)를 찾았다. 두 사람은 조 변호사에게 기밀 해제된 문경 석달동 학살 사건 관련 미군 기록을 제시하며 이 사건에 대한 국가와 국회의 직무유기를 막을 적절한 법적 대응 방법에 관해 조언을 구했다.

"아마 이미 공소시효를 넘긴 사건이라 민사소송을 걸긴 힘들 겁니다. 오히려 공소시효를 넘기도록 사건 해결을 위해 노력하지 않는 데 책임을 묻는 입법부작위 헌법소원을 하는 게 좋을 거 같아요."

조용환의 조언에 따라 채의진은 헌법재판소에 국회를 피고로 하는 입법부작위 위헌 소청을 준비하기 시작했다. 문경 석달동 학살 사건이 발생한 지 50년 만에 그가 진행한 첫 번째 소송이었다.

3장

제주도에 번진 불씨

한편, 이듬해인 1999년, 성공회대 교수 김동춘은 〈전쟁과 사회〉를 집필하며 민간인 학살 문제에 관심을 갖게 되어 관련 자료를 찾아 헌책방을 전전하고 있었다. 어렵게 발견한 책에서 그는 '채의진'이라는 이름을 만났다. 책을 처음 읽었을 때는 그 이름이 그다지 깊이 각인되지 않았다. 그러던 어느 날, 법무법인 덕수의 조용환 변호사에게서 전화가 걸려왔다.

"교수님께 의논할 문제가 생겨서 전화했습니다."

조용환에게 헌법소원 하나가 들어왔다는 얘기였다. 한국전쟁 때 학살당한 사람들에 대해 국가가 책임지고 진실 규명을 해야 하는데 할 일을 다 하지 못하고 있다는 입법부작위 소송이었다. 이 소송을 낸 사람이 바로 정희상이 조용환에게 데려온 채의진이었다. 이상한 우연이었다. 준비하고 있던 책의 내용과도 밀접한 관련이 있는 조용환의 이야기에 김동춘은 귀를 기울였다.

"제가 봐서는 이게 법으로 해결할 일이 아닌 거 같아 말입니다. 사회적으로 이슈를 만들 필요가 좀 있겠어요. 어떻게 하면 좋겠습니까?"

"그러면 그 채의진이라는 사람 전화번호를 좀 알려주세요. 내가 전화를 한 번 해보겠습니다."

조용환에게 채의진의 전화번호를 받은 김동춘은 바로 전화를 걸었다.

"여보세요?"

"안녕하십니까. 성공회대 교수 김동춘이라고 합니다."

'책에서 당신 이야기를 읽었다, 당신과 이야기하고 싶다'는 말을 들은 채의진은 김동춘의 연구실로 찾아갔다. 그것이 두 사람의 첫 만남이었다.

2000년 1월, 〈전쟁과 사회〉를 마무리하던 시기, 김동춘은 다시 한 번 채의진과 만남을 가졌다. 이번에는 그가 문경으로 향했다. 두 제자와 함께 문경을 찾은 그는 채의진을 만나 문경 석달마을 학살 사건에 대한 더 자세한 증언을 들었다. 현장 조사를 했을 때와는 또 다른 생생함이 채의진의 증언에 담겨 있었다. 이야기를 듣던 중 김동춘의 머리를 스치는 것이 있었다.

제주인권회의. 조용환 변호사 주도 아래 한국인권재단이 개최하는 제주인권회의는 각 분야의 인권운동가, 법학자를 비롯한 연구자들이 제주에서 2박 3일 동안 모여 인권 문제에 대해 토론하는 중요한 자리였다. 같은 해 2월에 열리는 제주인권회의에서 신자유주의와 노동 인권 문제로 발제를 요청 받은 김동춘은 채의진을 보며 생각했다.

'제주인권회의에서 왜 민간인 학살을 다루지 않지?'

〈전쟁과 사회〉 집필 기간 마주했던 민간인 학살 문제는 유가족들의 고통스러운 증언이 거듭될수록 인권 문제와 그 결을 같이했다. 전쟁 시기에 일어난 이 학살 역시 인권 문제의 범주에 들어갈 것이라 판단한 김동춘은 조용환에게 연락해 학살을 주제로 발표하는 사람이 있는지 물었다. 없다면 막간에 특별 세션을 마련하는 것이 어떠냐는 제의도 함께였다. 조용환은 이를 흔쾌히 받아들였고 확정된 일정 안에 시간을 내어 특별 세션을 마련했다. 김동춘은 이 특별 세션에서는 기존의 학자나 지식인보다 유가족이 나와 그들의 육성으로 문제의 중요성을 알리는 것이 더 좋을 것이라고 판단했다. 그는 이 문제를 가장 잘 알고 있는 사람들에게 연락을 취했다. 끊임없이 민간인 학살에 대한 고발 기사를 다룬 정희상과 당시 문경유족회장이었던 채의진도 그중 하나였다.

2000년 2월 25일부터 4일 동안 제주도 서귀포 KAL호텔에서 제2회 인권학술회의가 열렸다. 채의진은 정희상과 함께 제주도를 방문했다. 문경 석달동 학살 사건을 주제로 한 공식적인 자리에서 유족 대표로 사람들 앞에 서는 것은 이번이 처음이었다.

"오랜만입니다, 채의진 선생님."

"초청해주셔서 감사합니다."

민간인 학살 문제가 최초로 공론화되는 자리였다. 특별히 마련된 민간인 학살 세션. 한국의 영향력 있는 법학자, 인권활동가 등이 200명 이상 모인 자리에서 채의진은 자기 이야기를 시작했다.

"안녕하십니까, 저는 채의진입니다."

1949년 12월 24일. 단 하루도 잊을 수 없는 그날. 채의진은 떨리는 목소리로 자신의 마음을 읽어 내려갔다. 그 누구도 제대로 귀담아듣지 않던 이야기를 수백 명의 사람들이 듣고 있었다. 채의진의 증언이 끝나자 리영희 교수가 채의진을 찾아와 말했다.

"이 많은 사람들이 모두 긴장하여 숨을 죽인 채 당신의 증언을 들었어요. 어려운 이야기를 꺼내주셔서 정말 감사합니다."

리영희 교수를 비롯한 많은 사람들이 민간인 학살 문제를 심각하게 받아들였다. 리영희의 경우 한국전쟁 당시 군부대 고문관으로 복무하던 중 소속 부대가 저지른 끔찍한 학살을 목격하고 충격을 받아 인생의 진로를 바꾼 사람이었다. 리영희는 채의진의 이야기와 비슷한 사건을 실제로 겪은 사람으로서 민간인 학살 문제의 심각성에 더 깊이 통감했다.

이날 채의진의 증언은 지식인들 사이에서 민간인 학살 문제가 공론화되는 도화선 역할을 했다. 한국전쟁 전후 시기 민간인 학살 문제가 인권 주제로 거론된 것은 사실상 이때가 처음이었다. 그만큼 우리 사회의 인권 지평이 넓어졌다는 뜻으로 해석할 수도 있지만, 다른 한편으로는 그동안 한국의 양심이 너무 오랫동안 직무유기를 범했다는 뜻이기도 했다. 특히 2000년 당시 한국 사회에서 60대 이상의 세대는 전국적으로 자행된 불법적이고 반인륜적인 민간인 집단 학살의 진실을 알고 있었을 텐데도 극우 반공 이데올로기가 획일적으로 지배해온 지난 50여 년간 아무런 목소리도 내지 못했던 것이다.

그 대표적인 사례가 바로 채의진의 간장 종지 세례를 피하지 못한 채문식이었다. 채문식은 5공화국 때 집권 민정당 소속으로 국회의장까지 지냈다. 그는 문경에서 학살 사건이 난 직후 문경군수를 역임

2000년 초 제주인권학술회의장. 리영희 교수, 정희상 기자, 채의진, 정근욱 함평양민 학살유족회장, 김동춘 성공회대 교수(오른쪽부터). 채의진은 이곳에서 최초로 민간인 학살을 증언하며 이 문제를 공론화했다.

했다. 그 누구보다 문경 학살 사건을 잘 알 수밖에 없는 상황이었다. 석달마을이 채씨 집성촌이란 것을 감안하면 채의진이 진상 규명 활동을 하며 채문식에게 기대를 거는 건 당연한 일이었다. 그러나 그는 사건 당시는 물론 권력의 핵심에 선을 댄 이후에도 이 문제에 대해 철저히 함구했다. 독재정권 아래 권력을 잡았던 사람들의 대부분이 채문식과 비슷한 모습을 보였다. 기득권층이 함구하고 있으니 일반인들은 더욱더 목소리를 낼 수 없었다. 그러나 양심 세력은 달라야 했다. 지식인, 언론인, 종교인, 정치인 등 한국 사회 여론을 주도하는 사람들은 적어도 이 문제에 관심을 가져야 했지만 부끄럽게도 그들 역시 이 문제를 외면했다. 그런 점에서 이날 제주도에서 열린 인권학술회의는 한국 인권 운동 세력으로 하여금 민간인 학살 문제를 중요한 해결 과제로 제기하도록 그 마중물을 폈다는 점에서 의미가 컸다.

이후 이어진 세미나에서 민간인 학살 문제는 빠질 수 없는 주제가 되었다. 문제 해결의 필요성을 느낀 각계각층의 사람들이 모이기 시작했다. 여러 학술 행사를 기획했던 주요 구성원들과 채의진을 비롯한 유족들은 민간인 학살 진상 규명을 위한 단체를 만들기로 결의했다. 대강의 사업 방향과 계획들의 윤곽이 잡혔고 범국민위 창립준비위원회가 공식적으로 구성되었다.

2000년 5월 18일 구례 동아시아 평화·인권 국제회의.

1997년 재일동포 서승 교수를 중심으로 대만에서 시작한 동아시아 평화·인권 국제회의는 대만, 일본, 한국 등 아시아 국가들에서 매해 개최되는 학술회의다. 동아시아의 평화와 인권을 위해 연구하는 사람들이 모이는 이 회의에는 매년 수백 명이 참석했다. 그리고 2000년, 전남 구례에서 동아시아 평화·인권 국제회의가 개최되었다. 광주에서 열린 전야제에는 당시 대통령이었던 김대중 대통령이 참가해서 화제가 되었다. 제주, 전주, 여수에 이어 구례에서 개최된 행사는 평화와 인권을 논하는 한국 학자들에게도 큰 관심을 끌었다.

"오랜만이에요, 이이화 선생님."

"김동춘 교수도 잘 지냈지요?"

그날 회의에는 한국 인권 문제를 연구해온 학자들이 여럿 모였다. 역사학자 이이화, 성공회대 교수 김동춘, 여수지역사회연구소장 이

영일, 평화운동가 시인 류춘도 등이 그 자리에서 인사를 나누었다. 2000년에 개최된 회의는 다른 회의들보다 조금 특별했다. 동아시아 평화·인권 국제회의에서 최초로 한국전쟁 전후 민간인 학살 문제가 거론되는 자리였기 때문이다.

"류춘도 선생님도 오셨네요."

"반가워요."

이이화와 류춘도는 1년 전인 1999년 일본 오키나와에서 만난 이후로 처음이었다. 대학 시절 인민군 군의관으로 한국전쟁에 참전했던 류춘도는 후퇴하는 길에 남쪽으로 귀순한 뒤 전장에서 본 참상을 잊지 않고 평화운동가가 되었다. 단아한 말씨로 평화를 위해 앞장섰던 류춘도는 사람들을 만나 이야기하는 걸 좋아했다. 그날 역시 많은 사람들에게 둘러싸여 이야기를 하던 중이었다.

"이이화 선생, 소개해줄 사람이 한 명 있어요."

"누구죠?"

류춘도가 소개해주고 싶은 사람이라며 한 남자를 데려왔다. 바로 채의진이었다. 빨간 베레모에 펑퍼짐한 생활한복 차림으로 회의장을 찾은 채의진이 이이화에게 인사를 건넸다.

"안녕하세요, 채의진입니다."

"이이화입니다."

아무렇지 않은 척 인사를 하고 악수를 했지만 이이화는 속으로 깜짝 놀랐다. 안 그래도 아까부터 자기 시선을 끌던 남자였다. 특이한 옷차림에 길게 자란 수염과 머리카락이 꼭 무슨 신흥종교에 심취한 사람 같았다. 키도 자기만 하고 나이도 비슷해 보이는 남자를 보며 이이화는 생각했었다.

'왜 저런 사람이 이곳에 왔지?'

이런 생각을 하며 이상한 남자와 멀리하려고 마음먹던 중 류춘도가 그를 소개해준답시고 데려왔으니 놀랄 수밖에 없는 일이었다. 허리까지 내려온 머리를 대충 동여맨 채의진을 보며 이이화는 더 궁금해졌다. 대체 무슨 사연이 있는 사람이길래 이곳에 왔는지 궁금증이 일었다.

"채 선생님은 문경 석달마을 학살 사건에서 살아나신 분이에요. 오랫동안 진상 규명에 힘써온 분이기도 합니다."

류춘도의 말에 그제야 이이화는 고개를 끄덕일 수 있었다. 회의장 안에서 채의진과 이이화가 인사를 나눈 건 잠깐이었다. 이이화와 짧게 인사를 나눈 채의진은 또 볼 사람이 있는지 금방 자리를 떠났다. 두 사람이 다시 만나게 된 건 다른 행사를 위해 이동하던 버스 안에서였다.

"아까는 채 선생님이랑 얘기할 시간이 없었지요? 저분 정말 고생 많이 한 사람인데…… 얘기 좀 나눠봐요."

"그럴까요?"

류춘도가 의자에 혼자 앉아 있는 이이화에게 다가와 말을 걸었다. 나이가 비슷한 두 사람이 만나면 잘 어울릴 거라 생각했는지 다시 한 번 대화를 이끌어낸 것이다. 류춘도의 권유에 이이화는 자신과 마찬가지로 혼자 앉아 있는 채의진에게 다가갔다.

"아까 인사했던 이이화입니다."

"아, 네. 무슨 일 있으신가요?"

"아니 그저 얘기를 좀 나누고 싶어서 말입니다."

"아, 예, 거기 앉으세요."

이이화가 채의진 옆 빈자리에 앉았다. 잠시 어색한 분위기가 감돌았다. 먼저 입을 연 건 이이화였다.

"선생님 얘기를 좀 듣고 싶습니다. 민간인 학살에서 살아남으신 분이라고 들었어요."

"네, 맞습니다."

이이화의 요청에 채의진이 자기 이야기를 꺼내기 시작했다. 아직도 악몽처럼 떠오르는 문경 석달마을 사건부터 4·19 혁명 이후 진상 규명을 위해 했던 노력들까지 채의진은 과거를 하나씩 떠올리며 담담하게 말을 이어갔다. 이이화는 그저 이상한 옷차림을 한 남자인 줄 알았던 채의진의 과거 상처에 귀를 기울이며 민간인 학살 문제의 심각성을 다시 한 번 체감했다.

"그래서 영어 선생을 하다가 전각가가 되었어요. 그렇게 살면서 오늘 이 회의까지 오게 된 겁니다."

민간인 학살의 생존자, 진상 규명 운동가, 영어 선생, 전각가까지 다양한 모습을 가진 채의진에게 이이화는 큰 흥미를 느꼈다. 다른 유족들과는 확연히 다른 면이 있었다. 채의진처럼 민간인 학살에서 살아난 피해자가 더 있을 거라는 생각이 들었다. 회의가 끝나고 다시 서울로 올라간 뒤 이이화는 한국 민간인 학살자 기구를 띄웠다. 그 전에도 유가족들이 모이려고 시도했지만 전국적인 기구가 만들어진 건 이번이 처음이었다. 채의진과 이이화 외에 열 명쯤 되는 사람들이 모여 공동 대표를 맡아 전국적으로 유가족들을 모았다. 기구 설치 이후 채의진은 전국 유족회를 함께 만들기도 했다. 마음이 모인 곳에 사람이 모인다고 했던가? 김원웅, 김동춘, 그리고 이이화까지 민간인 학살 문제를 위해 같은 마음을 가진 사람들이 채의진 곁에 하나 둘 늘어나기 시작했다.

4장

이심전심

지난 10여 년간 정부가 민간인 학살 문제에 아주 무관심한 것은 아니었다. 문민정부라 불렸던 김영삼 정부의 경우 1996년 거창, 산청, 함양 등 3개 지역 민간인 학살 사건에 한정해 특별법을 제정했다. 김대중 정부 들어서는 제주 4·3 사건에 국한된 특별법까지 제정되었다. 하지만 정부는 다른 지역의 민간인 학살 피해에 대해선 아무런 언급이 없었다. 민주주의 정부라는 이름에 비해 형평성이 없는 법안이었다.

"내가 청와대 앞에 가서 할복자살을 해야만 할까 보다."

다른 지역에 대한 특별법 제정 소식을 들은 채의진은 정희상을 찾아가 탄식했다. 정희상은 그런 채의진의 마음을 누구보다 잘 알고 있는 사람이었다. 지난 50년간 채의진은 외롭게 진상 규명 운동을 이어왔다. 그나마 다행인 것은 지난 2000년 이후부터 채의진의 증언을 듣고 민간인 학살 문제에 관심을 가진 인권운동가들이 늘어났다는 점이었다. 그리고 2000년 9월 김동춘을 비롯해 많은 사람들이 채의진의 뜻을 이어받아 그의 분노와 고통을 투쟁의지로 바꾸기 시작했다.

2000년 9월 7일 기독교회관 대강당. '한국전쟁 전후 민간인 학살 진상 규명과 명예 회복을 위한 범국민위원회'가 창립되었다. 이영일 여수지역사회연구소장의 사회로 진행된 창립대회에서 상임대표를 맡은 강정구 동국대 교수가 개회 선언을 했다. 민간인 학살 진상 규명 활동의 큰 그림이 점점 완성되는 뜻깊은 자리였다. 이 자리에는 전국 각지에서 올라온 유가족 500여 명도 함께했다. 선혈이 흐르는 가슴을 쓰다듬던 피학살 유족들이 한국전쟁 이후 50년 만에 한 자리에 모여 모임을 결성한 것이다. 운영위원장 강창일 배재대 교수가 경과보고를 하고 사무처장 김동춘 교수가 사업 설명을 했다. 이 자리에서 채의진은 범국민위 상임대표 겸 전국유족협의회 대표직을 맡아 단상에 올랐다.

"나는 지금까지 평생 동안 오직 문경 사건 해결만을 위해 일해왔습니다. 그러나 앞으로는 전국 피학살자 문제 해결을 위해 일하겠습니다."

채의진의 공식 선언이 끝나자 우레와 같은 박수가 터져 나왔다. 이날 유족들은 범국민위 결성식을 마친 뒤 미리 준비한 꽃상여를 메고 여의도 국회 앞에서 상여 시위를 벌였다. 이후 김동춘 교수, 강창일 교수, 이영일 소장 등이 실무 책임을 맡아 민간인 학살 진상 규명 운동을 앞장서 이끌어갔다.

범국민위의 주된 활동은 민간인 학살 진상 규명과 명예 회복을 위한 통합 특별법 제정과 전국 각지의 은폐된 학살 사건 발굴 및 유족회 결성 지원과 위령 사업에 맞춰졌다. 이런 활동은 사실상 전국유족회장인 채의진의 몫이었다. 범국민위 공동 대표 중 고재식 한신대 총장은 바쁜 학교 일 때문에, 강정구 교수는 이듬해 평양 방문 과정에서 발생한 만경대 사건으로 구속되어 제 몫을 하기 어려웠던 탓에 채의진 혼자 서울과 상주를 오가며 진상 규명 활동을 주도하기 시작했다.

그러던 2002년 어느 날, 서울역 앞 후암동 범국민위 사무실. 한 청년이 사무실을 찾았다.

"안녕하십니까? 박갑주라고 합니다. 장완익 변호사님 소개로 왔습니다."

"안녕하세요, 반가워요. 나는 채의진이라고 해요."

청년은 당시 법무법인 해마루에 있던 변호사 박갑주였다. 해마루는 노무현 대통령이 변호사 시절 몸담았던 사무실이었다. 박갑주는 그 해마루에 소속된 장완익 변호사의 직속 후배였다. 장완익은 과거사와 관련해서 오랫동안 활동한 변호사로 전국민간인학살범국민위가 출범했을 때 함께 자리에 있던 사람들 중 한 명이었다.

"장완익 변호사님이 안식년이라더니 이렇게 또 좋은 분을 소개해 주고 쉬러 가셨네요."

"부족하지만 잘 부탁드립니다."

범국민위 활동 도중 안식년을 맞이한 장완익은 자신의 빈자리를

2001년 전국 민간인 학살 진상 규명과 명예 회복을 위한 범국민위원회 활동 당시 모습. 김동춘 교수, 강정구 교수, 채의진, 이영일 여순사건연구소장(왼쪽부터). 네 사람은 은폐된 진실을 드러내기 위해 오랫동안 국가와 싸워야 했다.

채우기 위해 박갑주를 불렀다. 이 일에 다른 후배들보다 박갑주가 적격이라는 판단 아래 이루어진 일이었다. 이후 박갑주는 범국민위 회의에 함께 참여하며 장완익이 안식년에서 돌아올 때까지 빈자리를 대신했다.

한편, 범국민위에서는 특별법 발의를 위한 준비가 한창 진행 중이었다. 물론 범국민위가 특별법 발의를 추진하기 전에도 민간인 학살과 관련된 두 가지 법이 존재했다. 그중 제일 처음 만들어진 것이 4·3특별법이었고 그 뒤를 이은 것이 거창특별법이었다. 4·3특별법이 먼저 만들어진 데에는 정치적인 이유가 뒤따랐다. 제주 지역에서 표를 받기 위해 반드시 내세워야 하는 공약 중 하나가 바로 4·3 사건 해결이었던 것이다. 1987년 대통령선거 당시 모든 후보들이 앞 다투어 제주 민심을 얻기 위해 4·3 문제를 해결하겠다고 외쳤다. 하지만 4·3특별법의 경우 제주 지역에 한정하여 4·3 사건만을 다뤘기에 다른 민간인 학살 문제를 해결할 수 없었다.

그다음으로 만들어진 거창특별법 역시 선거 득표를 위해 내세워진 공약 중 하나였다. 김영삼 정부 시절 거창의 지역구 의원이었던 김동영은 당시 김영삼 대통령의 오른팔 격이었다. 그만큼 힘이 있으니 자기 지역구 유권자들이 좋아할 공약을 내세우고 또 실천할 수 있었던 것이다. 김동영의 노력으로 거창특별법이 제정되었지만 여전히 다른 민간인 학살 문제를 포괄하고 있지 않았다.

"새로운 특별법은 한국전쟁 전후 모든 민간인 학살 문제를 다룰 수 있어야 합니다."

"국가 배·보상 문제도 그 안에 넣을 건가요?"

"그 부분은 조금 더 고민해야겠지요."

범국민위는 모든 민간인 학살 문제의 진상을 밝히고 나아가 유가족들을 배려할 수 있는 법을 만들기를 원했다. 하지만 현실은 그리 녹록지 않았다. 유가족들을 고려해 국가 배상 문제를 포함하면 법 통과에 어려움을 겪을 것이 뻔했기 때문이다. 이 문제로 인해 범국민위 활동가들과 유족회 사람들이 부딪히기도 했다. 법 통과가 우선인지 완벽한 법을 만드는 게 우선인지는 쉽게 결정할 수 있는 문제가 아니었다.

그래도 조금씩 변화가 일기 시작했다. 사람들의 힘이 모이자 불가능해 보였던 일들이 하나 둘씩 해결되기 시작했다. 1995년 발의 이후 4년 동안 국회에서 외면을 받았던 특별법 제정 역시 더 많은 사람들이 모이자 통과될 기미가 보였다. 대표를 맡은 채의진은 그 어떤 유족보다 열심히 민간인 학살 진상 규명 운동을 도왔다. 이때부터 채의진은 경북 상주에서 서울로 출퇴근하다시피 움직였다. 최소 일주일에 두 번, 한 달에 7~8회 정도는 서울과 전국 각지의 학살 현장을 누볐다. 이런 채의진의 모습에 감동해 그의 활동을 응원하는 사람들도 나타났다.

2000년 12월 24일 문경 석달동 학살 현장에서 치러진 51주기 합동 위령제. 이날 위령제에는 류춘도가 함께했다. 지난 5월 동아시아 평화·인권 국제회의에서도 채의진을 만났던 류춘도는 늘 채의진의 활동을 지켜보았다. 범국민위 발족 후 각종 시위 현장에서 통한의 절규를 쏟아내는 채의진의 모습이 류춘도의 마음을 울린 것이다. 류춘도는 문경 석달동 사건의 진상을 듣고 난 뒤 자기가 할 수 있는 일을 하고자 했다. 그리고 오늘, 50년 만에 '어린이 희생자 추모시비'가 세워졌다. 당시 문경 석달동 학살 사건으로 희생된 어린이는 젖먹이 아기를 포함해 20명이었다. 여기에 연민의 정을 느낀 류춘도가 시비를 만들어 기증했다. 시인은 〈이름 없는 아기 혼들〉이라는 제목의 시를 지어 어린 넋들을 위로하고 CD로 만들어 보급했다.

산 넘어 넓은 세상 머물 곳 찾아
구천 떠도는 어메 아베 기다리며
석달마을 산모퉁이에
이름 없는 아기 혼들 울고 있네
아가들아 아가들아

이름 없는 아가들아
피 묻은 아베 조바위 쓰고
눈물 젖은 어메 고무신 신고
그 옛날이야기 말해주렴
지나가던 길손이 발 멈추거든
아가들아 아가들아 오늘 밤은
어메 품에 안겨 아베 등에 업혀
백토로 사라지기 전 그 옛날처럼
좋은 세상 꿈꾸며 잠들어라

이렇게 주위 사람들이 하나 둘씩 모여들기 시작하며 채의진이 오랫동안 염원해온 일의 끝이 조금씩 눈앞에 드러났다.

5장

돌아오는 인연

범국민위가 출범하고 1년 뒤, 2001년 6월 27일 세종문화회관.

범국민위가 주최하는 기자회견이 열렸다.

"국방부 군사편찬연구소의 민간인 학살 조사지침이 진상을 오히려 은폐하고 있습니다."

범국민위 상임대표 강정구가 외쳤다. 강정구는 국방부가 한국전쟁 전후로 발생한 민간인 학살에 대해 군 작전상 어쩔 수 없는 일이라는 논리로 민간인 학살 진상 규명을 방해하고 있다고 주장하며 민간인 학살 문제 해결을 위한 특별법 제정을 촉구했다. 기자회견장 안에는 범국민위 사람들과 유족회 사람들이 가득 차 있었다. 채의진 역시 함께였다. 기자회견을 지켜보고 있던 채의진 곁으로 한 여자가 다가왔다.

"선생님."

"왔구나."

떨리는 목소리로 채의진을 부른 건 그의 첫 제자 유복연이었다. 채의진이 다른 학교로 전근을 간 뒤로 30년 만이었다. 유복연이 채의진을 찾아오게 된 건 동창회에서 만난 한 친구의 말 한 마디 때문이었다.

"얘 복연아, 참 보고 싶었다."

"나도야. 왜 이렇게 오랜만이니?"

매년 열리는 초등학교 동창회에 오랜만에 모습을 드러낸 친구는 유복연에게 반갑게 인사를 했다. 그러고는 자연스럽게 옛 기억을 꺼냈다.

"너 기억나니? 그때 우리 선생님 참 좋아했잖아. 채의진이었지…… 이름이?"

"맞아. 난 아직도 선생님 생각하면 가슴이 막 떨린다 얘."

"선생님은 잘 지내실까? 복연이 너는 좀 아니?"

유복연 역시 채의진이 학교를 옮긴 뒤로는 한 번도 찾은 적이 없었다.

"나도 한 번도 뵌 적 없어. 참 어디서 만나면 좋을 텐데."

"넌 선생님 참 좋아했잖아. 아마 너라면 꼭 선생님을 찾을 거야. 정말이야."

친구의 말이 옳았다. 선생님을 찾아보겠다고 결심한 유복연은 채의진의 행방을 수소문했다. 공교롭게도 그 당시 전국 각지의 민간인 학살 유족회를 모집하고 있던 채의진은 〈말〉지를 비롯해 여러 언론 기사에 연락처를 기재했다. 기사를 통해 채의진의 근황을 알아낸 유복연은 그곳에 적혀 있는 연락처를 보고 채의진에게 전화를 걸었다.

"누구요?"

"채의진 선생님, 저 복연이에요. 유복연."

"유복연? 임기초등학교 유복연?"

채의진 선생님이 자신을 기억하자 유복연은 벅찬 감동을 느꼈다. 채의진에게도 유복연은 참으로 기억에 남는 제자였다. 공부에 대한 열정이 남달랐던 여학생은 글 쓰는 솜씨도 꽤나 좋아 상을 타곤 했다. 채의진은 30년 만에 걸려온 뜻밖의 전화에 놀라는 눈치였다.

"네가 어쩐 일이냐?"

"선생님이 너무 보고 싶어서 제가 찾았어요."

사제지간에 애틋하고 간절한 마음으로 성사된 연락이었다. 한참 얘기가 오가고 통화를 마친 유복연은 떨리는 마음을 감추지 못했다. 세종문화회관에 일이 있으니 오라는 얘기에 벌써부터 들뜨기 시작했다. 만나기로 약속한 전날에도 유복연은 잠 한숨 잘 수 없었다. 눈만 감으면 선생님 얼굴이 눈앞에 아른거려 심장이 두근거렸다.

"저 알아보시겠어요?"

"그럼."

채의진의 말에 환하게 미소 짓던 유복연이 채의진에게 꽃다발을 건넸다. 오로지 채의진 한 사람을 만나기 위해 여기까지 온 것이었다. 두 사람이 재회하기까지 오랜 시간이 흘렀지만 그 세월이 무색하게 유복연은 마음속에 늘 채의진을 담고 있었다. 비록 나이가 들어 흰머리가 성성하고 말쑥하던 옛날과 달리 허리까지 기른 머리를 대충 묶고 있는 기인의 모습이었지만, 그 안에서 풍기는 올곧은 스승의 기상만큼은 유복연의 기억 그대로였다. 마음의 눈으로 보니 복연의 눈에 스승 의진은 초등학교 시절 칠판 앞에 서 있을 때와 하나도 다를 바 없었다. 채의진을 만나겠다는 소원을 이룬 유복연은 그때 결심했다.

"선생님 제가 이제 힘닿는 데까지 선생님을 돕고 모시려고 해요."

"네가?"

"네, 제가요. 그러니 무슨 일 있으면 꼭 연락주셔야 해요."

채의진의 진상 규명 운동에 든든한 지원군이 될 아군이 또 한 사람 늘어나는 순간이었다. 유복연은 늘 설레는 마음으로 생각만 하던 채의진을 만난 그 순간이 꿈만 같았다. 부모님 다음으로 생각하는 채의진이었기에 그가 품은 삶의 아픔 역시 받아들일 수 있었다. 이후 유복연은 채의진의 연락에 단 한 번도 '아니요'라는 대답을 하지 않았다. 채의진이 부를 때마다 늘 달려 나갔던 유복연. 채의진이 있는 곳에 유복연이 있었다. 진상 규명 운동에도 늘 함께였다.

같은 해 말, 동창회. 드디어 동창들은 학창 시절 그렇게 존경하고 따르던 채의진을 만날 수 있었다.

"얘들아, 내가 누굴 모셔왔게?"

"어머, 채의진 선생님!"

유복연이 채의진을 동창회에 초대한 덕분이었다. 그날 이후 유복연은 매해 동창회에 채의진을 모셨다. 간혹 다른 선생님도 모시고 싶다는 얘기도 있었지만 유복연의 마음속 스승은 채의진 한 사람뿐이었다. 첫 동창회 참석 이후 15년간 채의진은 제자들의 모임 자리에 함께했다. 아이들의 기억 속에 그는 공명정대하고 대쪽 같은 선생님이었다.

한편, 유복연은 채의진의 가족과도 친분을 쌓았다.

"언니, 요새 아버지가 또 도통 밥을 안 드세요."

"그래? 그럼 내가 지금 내려가볼게. 기다리시라 해."

유복연과의 만남 이후 채의진은 그녀에게 의지하는 일들이 점점 많아졌다. 자신보다 오히려 딸 숙희가 유복연을 많이 의지했다. 어머니나 언니 오빠가 없던 숙희는 유복연을 언니처럼 따랐다. 그날도 역시 숙희는 제 속을 썩이는 아버지 때문에 유복연에게 전화를 걸었다. 채의진이 식사를 하지 않는다는 말에 유복연이 한숨을 쉬었다. 이럴 땐 그가 좋아하는 것을 챙겨야 했다.

"선생님, 또 식사 안 하신다면서요? 저 지금 서울에서 내려가니 기다리세요."

유복연은 낙동강변 근처의 유명한 주막에서 막걸리랑 파전을 샀다. 유복연이 양손 가득 안주와 술을 들고 나타나자 식사를 하지 않는다던 채의진이 맨발로 뛰어나왔다. 식사를 안 하더라도 술은 거르지 않는다는 걸 유복연은 누구보다 잘 알고 있었다.

"왔냐?"

"막걸리랑 파전 사왔어요 선생님. 식사 좀 하셔야죠."

채의진은 싱글벙글한 얼굴로 막걸리와 파전을 받았다. 먼 길을 갑작스레 내려온 유복연이었지만 기뻐하는 스승의 얼굴을 보며 마음이 또 풀렸다. 유복연은 이따금 채의진이 술을 마시고 그녀에게 하는 말들을 기억했다. 억울한 죽음과 끝나지 않은 악몽. 평범한 사람이 보기에도 참 견디기 힘든 일이었다.

6장

내가 죽어야 말이지

2003년 12월 24일 문경 위령제.

아침부터 위령제 준비가 한창이었다. 2001년 처음 위령제에 방문한 이후 초라한 위령제 제상을 보고 가슴 아파했던 유복연은 올해도 위령제를 찾아 직접 상을 차렸다. 작년보다 조금 더 좋은 상을 차리기 위해 상다리가 부러지도록 음식을 준비한 유복연은 음식을 나르느라 정신이 없었다. 도와주는 사람은 자신이 서울에서 데려온 사람 몇 명과 채숙희뿐이었다. 다른 유족들은 코빼기도 보이지 않았다.

"얘 숙희야, 내가 벌써 세 번째 여기 오지만 정말 사람들도 너무 한다."

"언니, 마음에 두지 마요, 머리만 아파요."

상 위에 과일을 올리던 채숙희는 익숙한 일이라는 듯 고개를 저었다. 그때였다. 잠시 보이지 않던 채의진이 나타나다. 약간 발개진 얼굴을 보아하니 조금 술을 마신 듯했다.

"아버지 오셨어요?"

"숙희야, 난 오늘 여기서 죽을란다."

"그게 무슨 소리세요!"

갑작스러운 채의진의 말에 채숙희가 소스라치게 놀랐다. 아무리 힘들어도 딸 앞에서 죽겠다는 말을 내뱉은 적이 없던 채의진이었다. 의진은 당장 강물에라도 뛰어들 것처럼 팔을 허우적거렸다.

"내가 죽어야 이게 끝나지! 내가 죽어야 이게 끝나!"

강이 없으면 바닥에라도 머리를 콱 박아 죽으려는 모습에 놀란 채숙희가 유복연을 불렀다.

"언니! 언니! 여기 좀 와봐요! 큰일 났어요! 어쩌면 좋아."

"무슨 일이니? 에그머니나, 선생님!"

전을 상에 올리다가 불려 나온 유복연은 채의진의 모습에 가슴이 벌렁거렸다. 유복연의 등장에도 채의진은 아랑곳 않고 오늘 죽겠다며 고래고래 외쳤다.

"오늘 다 죽는 거야! 내가, 오늘 죽는다 죽어!"

"언니가 안 말리면 큰일 나요."

"얘, 나 심장이 떨려서 못 한다."

이럴 때면 누구도 말리기 힘든 일이었다. 이처럼 채의진이 소리를 지르는 데에는 다 이유가 있었다. 다른 유족들과의 갈등 때문이었다. 범국민위가 발족한 뒤 문경의 유족들이 진상 규명을 위해 모였다. 그러나 모두가 채의진과 같은 뜻을 품고 있던 것은 아니었다. 그중에 채의진과 뜻이 달랐던 일부 유족들은 위령제도 따로 치르며 다른 길을 가겠다고 주장했다. 채의진은 다 함께 모여 힘을 합쳐도 모자랄

판에 뒤늦게 나타나 제멋대로 구는 일부 유족 때문에 속이 상한 것이었다. 진상 규명을 위해 고군분투하는 와중에 이런 일을 당하니 황당할 뿐이었다. 이에 분노와 야속함에 마침내 폭발한 채의진이 위령제가 시작되기도 전에 술을 찾고 말았던 것이다.

"홍필이, 홍필이를 좀 불러야겠다. 홍필이 왔다니?"

자신이 죽어야 이 고통이 끝난다며 눈물을 흘리는 채의진을 보던 유복연이 채숙희에게 말했다. 여자 둘로는 어림도 없었다. 유복연의 말에 채숙희는 서둘러 동생 채홍필을 찾았다.

"홍필아! 홍필아! 네가 아버지 좀 말려야겠다."

"무슨 일 있어요?"

"아버지가 죽는다고 난리야 난리!"

죽는다는 말에 놀란 채홍필이 채의진이 있는 곳으로 달려왔다.

"아버지!"

"홍필이냐? 홍필아, 네 아비 오늘 죽을란다!"

"아버지, 그런 말씀 마세요. 진정하고 심호흡 좀 하세요."

채의진에게 다가간 채홍필은 그를 안아 부축했다.

"일단 좀 앉는 게 좋겠어요. 아버지, 이쪽으로."

채홍필의 저지에 채의진이 겨우 잠잠해졌다. 아직도 가슴이 벌렁거리는 통에 유복연은 채의진을 쏘아보았다. 한바탕 소동이 끝나고 나서야 위령제를 시작할 수 있었다. 위령제가 끝나고 술이 깬 채의진을 유복연이 찾아왔다.

"선생님, 저 할 말 있어요."

"어휴 머리야. 뭔데, 말해봐라."

"제가 선생님 때문에 심장이 떨어질 거 같아요. 위령제 준비 더는 못 하겠어요. 선생님이 죽겠다는데 제가 위령제 준비를 왜 해요."

속상한 마음에 푸념을 늘어놓듯 유복연이 말했다. 채의진 곁에서 그를 도우며 항상 마음 졸이는 제자의 심정을 아는지 모르는지 채의진은 한동안 아무런 대답을 하지 않았다. 어쩜 이렇게 남의 마음을 모를까? 속이 상한 유복연이 다시 한 번 말을 하려고 할 때 채의진이 입을 열었다.

"얘 복연아, 그래도 내년은, 내년만이라도 좀 해주렴. 너 아니면 누가 하니?"

"그러면 죽는다는 소리 안 하겠다고 약속해주세요."

"그래 그럴게."

부질없는 약속을 다짐 받은 유복연은 그제야 마음을 놓았다. 내년만, 내년만 하던 그녀는 훗날 특별법이 통과된 뒤에도 꾸준히 위령제를 준비했다. 억울하게 죽은 혼을 달래고자 하는 그녀의 애틋한 마음이었다. 그러나 위령제 이후에도 채의진의 마음속에 남은 분노는 쉽게 가시지 않았다.

죽음에 대한 마음 역시 마찬가지였다. 2004년 4월 범국민위가 국회의원 서명을 받아 청원한 통합특별법안이 법사위를 통과했다. 그때만 해도 범국민위원회와 유족들은 축제 분위기에 휩싸였다. 그러나 이번에도 역사는 그들 편이 아니었다. 여야 간 정쟁에 따른 한나라당의 보이콧으로 법안이 국회 본회의에서 부결된 것이다. 순수 인권법을 정쟁으로 인식한 정치권의 대립으로 인해 특별법은 찬성 72,

채의진은 2002~2006년 문경 학살사건 현장 합동 위령제를 주관했다(위). 먼저 떠난 86명 영령들의 안식을 빌며 그는 뜨거운 눈물을 흘렸다.

반대 96, 기권 7표로 부결되었다. 유가족들에게는 50년간 되풀이된 질곡과 배반의 역사가 또다시 반복된 셈이니 이만저만한 절망이 아니었다.

법안 통과가 무산되고 난 직후 채의진이 두툼한 편지봉투를 하나 들고 정희상을 찾았다. 수척해진 얼굴에 눈에서는 광채마저 비치는 듯했다.

"정 기자님, 이 봉투 좀 받아줘요."

정희상은 봉투를 받아 열었다. 봉투 안에는 다음과 같은 편지글이 적혀 있었다.

참으로 오랫동안 고민하며 참고 견뎌왔다. 하지만 이제는 더 이상 참을 수도 없고 버틸 수도 없다. 그래서 나는 죽음을 생각한다. (중략) 그때 13세의 어린 소년이던 내가 지금은 69세의 노인이 되었다. 아무런 죄도 없이 국군들에게 학살당한 아홉 명의 내 가족과 친척들, 80여 명의 우리 이웃들의 억울한 한을 꼭 풀어드리고, 얼마 남지 않은 짧은 여생이나마 좋은 일도 하면서 마음 편히 살다가 죽었으면 하는 내 작은 소망마저 이제 물거품이 되고 마는구나 하는 생각에 나는 정신이 오락가락한다. 나는 살고 싶다. 정말로 더 살고 싶다. 살아서 우리 원혼들이 해원하는 것을 꼭 보고 싶다. 세상 사람들이여, 대한민국 국민이여, 억울한 내 죽음을 과소평가하지는 말아다오.

유서였다. 정희상의 눈동자가 흔들렸다. 아무리 사건의 극적인 요소를 쫓는 직업이 기자라 하지만 이건 아니었다. 정희상은 어떤 일이 있어도 이 편지만은 보도하지 않겠다고 다짐했다.

"채 선생님, 김주태 사장 불러서 술이라도 한잔 할까요?"

"좋아요. 가는 길에 마지막 술 한잔 정도는 괜찮겠지."

금방이라도 목을 매러 갈 것 같은 모습에 정희상은 손이 떨렸지만 모르는 척 채의진의 죽마고우를 불렀다. 정희상의 연락에 김주태가 나타났다. 그날 밤 세 사람은 가까운 술집으로 가 소주병을 기울이기 시작했다.

"채의진 이 친구야! 너답지 않게 왜 그래!"

"주태야, 나 더는 못 하겠어, 더는 못 하겠어."

지난번 위령제 때 죽겠다며 울부짖었던 것과 또 다른 애달픔이 채의진의 가슴을 때렸다. 그나마 잡고 있던 가는 희망의 줄기마저 무참히 끊겨버린 지금 채의진은 어디로 가야 할지 알 수 없었다. 오랫동안 정을 쌓은 김주태와 정희상 앞에서 채의진은 울음을 터뜨리고 말았다.

"선생님, 다시 생각해봅시다. 여기서 좌절해버리면 우리 억울하게 죽은 원혼들은 누가 달래줍니까?"

"그래 의진아, 네가 이렇게 나자빠지면 그게 진짜 돌아가신 분들한테 잘못하는 거다. 잘 생각해봐."

한 잔, 한 잔, 술병이 늘어나면서 채의진의 한숨도 점점 더 늘어났다.

"원래 동트기 전 새벽녘이 가장 어두운 법입니다. 조금만 더 기다리면 곧 해가 뜰 거예요."

그날 밤 죽음을 결심했던 채의진의 마음이 두 사람의 애원 끝에 흔들렸다. 결국 세 사람은 서로 부둥켜안고 울음을 터뜨렸다.

"의진아 조금만 더 기다려보자. 17대 국회가 또 어떻게 바뀔지 모르잖아."

"그래, 조금만 더 기다려볼게."

그날, 정희상은 처음으로 채의진을 자신의 집으로 데려갔다. 노모를 모시고 사는 처지라 채의진을 수없이 만났어도 집까지 같이 간 적은 없던 정희상이 처음으로 채의진을 자신의 집에 모신 날이었다. 채의진의 마음속에 드리워졌던 죽음의 그늘은 그렇게 조금씩 옅어지나 싶었다.

7장

길 잃은 분노

며칠 뒤 서울 후암동.

바깥은 연말 분위기에 흠뻑 젖어 있었지만 범국민위 사무실은 여전히 전쟁터였다. 특별법 통과를 위해 해야 할 일이 태산같았다. 몇 번이고 모여서 여의도 앞에서 시위를 하는 한편 한나라당 사람들과 부딪히는 일도 잦았다. 아무리 추워도 시위는 멈출 수 없었다. 범국민위 상임대표에 많은 이들이 이름을 올렸지만 그중 가장 자주 얼굴을 내비친 건 이이화였다. 다른 사람들이 시위에 두 번, 세 번 참여할 때 이이화는 남들보다 배로 나가 앞장섰다. 집이 범국민위 사무실과 가까워서 가능한 일이었다. 그날도 이이화는 범국민위 사무실에 앉아 특별법 통과와 관련된 자료를 보며 시위를 준비하는 중이었다. 별안간 사무실 구석에서 큰 소리가 났다.

"무슨 일입니까?"

"저, 그게."

큰 소리에 신경이 쓰였던 이이화가 자리에서 일어나 소리가 난 곳으로 걸어갔다. 그곳에 범국민위 실무자들과 채의진이 있었다.

"채 선생, 무슨 일 있어요?"

"아니 이 사람들이 말이야! 자료를 달라고 달라고 그렇게 말해도 영 주질 않는 거요!"

소리를 지른 사람은 바로 채의진이었다. 요컨대 그의 말은 이랬다. 사무실에 도착하자마자 자료를 받기 위해 담당자를 만났는데 아무리 기다려도 자료를 주지 않는다는 것이었다. 몇 번을 다시 말해도 자료가 오지 않자 화가 난 채의진이 실무자들을 향해 소리를 지르고 말았다. 연말을 앞두고 더욱 바빠진 탓에 다들 예민한 시기였다. 자료 전달이 늦은 건 사실이지만 버럭 성을 낼 정도는 아니었다. 아마 죽음의 그늘이 거둬지고 남은 분노의 앙금이 그를 거칠게 만들었던 것 같았다. 이이화는 그런 채의진의 사정을 알기에 조용히 그를 달랬다.

"채 선생, 아무리 그래도 그렇지 이 사람들이 뭘 그렇게 잘못했다고 소리를 질러요. 이 사람들도 다 지금 고생하는 중이니 조금만 이해해줍시다."

점잖게 타이르는 말에 채의진은 잠시 화가 누그러진 듯했다. 이이화의 중재에 실무자들이 작게 한숨을 내쉬었다. 다른 회사에 비해 터무니없이 적은 월급을 받으면서도 오로지 진상 규명을 위해 힘쓰겠다고 앉아 있는 사람들이었다. 돈보다 큰 뜻을 보고 희생하는 사람들에게 소리를 지르는 건 너무한 일이었다. 물론 이이화 역시 그렇게까지 할 수밖에 없는 채의진의 답답함을 알았지만 그래도 심했다는 생각은 떨칠 수 없었다. 채의진은 분이 풀리지 않은 표정이었지만 본인 역시 별수 없다는 것을 알고 있는지 더 이상 소리를 지르지 않았다. 이이화는 마음을 놓고 제자리로 돌아갔다. 오늘도 나가서 진행해야 할 행사가 있었다.

그리고 그날 저녁 행사가 끝난 뒤풀이 자리. 또다시 사건이 터지고야 말았다.

"아니 젊은 사람들이 말이야! 늙은이를 무시하는 거야 뭐야! 자료 하나 주는 게 그렇게 어려워서 그랬어?"

아까의 서운함이 다시 북받친 것일까. 술을 마신 채의진이 고래고래 소리를 지르기 시작했다. 난리를 치는 통에 다른 사람들의 이목이 집중되었다. 하지만 그들 중 누구도 저보다 훨씬 어른인 채의진을 말릴 사람이 없었다. 결국 옆자리에 앉아 함께 술을 마시던 이이화마저 막무가내로 소리치는 채의진을 참을 수가 없었다. 항상 얌전히 이야기를 하던 이이화가 처음으로 젓가락을 내던지며 소리를 질렀다.

"그만 좀 해요! 쟤네들이 얼마나 고생을 하는데, 오늘 땀을 얼마나 흘리고 왔는지 알아요? 그 자료 좀 늦게 받을 수도 있지, 당신을 무시하는 것도 아니고 말이에요."

흔치 않은 이이화의 모습에 다른 사람들이 긴장했다. 처음으로 자신에게 소리치는 걸 들은 채의진이 잠시 멈칫했다. 하지만 술기운은 이성을 지배하기 마련이었다. 이이화의 말에 더 화가 치밀어 오른 채의진이 이이화를 밀쳤다.

"이이화 선생님!"

놀란 사람들이 이이화를 부축했다.

"지금 내가 잘못했다는 거야!"

채의진이 울분에 찬 목소리로 소리를 지르며 잔을 내던졌다. 그러고서는 풀리지 않은 분에 거친 숨을 내쉬더니 자리를 박차고 나가버렸다. 밀쳐진 통에 뒤로 넘어진 이이화가 황망한 표정으로 채의진을 바라보았다. 참다 참다 어쩔 수 없이 소리를 질렀지만 후회가 밀려왔다. 채의진이 일부러 성을 낸 게 아닌 걸 알았다. 그는 그저 사람을 대하는 게 조금 서툴렀을 뿐이었다. 마음이 무거워진 이이화는 술자리가 끝나고 집에 돌아가 채의진에게 전화를 걸었다.

"저기 채 선생, 그거……"

"……아 괜찮아요."

채의진은 괜찮다면서도 이이화를 피하는 눈치였다. 이이화는 그런 채의진의 반응에 피식 웃을 수밖에 없었다. 아까는 그렇게 죽을 둥 소리를 질렀지만 금세 또 잊을 사람이었다. 참 저와 비슷한 모습에 또 마음이 쓰였다.

그러나 채의진의 이런 성향은 다른 유족들을 만날 때도 걸림돌이 되었다. 제 고집을 꺾지 않는 통에 다른 유족들과 부딪히는 일이 부지기수였다. 유족회 자체도 복잡한 성향을 갖고 있는 게 문제였다. 친미파부터 북한을 좋아하는 사람들까지 다양한 사람들이 유족회를 구성하고 있었다. 그렇다 보니 채의진과 뜻이 다른 사람들이 매번 충돌을 일으켰다.

"아니, 그래서 우리 사건은 대체 언제 해결해주는 거요? 다들 어떻게 법만 들여다보고 있어."

"이봐요, 법이 있어야 우리 문제도 해결되는 거요!"

"속 편한 소리 하지 마시오. 다들 젠체하느라 우리 억울한 건 듣지도 않지!"

그날도 한 유족과 다툼이 벌어졌다. 유족회의 방향과 범국민위가 가는 길이 다소 다른 것 때문에 흔히 일어나는 싸움이었다.

"인권은 무신 놈의 인권!"

"이 사람이 무식한 소리 하네!"

유가족의 이해관계와 인권 문제가 얽힐 때마다 유족들 다독이려 하는 범국민위 사람들과 달리 채의진은 제 생각을 그대로 밀고 나갔다. 그때마다 유족과 갈등을 빚는 건 당연한 일이었다. 이럴 때 나서서 말리는 건 이이화의 몫이었다.

"자자, 다들 진정 좀 하세요. 또 여기서 이런 걸로 싸우면 어떡합니까?"

진상 규명의 방법이나 유족회 조직 문제부터 시작해서 '우리 희생이 더 크다' 하며 싸우는 이해관계 문제까지 이유도 매번 각양각색이었다. 이이화가 중재하면 채의진은 그사이에 잔뜩 치밀어 오른 화를 가라앉혔다. 그렇게 달래고 나면 항상 채의진이 이이화를 찾아오고는 했다.

"저놈 새끼는 말이야, 당최 사명이라는 걸 알지도 못해요. 내가 답답해서 참."

이이화는 채의진의 말에 그저 맞장구를 치며 고개를 끄덕였다. 이렇게라도 화를 풀지 않으면 가라앉지 못할 성미였다. 그나마 채의진은 이이화를 제 또래 친구로 여겨 그 앞에서만큼은 고집을 꺾었다. 이이화는 오랜 시간 곪은 상처를 치료하지 못해 아파하는 채의진을

2001년 민간인 학살 진상 규명 특별법 발의 국회 기자회견. 야당 의원들의 반대와 국가의 은폐, 조작에 부딪힌 특별법은 오랫동안 국회를 통과하지 못했다.

보며 안타까운 마음을 감출 수 없었다.

한편, 채의진은 이렇게 분노와 고통을 풀지 못하는 와중에도 범국민위 활동을 멈추지 않았다. 민간인 학살 사건의 해법은 통합특별법밖에 없었기에 법 발의에 힘을 써야 했다. 시민 사회단체와 관련 유족들 사이에는 문경 석달마을 학살 사건을 비롯해 함평 사건과 여순사건, 보도연맹 사건 등 수많은 유사 민간인 학살 사건에 적용될 수 있는 단일한 특별법을 만들어야 한다는 공감대가 형성되었다.

2001년 9월 범국민위는 16대 국회 회기 중 현역 의원 50여 명의 서명을 받아 '한국전쟁 전후 민간인 희생자 진상 규명과 명예 회복에 관한 법률안'이라는 통합특별법안을 마련해 국회에 제출했다. 2002년 대통령선거 기간 중에는 채의진 회장 등 범국민위 관계자들이 여야 후보들을 찾아 민간인 학살 문제 해결 의지를 확인하는 운동을 폈다. 당시 민주당 노무현 후보는 "저는 원칙주의자입니다. 제가 대통령에 당선되면 억울한 민간인 학살 명예 회복은 물론 배상까지 해주도록 지원하겠습니다"라고 약속했다. 한나라당 이회창 후보는 면담 요청을 거절했다.

범국민위가 국회의원 서명을 받아 청원한 통합특별법안은 2002년 말 국회 과거사청산특위에서 발의한 '6·25전쟁 휴전 이전 민간인 희생자 진상 규명 및 명예 회복 등에 관한 법률안'이다.

8장

예술로 승화한 아픔

민간인 학살 사건 진상 규명이라면 제 몸 생각하지 않고 전국을 뛰어다녔던 채의진이 유일하게 자기 상처를 보듬은 시간을 고르라면 역시 서각을 할 때였다. 1986년부터 시작한 일이지만 어릴 적부터 갖고 있던 예술적 성향으로 채의진은 서각 활동에도 두각을 드러냈다. 서각에 몰두한 지 2년도 채 안 된 1987년 봄, 주일한국문화원 초대전에 참여한 채의진은 그해 가을 필리핀 전 대통령 마카카발 기념사업회 초대전에 초청을 받았다. 1990년대 중반 들어서는 세계서화가협회 한국분회장과 중국 길림성 서화함수대학 명예교수로 위촉될 만큼 국제적 명성도 얻었다. 어릴 때부터 다른 사람들 나무 도장을 파주던 꼬맹이가 어엿한 예술가가 된 것이었다.

채의진은 이때부터 미국을 비롯해 캐나다, 일본, 중국, 몽골 등 세계 각지의 개인이나 미술 단체의 의뢰를 받아 작품을 기증했다. 그 사이 제작한 서각 작품 1천여 점 중 60여 점이 해외에 기증되었고

혼을 새기듯 조각한 채의진의 서각공예 유품. 교직 생활도 녹이지 못한 분노와 슬픔을 풀어준 건 서각이었다.

800여 점이 국내 사찰, 재실, 사당을 비롯해 서화가의 개인 서실에 걸렸다. 채의진과 가깝게 지낸 사람들 역시 채의진에게 서각 선물을 받고는 했다.

그러나 서각 공예에 미쳐 있는 동안에도 채의진의 마음은 학살 현장을 떠나지 못했다. 나무를 한 뼘 한 뼘 갈아내는 사이에 아픔과 슬픔은 승화되었지만 진상 규명을 향한 사명감은 사그라지지 않았다.

불볕더위가 기승을 부리던 2004년 7월 하순, 서울 계동 운현궁에서 이색 조각 전시회가 열렸다. 채의진의 서각전이었다. 그는 특별법 제정 운동으로 막바지에 이른 범국민위 활동이 자금난으로 어려움을 겪자 이를 돕기 위해 지난 10여 년간 틈틈이 제작한 작품들을 기증하기로 결정했다. 심혈을 기울여 만든 작품들을 범국민위 활동을 위해 선뜻 내놓은 것이다. 채의진의 서각 전시회는 많은 사람들의 관심 속에 치러졌다.

서각전이 한창인 어느 날, 전시회장 안으로 나이 지긋한 여인이 천천히 걸어 들어왔다. 품에는 화려한 꽃다발이 안겨 있었다. 여인은 누군가를 찾는 듯 느린 걸음새로 주위를 둘러보았다. 그녀를 발견한 건 채숙희였다.

“사모님! 오셨어요?”

“숙희 씨, 오랜만이에요.”

여인은 우아하게 미소 지으며 채숙희에게 인사했다. 반갑게 여인을 맞이한 채숙희는 다른 곳에 서서 손님을 받던 채의진을 불렀다.

“아버지, 여기 좀 와보세요!”

채숙희의 부름에 고개를 들고 두 사람을 바라본 채의진이 눈을 동

그렇게 뜨고 부리나케 여인 곁으로 뛰어왔다.

“황명자 여사!”

“오랜만이에요.”

그녀는 칠순이 다 되는 나이에 〈아름다운 삶의 주인공〉이라는 수필로 등단한 황명자였다. 채의진은 그녀의 손을 덥석 잡으며 눈시울을 붉혔다.

“그동안 잘 지내셨지요?”

채의진의 물음에 그녀가 조용히 미소 지으며 고개를 끄덕였다. 울먹거리는 목소리에 사람들의 시선이 쏠렸다. 수필가인 그녀는 채의진이 21년간 중·고교 영어 교사로 재직할 때 절친했던 동료 교사의 부인이기도 했다.

“벌써 10년인가요?”

“네, 먼저 간 그이도 같이 왔으면 참 좋아했을 거예요.”

황명자는 10년 전 사별한 남편을 대신해 채의진의 서각전을 찾았다. 채의진은 먼 걸음을 한 그녀에게 고마움을 느꼈다. 사람 사이의 인연도 참 신기하지. 황명자는 주위를 둘러보며 자기 남편의 절친한 친구가 세상에 드러낸 작품들을 바라보았다. 교사 생활을 할 때 남편을 통해 인사한 것이 전부였지만 그 만남 안에서도 황명자는 채의진에게서 예술가의 기운을 느꼈다. 그에게 동료 교사들에게조차 말 못할 아픔이 있었다는 것을 알게 된 것도 얼마 전이었다. 그의 깊은 한이 서린 작품들을 오랫동안 바라보던 그녀는 다음 날 수필 한 편을 우편으로 보냈다.

7월 22일 오후 7시경, 서각 전시회 커팅식에 부담 갖지 말고 참석해달라는 초대를 받고 낯선 길을 나섰다. 낙원상가 길을 따라 올라오면 된다는 안내를 받고, 보내주신 책을 들고 묻고 또 물으며 인사동까지 왔다. 전시회장인 덕성학원재단 본부 건물을 가까이 두고 작은 선물이라도 준비해야겠다는 마음에 화원에 들렀다. "전시회에 가는데……" 화원 주인은 빨간 장미 꽃다발을 싸준다. 남편 친구의 전시회인데 너무 야한 것은 아닌지? 더 큰 선물을 해드렸으면 좋겠지만, 나는 오늘 하루만이라도 외로운 그분의 애인이 되고 싶은 마음으로 빨간 장미 꽃다발을 안고 지난날의 추억을 떠올리며 '채의진 서각전' 전시장으로 갔다. 모두 낯선 분들뿐이다. 어색한 마음으로 운현궁에 도착했다. 마침 채 선생님의 따님이 반갑게 맞아준다. 몇 년 전 선생님의 출판기념회에서 만난 이후 오랜만의 만남이다. 안내를 받고 전시장 안으로 들어섰다. 채 선생님은 손님을 받느라 바쁘셨지만 반갑게 손을 잡아주신다. 방명록에 남편 대신 내 이름을 쓰고 전시된 작품을 관람했다. 예약된 작품도 많이 눈에 띈다. 전시실 탁자에는 한국전쟁 전후 민간인 학살 진상 규명 운동의 현장 사진이 전시되어 있다. 전시장을 둘러보며 그분의 작품 세계에 모두들 감탄한다. 지난 수십 년간 통한의 세월을 칼끝에 모아 한 자 한 자 각인하며 한을 풀어 오셨겠지…… 잠시 추억 속으로 빠져든다. 남편과 같은 직장에서 마음을 서로 주고받던 채 선생님은 가정이란 울타리 안에 갖가지 아픈 상처를 채웠던 분이다. 딸 하나를 두고 일찍이 사모님을 여의고 재혼하신 후 아들 하나를 남긴 채 또 생이별을 하시고, 미국 이민 생활도 반년 만에 포기하고 돌아오셨다. 지금 선생님 슬하에는 교통사고로 남편을 보내고, 남매를 기르며, 동서분주하는 아버지의 뒷바라지를 해주는 든든한 딸과 부천 영화제 기획실에 근무하는 훌륭한 아들이 있다.

선생님은 13세 때 고향인 문경군 석달마을에서 주민 86명이 집단 학살을 당했을 때 가족 9명을 잃고 그 시체 밑에 깔려 구사일생으로 살아났던 분이다. 영어 교사로 일하면서도 마음은 오직 민간인 학살에 대한 진상 규명을 해야겠다는 일념을 떨치지 못했다. (중략) 오늘 이 전시회에 출품한 작품들도 모두 범국민위 기금 마련을 위해 기꺼이 무료로 내놓으신다고 한다. 어찌 이분이 옛날 역사책에 나오는 나라를 빛낸 사람들의 대열에 오르지 않을까! 저녁 7시가 조금 넘은 시각, 각계에서 참석하신 내빈들과 함께 테이프 커팅을 했다. 박수 속에 선생님의 오늘까지 걸어오신 소감을 겸한 인사와 함께 도움을 주신 분들의 소개가 있었다. 자리를 제공해주신 분과 경제적으로 항상 도움을 주신 분들과 각처에서 오신 유족 대표들을 소개하는 자리에서 선생님은 흐느끼시며 '10여 년 전에 세상을 떠난 내 사랑하는 친구의 사모님을 소개하겠습니다'라고 하신다. 살아 있었다면 제일 많이 축하해주었을 남편을 대신한 미약한 나. 경제적인 보탬을 드리지 못하고 돌아서야만 하는 나를 붙잡고 채 선생님은 한없이 우셨다. 카메라 세례를 받으며…… 빠른 시일 내에 해결이 되어 선생님의 삭발식에 참석하길 바란다며, 제 칠순 때 선생님을 초대하겠다는 약속을 남기고 집으로 돌아오는 길. 아픔을 딛고 일어선 선생님의 끈질긴 노력과 보람으로 일궈낸 그분의 아름다운 삶에 한없는 박수갈채를 보냈다.

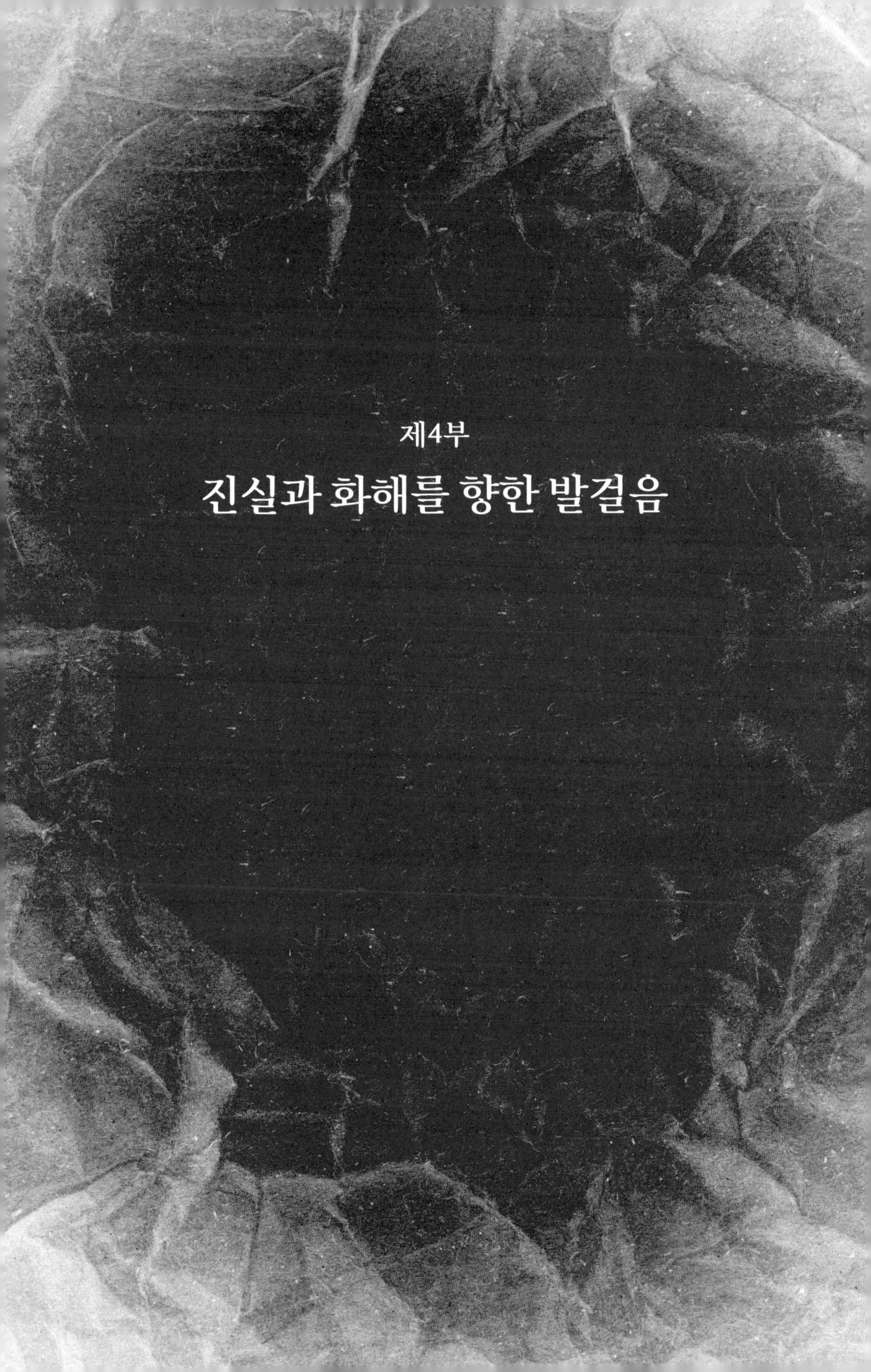

제4부

진실과 화해를 향한 발걸음

●

1장

●

특별법 통과요!

2005년 5월 3일 낮 여의도 국회의사당. 문 앞을 지켜 선 경비원들이 한 노인과 실랑이를 벌이고 있었다. 제대로 빗질조차 하지 않은 머리와 수염을 길게 늘어뜨린 백발의 노인은 로비가 떠나가라 고래고래 소리를 질렀다.

"거 좀 들어갑시다!"

"할아버지, 여기서 이러시면 안 됩니다."

빨간 베레모를 쓴 노인의 품에는 노란 서류 봉투가 안겨 있었다. 흡사 기인 같은 기운을 풍기는 노인의 몸부림에 경비원들의 표정도 점점 굳어갔다. 마른 몸 어디에서 그렇게 힘이 나오는 건지 잠시 고민하던 경비원들은 눈짓을 교환하고는 고개를 끄덕였다.

"이러시면 안 된다고요!"

험악한 표정을 지으며 한 경비원이 노인의 마른 팔뚝을 강하게 붙잡았다. 억지로 끌어낼 심산이었다. 다른 한 남자가 반대쪽 팔뚝을 붙잡자 노인은 품에 있던 서류 봉투를 놓칠세라 팔을 안으로 굽혔다. 로비를 지나가던 사람들이 가만히 서서 세 사람을 바라보았다. 흔치 않은 풍경에 다들 놀란 눈치였다. 사람들의 웅성거림이 커지려 할 때 말끔한 양복을 차려입은 한 남자가 건물 안쪽에서 걸어 나왔다.

"무슨 일입니까?"

"아니 글쎄 이분이!"

경비원들은 남자의 등장에 당혹스러운 표정을 지었다. 말끔한 모양새와 가슴의 금배지는 그가 국회의원임을 나타내고 있었다. 원체 국회의원들은 신성한 국회 로비에서 이런 난동이 일어나는 걸 견디지 못하는 사람들임을 경비원들은 잘 알고 있었다. 괜한 노인 한 명 때문에 혼이 나게 생겼다며 그들은 속으로 욕지거리를 내뱉었다. 그러나 울상이 된 경비원들과 달리 씩씩거리며 분을 참지 못하던 노인의 얼굴이 밝아졌다.

"김원웅 의원! 나 좀 들여보내주오. 국회는 왜 이렇게 매번 들어가기가 힘든 거요?"

좀 전과 달리 순해진 목소리로 말했다.

"선생님 욕 보셨습니다. 들어오세요."

김원웅(제14대 국회의원)의 말에 경비원들은 허탈한 표정으로 잡고 있던 노인의 팔을 놓았다. 경비원들에게서 풀려나자 노인은 언제 난동을 부렸냐는 듯 헛기침을 하며 옷매무새를 가다듬었다. 서류 봉투는 여전히 손에 들려 있었다. 아까의 소동으로 구겨진 서류 봉투를 다시 편 노인은 경비원들에게는 눈길조차 주지 않은 채 당당한 걸음으로 김원웅에게 걸어갔다. 경비원들은 어깨를 으쓱이곤 제자리로 돌아갔다. 나중에 별탈이 없을 것 같아 안심한 것이다.

"오시기 전에 미리 연락을 주시지 그랬습니까. 그랬으면 아래서 기다렸을 텐데."

"내가 잠깐 깜빡했어요. 이걸 좀 챙기느라."

그제야 노인이 보물처럼 쥐고 있던 서류 봉투를 열어 안에 든 종이를 꺼내자 '호소문'이 나왔다.

[보내는 이 채의진. 받는 이 김원기 국회의장.]

1949년 12월 24일 '문경 석달마을 민간인 학살 사건' 진상 규명을 호소하는 편지를 쓴 노인이 바로 채의진이었던 것이다. 가슴에 응어리진 그날을 뼈에 새긴 채 살아온 지난 50여 년. 진상 규명에 한 발짝 더 다가가기 위해 마지막 지푸라기를 잡는 심정으로 호소문을 작성한 채의진은 김원기 국회의장에게 그 절절함을 전달하기 위해 국회의사당을 찾은 것이다.

"우선 제 의원실로 갑시다. 지금 국회의장실에 김원기 의장이 없을 겁니다."

"그러지요."

두 사람은 김원웅 의원실로 올라가기 위해 엘리베이터 앞에 섰다.

같은 시각 본회의장에서는 민간인 학살과 관련된 특별법 통과에 대한 논의가 막바지에 이르고 있었다. 지난해 노무현 대통령으로 정권이 교체되며 많은 변화가 일었다. 그중에는 한국전쟁 전후 우리 군에 의해 자행된 민간인 학살에 관련된 문제가 포함되어 있었다. 그동안 외면 받아온 민간인 학살 문제가 드디어 국회 안에서 논의되기 시작한 것이다. 2004년 말, 정부는 국가가 청산해야 할 과거사 문제를 정리하는 과정에서 민간인 집단 학살 문제를 포함시켰다. 같은 해 11월에는 시민사회단체들의 논의 끝에 '올바른 과거 청산을 위한 범국민위원회'가 출범했다. 보수 정권의 집권 아래 감추어져 있던 부끄러운 과거들이 수면 위로 올라오기 시작한 것이다. 이에 발맞추어 민간인 학살과 관련된 특별법이 발의되었다. 그러나 민간인 학살을 주도한 세력이 정치권 곳곳에 남아 있는 터라 법이 통과되기는 쉽지 않았다. 오늘도 마찬가지였다. 민간인 학살에 책임을 갖고 있는 한나라당은 특별법 통과를 거부했다. 특별법을 논의하는 중요한 자리에는 단 한 명의 한나라당 의원도 앉아 있지 않았다. 한나라당을 제외한 여당과 야당 국회의원들만이 본회의장에 모여 특별법 통과를 마무리 짓는 중이었다. 채의진과 함께 있던 김원웅 의원도 자리에 돌아와 회의가 진행되는 것을 지켜보았다.

"지금부터 마지막 투표를 실시합니다."

단상에 올라선 김원기 국회의장이 투표의 시작을 알렸다. 국회의원들의 찬성 한 표 한 표에는 학살로 죽은 민간인들과 유가족들의 억울함과 한이 서려 있었다. 진실을 알기 위해 여기까지 오는 데 너무 오랜 시간이 지난 건 아닌지 김원웅은 눈을 감고 생각했다. 사람들이 알고자 한 건 오로지 그날의 진실이었다. 그리고 이 아픈 역사가 반복되지 않기 위해서는 진실을 바로 세워야 했다. 오랜 고심 끝에 모두가 자신의 한 표를 던졌다. 떨리는 순간이었다. 누군가에게는 그저 작년에 발의된 법에 불과할지 몰라도 김원웅 의원은 알고 있었다. 지금 자신의 의원실에 앉아 있는 한 남자, 채의진만은 이 순간을 지난 50여 년 동안 기다려왔다는 것을 말이다. 투표가 끝나고 김원기 국회의장이 다시 단상에 올라섰다.

"'진실과 화해를 위한 과거사 정리 기본법' 수정안은 가결되었음을 선포합니다."

땅! 땅! 땅! 김원기 국회의장의 의사봉이 탁자를 두드리는 소리가 온 국회에 울렸다. 법이 통과되기만을 고대하고 있던 의원들 사이에서 축하의 박수 소리가 울려 퍼졌다.

2005년 5월 3일, 채의진이 그렇게 피울음을 토하며 호소했던 민간인 학살 해법을 찾기 위한 특별법이 국회 본회의를 통과한 것이다. 제정된 법 이름은 '진실과 화해를 위한 과거사 정리 기본법'이었다. 김원웅은 이 기쁜 소식을 채의진에게 가장 먼저 전하기 위해 자신의 의원실로 향했다. 그곳엔 채의진을 비롯해 법이 통과되기를 기다리던 범국민위원회 관계자들이 모여 김원웅이 가져올 희소식을 기대하고 있었다. 결과를 기다리는 채의진의 마음에 초조함이 깃들었다. 평점심을 유지하는 일이 쉽지는 않았다. 잠시 후 열리지 않을 것만 같던 의원실의 문이 활짝 열렸다. 김원웅의 등장에 모두가 고개를 돌려 그를 쳐다봤다.

"통과되었습니다."

환한 미소와 함께 그가 던진 한 마디에 의원실은 축제의 장이 되었다.

김원기 국회의장실로 마지막 호소문을 들고 찾아간 날에 특별법이 통과되었다는 소식을 들은 채의진과 범국민위 관계자들은 국회에서 서로 얼싸안고 춤을 추었다. 그동안 사건의 진실을 밝히고 희생자들의 명예를 회복하기 위해 얼마나 많은 땀과 눈물을 흘렸던가. 때로는 국회에서, 때로는 국가인권위원회 사무실이나 광화문 네거리에서 호소를 하기도 하고, 항의를 하기도 했으며, 시위와 농성을 벌인 날도 헤아릴 수 없이 많았다. 그 결실이었기에 북받치는 감격을 주체할 수 없었다.

"고맙소. 고맙소."

채의진은 떨리는 목소리로 고맙다는 말을 반복했다. 고맙다는 말로는 표현되지 않는 것들이 그의 마음을 울렸다. 주름이 가득한 그의 눈가에 눈물이 고였다. 아무도 그 눈물의 무게를 가늠할 수 없었을 터였다.

국회 근처에는 특별법 통과를 위해 함께 노력했던 역사학자 이이화와 성공회대 김동춘 교수를 비롯해 범국민위원회 관계자들이 따로 모여 있었다. 국회 밖으로 나온 채의진은 사람들을 만나 기쁜 목소리로 외쳤다.

"이러지 말고 우리끼리 먼저 한잔 하는 게 어때요?"

"좋습니다."

대낮이었지만 사람들은 아랑곳 않고 여의도 근처의 식당에 들어갔다. 반주를 한 잔씩 걸치며 감격을 나눈 사람들은 저녁에 제대로 축배를 들기로 약속했다.

"진실 규명을 토대로 미래로 향해 나아가는 길에 이 법이 국민의 화합과 화해에 기여할 수 있기를 기대하고, 또 그렇게 될 것입니다."

그리고 그날 저녁, 열린우리당 원내대표 오영식 의원의 말이 끝나자 식당 안에 있던 사람들은 환호성을 질렀다. YTN 저녁 뉴스를 통해 다시 한 번 법안 통과의 현장을 지켜본 범국민위원회 사람들은 축배를 들었다. 실로 오랜 싸움이었다. 모두가 염원하던 특별법 통과는 그 어떤 술보다 달콤한 맛이었다. 특별법을 통과시킨 건 국회의원들이었지만 이날의 진짜 주인공은 누구보다 이 순간을 꿈꿔온 채의진이었다.

투명한 소주잔 가득 소주를 채운 채의진이 잔을 들었다. 그의 곁에는 이 오랜 싸움을 함께한 전우 정희상 기자가 앉아 있었다. 소주를 목구멍에 털어 넘긴 채의진이 먼저 입을 열었다.

"이제 영령들과 국민에게 약속한 대로 법이 통과됐으니 삭발식을 할 차례요. 정희상 기자가 삭발식을 중계 보도해줘요."

"여부가 있겠습니까. 그런데 삭발식은 단순히 개인적인 의미만 있는 것이 아니니 좀 성대하게, 여러 언론이 보는 데서 거행하시죠."

정희상은 길게 늘어뜨린 채의진의 백발을 바라보았다. 허리까지 내려온 무거운 머리카락 한 올 한 올에는 지난 56여 년어치의 설움이 얽혀 있었다.

"삭발식은 언제쯤 하는 게 좋을까요?"

"늦지 않게 다음 달쯤이 좋을 것 같습니다. 6월 말경에 삭발식을 하시지요."

"정희상 기자 말대로 그때 삭발식을 하리다."

다시 한 번 삭발식을 다짐하며 채의진은 술잔을 기울였다. 그간의 설움이 북받쳤던 탓인지 소주잔 가득 따른 소주가 왈칵 넘쳐흐르며 채의진의 눈가에도 눈물이 고였다. 여기까지 오기가 얼마나 어려웠던가. 통한의 울음이 목구멍을 가득 메웠다.

2장

누더기 법안과 눈물의 삭발식

특별법 통과 4주 후. 그동안 유족들과 함께 싸워온 시민 인권단체 관계자들은 국회를 통과한 '과거사 정리 기본법'을 마냥 기쁘게 받아들일 수만은 없었다. 얼마 지나지 않아 특별법에 찬물을 끼얹는 세력이 나타난 것이다.

당초 국회에 제출된 법률안은 진실 규명의 범위가 1945년 해방 이후부터 한국전쟁을 전후로 한 시기의 민간인 집단 희생 사건과 1948년 이후 공권력의 행사로 인해 사망, 실종, 상해가 일어난 역사적으로 중요한 사건을 대상으로 했다. 그러나 한나라당에서는 이 법안에 완강히 반대하면서 조사 범위에 '민주화를 가장한 친북용공세력도 넣자'고 고집했다. 결국 법안을 둘러싸고 여야의 논의 과정에서 한나라당의 입장이 반영된 "대한민국의 정통성을 부정하거나 대한민국을 적대시하는 세력에 의한 테러 인권 유린과 폭력 학살 의문사"라는 표현을 삽입하는 것으로 법안이 정치적으로 절충된 것이다.

2005년 5월 31일. '진실과 화해를 위한 과거사 정리 기본법'이 정식으로 공포되었다. 그러나 법안 통과를 추진했던 국회의원들은 씁쓸한 표정을 감추지 못했다.

통과된 법안은 서두에 다음과 같이 법의 목적을 밝혔다.

'항일 독립운동, 반민주적 또는 반인권적 행위에 의한 인권 유린과 폭력·학살·의문사 사건 등을 조사하여 왜곡되거나 은폐된 진실을 밝혀냄으로써 민족의 정통성을 확립하고 과거와의 화해를 통해 미래로 나아가기 위한 국민 통합에 기여함을 목적으로 한다.'

'민족의 정통성'을 내세움으로써 법안을 추진했던 사람들이 원했던 인권, 평화, 민주주의 같은 보편적 가치를 배제한 것이다. 게다가 대한민국에 의해 자행된 인권 유린 사건을 밝히려고 했던 법은 한나라당의 개입으로 대한민국의 정통성을 부정하는 세력에 의한 사건까지 포괄하게 되었다. 따지고 보면 이런 조항은 그야말로 순수한 인권법의 취지를 훼손하고 정치적 논쟁을 불러일으킬 소지가 크다. 한나라당이 주장하는 그런 유의 사건은 과거 권위주의 정권 아래에서 강도 높은 수사를 거쳐 재판을 받은 것들이 대부분이다. 경우에 따라서는 조사 과정에서 인권 유린과 조작 시비 등에 휘말린 사건들도 적지 않다.

제정된 법은 여야 합의 과정을 거치면서 당초 입법 취지에 맞지 않는 내용이 들어간 데다 철저한 진상 규명을 하기에는 조사 권한이 약해 결과적으로 허술한 법이 되고 말았다. 순수 인권 법안이 본질에서

벗어나 변질되고 누더기로 바뀐 데는 사정이 있었다. 여야의 정치 논리에 휘둘렸기 때문이다

문제는 법이 표결될 때 전원 불참을 선언했던 한나라당 의원들과 민간인 학살에 책임을 져야 하는 국방부였다. 한나라당과 국방부는 몇 년 전 과거사 정리법이 논의되기 시작할 때부터 법 발의에 거부감을 보였다. 학살과 은폐를 도모하고 자행한 주요 세력이니 당연한 처사였다. 이에 질세라 보수 언론은 '진실과 화해를 위한 과거사 정리 기본법'을 앞 다투어 비난하며 문제 삼았다. 언론의 지원 사격을 받은 한나라당은 법의 기본 취지에 어긋나는 내용을 추가했다.

"과거를 후벼 파는 것은 우리 당과 맞지 않지만 미래로 나아가는데 디딤돌이 된다면 꿀릴 것 없으니 할 용의도 있다."

기본법이 통과되던 날 기자회견에서 강재섭 한나라당 원내대표가 한 발언에는 많은 뜻이 담겨 있었다.

여러 가지 정치 논리로 인해 기본법이 지향하던 정의 수립이라는 보편적인 원칙은 무너지고 말았다. 법이 바른 방향으로 나아가는 데 걸림돌이 된 건 국회의원들뿐만이 아니었다. 왜곡된 교육을 받은 관료들 사이에서도 법에 의문점을 품는 사람들이 많았다. 당연히 법안을 발의했던 열린우리당과 여러 시민들의 거센 반발이 일었다. 법 발의를 주도했던 시민단체들은 이렇게 추가된 몇 가지 조항에 대해 거부 의사를 보였다.

그 밖에도 진상 규명 조사를 위한 권한과 관련된 내용이 크게 바뀌었다. 특별법이 바꾸려고 했던 것들 중 하나는 기존의 진상 규명 활동에 걸림돌이 되었던 관련 국가기관의 서류 제출 거부, 증인 출석

거부 행위였다. 주요한 증거를 가지고 있는 사람들의 증거 제출 거부로 애를 먹었던 기존의 조사를 보완하기 위해 특별법 발의 당시 진상규명을 위해 자료 제출 명령권, 비밀 자료 열람권 등을 포함했으나 관련 국가기관에 의해 이런 부분들이 다시 빠지게 되었다. 결국 이름만 특별법인 법안으로 전락한 것이다.

2005년 6월 말, 서울 부암동의 어느 술집. 삭발식이 예정된 날이었지만 식당 안에 모인 사람들 사이에는 무거운 침묵이 맴돌았다. 범국민위원회 안에서도 특별법을 둘러싸고 논란이 벌어졌다. 김동춘 교수를 비롯해 법안 발의를 추진한 여러 지식인들은 이렇게 누더기가 된 법안을 받아들여서는 안 된다고 주장했다. 이 기본법이 바로 서야 올바른 정의 수립이 가능했기 때문이다. 진상 규명을 일종의 사회운동으로 바라보았던 이들은 수정된 법안을 그대로 받아들이는 건 후대에 더 큰 문제를 야기할 것이라 생각했다. 이에 따라 처음에는 관련 시민단체들이 몇 가지 조항의 개정을 주장하면서 통과된 법에 대해 거부 의사를 보였다. 그러나 지난 50여 년간 선혈이 흐르는 가슴을 쓰다듬으며 한 맺힌 세월을 살아온 전국 각지의 피학살 유족들의 생각은 달랐다. 채의진은 조용히 눈앞에 놓인 술잔을 들어 잔을 비웠다. 얼룩진 특별법에 마음이 아픈 것은 그도 매한가지였다.

"당신들의 생각은 내가 잘 알겠어요. 하지만 우리 유족들은 생각이 달라요. 한술에 어찌 배부를 수 있겠어요?"

그의 빈 잔에 김동춘 교수가 말없이 술을 따랐다. 특별법이 통과되던 날 어깨를 나란히 하고 춤을 추던 채의진의 표정은 다소 지쳐 보였다.

“채의진 선생 그래도 이대로 법을 추진하는 건 더 큰 뜻을 해치는 일입니다.”

“그렇게 법이 부족하다고 거부하는 것이야말로 우리를 두 번, 세 번 상처 주는 것이오.”

너덜너덜해진 법에 문제가 많다는 건 채의진 본인이 잘 알고 있었다. 하지만 다시 기약 없는 시간을 기다려 진상 규명으로 나아가기에 그는 너무 늙었다. 그는 이제 살날보다 살아온 날이 많은 사람이었다. 그동안 많은 유가족들이 진상 규명의 뜻을 접고 문경으로 돌아가 그날을 잊으려 애써온 모습을 본 그는 이대로 법을 거부할 수가 없었다.

2005년 7월 현실론을 받아들인 시민단체들은 거부 의사를 철회하고 유가족의 의견을 반영해 이미 통과된 기본법에 따라 진상 규명을 추진하기로 결정했다. 여기에는 법 개정을 병행한다는 조건이 붙어 있었다.

같은 달, 정희상 기자는 서울 적십자병원을 방문했다. 그곳에는 범국민위원회 이이화 공동대표가 위암 수술을 받기 위해 입원해 있었다.

“몸은 좀 어떠신지요?”

“많이 괜찮아졌습니다. 기자님도 잘 지내셨죠?”

범국민위원회 안에서 비슷한 연배였던 채의진과 이이화는 가까운 친구처럼 지내고 있었다. 정희상은 병원에 있는 이이화를 문병한 자리에서 조심스럽게 삭발식 이야기를 꺼냈다.

"지난 달 삭발식 일은 안타깝게 됐습니다. 혹시 다시 일정을 잡았습니까?"

"오는 9월 7일, 범국민위에서 특별법 통과 축하 행사를 벌이면서 채의진 선생께는 최대한의 사회적 예우를 갖춰 종로 보신각종 앞에서 국민적인 퍼포먼스 형식으로 삭발식을 거행해드리기로 했습니다."

정희상은 고개를 끄덕였다. 많은 사람들이 채의진의 삭발식을 기다리고 있었다.

2007년 9월 7일 오후 4시 종로구. 밀레니엄 타워 앞에 200여 명이 모여들었다. 모두 채의진의 삭발식을 지켜보러 온 유족들과 범국민위원회 사람들이었다. 의자에 앉은 채의진 옆에는 진관 스님이 가위를 들고 서 있었다. 그 역시 민간인 학살로 인한 인권 문제에 함께 앞장서서 데모를 했던 사람이었다. 채의진은 깊은 한숨을 쉬고 입을 열었다.

"어젯밤에 실컷 울고 오늘은 눈물을 흘리지 말자고 결심했지만 자꾸 눈물이 나네."

가까스로 말을 꺼낸 채의진의 목소리에는 진한 물기가 서려 있었다. 분신처럼 쓰고 있던 빨간 베레모 아래에는 빗질조차 제대로 안 된 백발이 성성하게 엉켜 있었다. 그를 바라보는 사람들의 눈가에도 조금씩 눈물이 고였다.

"어렸을 때는 슬픔과 괴로움이 나를 괴롭혔지만 커서는 어떻게 해서라도 이 괴로운 길을 가겠다고 다짐했어요."

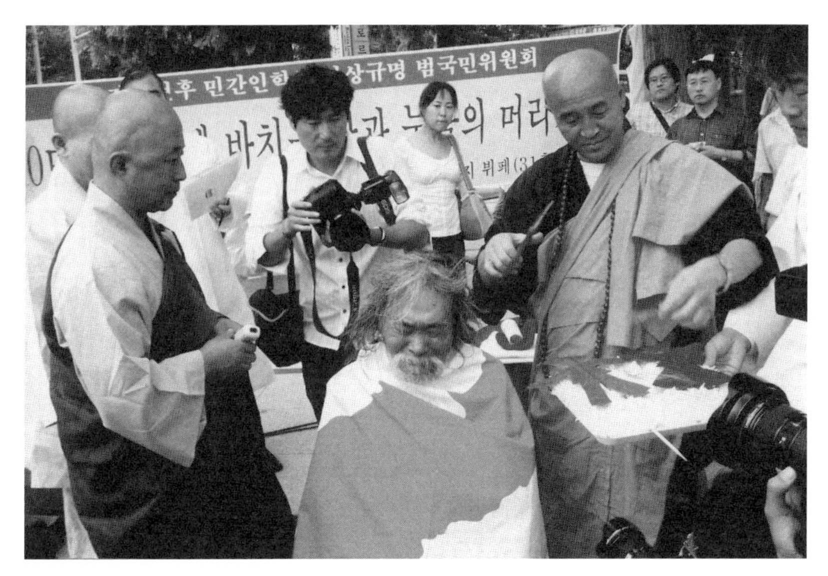

특별법 제정 후 치러진 채의진의 삭발식. 억세게 얽힌 머리타래를 자르며 원혼들을 위로하기 위해 끝까지 싸우기로 다짐했다.

괴로운 길을 한 발, 한 발 걸을 때마다 함께 기른 머리카락이었다. 지난날을 다시 떠올리는지 잠시 눈을 감은 채의진의 눈주름 사이로 굵은 눈물이 흘렀다. 감추려 해도 감출 수 없는 그 괴로움을 혼자 감내했던 세월이 머리카락을 스쳐 지나갔다.

"머리를 자르는 것은 이번에 통과된 과거사법에 만족해서가 아니오. 피해자 보상 문제 등 우리의 조건이 받아들여질 때까지 투쟁을 멈추지 않을 것이란 내 의지의 표현이기도 합니다."

채의진의 말에 사람들은 고개를 끄덕였다. 아직 싸움은 끝나지 않았다. 말을 마친 채의진은 고개를 돌려 진관 스님을 바라보았다. 오고 가는 눈빛에는 많은 말이 담겨 있었다. 마침내 진관 스님은 가위를 들어 딱딱하게 굳은 머리카락을 자르기 시작했다. 오랜 세월만큼

억센 머리카락은 한 칼의 가위질에 싹둑 잘려나갔다. 그 곁에서 설곡 스님이 두 손을 모으고 염불을 외었다. 진관 스님이 잘린 머리카락을 번쩍 들어 보였다. 단단히 굳은 머리카락은 마치 땅에 뿌리를 박고 자라난 나무줄기 같았다. 삭발식은 이게 끝이 아니었다. 잘려나간 머리를 내려놓은 진관 스님은 바리캉을 들고 채의진의 머리에 남은 머리카락을 조심스레 밀었다. 과거사법이 온전하게 통과됐다면 단정히 머리를 정리할 심산이었다. 하지만 현실론에 부딪혀 반쪽이 된 법을 두고 볼 수 없었던 채의진은 저항의 의미로 삭발을 감행했다. 이렇게 잘린 머리카락은 각각 남과 북을 상징하는 종이 인형이 얹힌 쟁반에 담겼다. 쟁반을 든 건 춤꾼 강승희였다. 두 사람은 '가자! 올바른 청산의 길로'라고 쓰인 현수막을 가르는 베 가르기 의식을 진행했다. 질긴 현수막이 힘겹게 찢어지자 유족들은 박수를 치기 시작했다. 모두들 이 찢어진 현수막처럼 가슴에 응어리진 한이 이제 찢겨나가길 바라는 간절한 마음이었다.

"머리털은 부모가 만들어준 것입니다. 그런데 그 머리카락을 자르며 한을 풀겠다니 이 얼마나 대단한 의지입니까?"

직접 머리카락을 자른 진관 스님은 감탄을 금치 못했다. 그의 손에는 아까 매만진 단단한 머리카락의 감촉이 아직 남아 있었다. 삭발식을 마친 채의진과 유족들은 억울하게 죽은 가족들의 이름이 적힌 위패를 들고 범국민위원회 창립 5주년 기념식이 열리는 청계2가 삼일빌딩까지 천천히 행진했다. 채의진의 몸에 기생하던 오래 묵은 한이 한 꺼풀 벗겨진 제2의 해방의 날이었다. 채의진은 제 머리를 원혼들에게 바치며 눈을 감고 생각했다. 이제 위령제에서 돌아가신 분들의 넋을 뵐 면목이 조금이라도 생기지 않을까 싶었다. 아직 해결되지 않은 일이 남았지만 올해 위령제만큼은 그 어느 때와 다를 것이라는 바람이었다.

3장

하늘을 울린 마음

2005년 12월 23일 새벽, 서울 유복연의 집.

해가 뜰 무렵 어슴푸레한 하늘빛이 창을 통해 방 안을 비추었다. 문경으로 나갈 채비를 마친 유복연의 시선이 갑자기 함 하나로 향했다. 그 안에는 문경 석달마을 민간인 학살 희생자 86명을 위한 값비싼 비단 옷이 가지런히 개어져 있었다. 위령제를 위해 문경으로 떠나기 전 그녀는 다시 한 번 숨을 고르며 마음을 가다듬었다. 아직도 눈을 감으면 처음 보았던 위령제의 처참한 모습이 떠올라 마음이 아렸다.

4년 전, 2001년 12월 24일. 채의진을 따라 처음으로 위령제에 참석한 유복연은 놀라움을 금치 못했다. 86명의 원혼을 기린다는 위령제치고는 초라하기 그지없었다. 제사상에 올라온 음식 가짓수가 고작 두 손바닥을 겨우 모은 크기의 소쿠리 하나에 담길 정도였다. 주변을 둘러보면 온통 논밭과 과수원뿐인 산골 동네였다. 소박하지만 다정할 것 같은 마을의 민심이 이토록 야박하다는 생각까지 들어 마음이 무거워졌다. 저들도 모두 유가족이면서 어쩜 이럴 수 있는지. 그 작은 소쿠리 안에 애기 주먹 크기의 사과가 다섯 개, 배 세 개, 생률 몇 알 그뿐이었다. 일반 가정집에서도 그렇게는 안 차릴 빈약한 제사상이었다. 86명의 원혼들을 기린다는 건 말뿐이었나? 유복연은 고개를 돌려 채의진을 바라보았다. 36년 전 교탁 앞에서 말끔하게 아이들을 대하던 스승은 지금 곁에서 한과 분노가 섞인 표정으로 제사상을 바라보고 있었다. 그 오랜 세월을 어찌 그리 살았을지 떠올려본 제자의 눈가가 조금씩 붉어졌다. 참으로 애달픈 삶이었다. 형편없는 제사상에 가슴이 찢어지는 것 같은 아픔을 느낀 유복연이 채의진 앞에 섰다.

"선생님, 저 드릴 말씀이 있어요."

"뭔데?"

"선생님, 다음부터는 제가 이 제사상을 차리면 안 될까요? 도무지 맨눈으로 이 상을 볼 수가 없어요. 86명이에요. 이 상을 기다리는 분들이 86명!"

채의진은 고개를 숙였다. 매년 초라한 위령제 앞에서 부끄러움에 고개를 들 수가 없었다. 하지만 저 혼자서 할 수 있는 것은 아무것도 없었다. 혼자서는 86명의 넋을 기릴 제사상을 감당할 처지가 안 되었다.

"나도 안다."

"저요, 궁궐에 들어갔던 선생님께 음식을 배웠습니다. 똑같이는 아니더라도 그만큼은 정성을 들이고 싶어요. 제가 원혼을 위로해드리면 선생님도 좋고, 국가도 좋고, 저도 좋아요. 제가, 제가 하고 싶어요."

"네가 그렇게 해주면야 나야 좋지. 할 수 있겠나?"

"할 수 있어요. 하겠습니다."

위령제 내내 굳어 있던 채의진의 입가에 그제야 미소가 걸렸다. 말로는 고맙다 하지 않았지만 유복연은 제 스승의 마음을 느낄 수 있었다. 이렇게라도 하지 않으면 그녀 스스로가 더 마음에 얹힐 일이었다.

이듬해, 초라했던 제사상은 유복연이 상을 차리며 몰라보게 달라졌다. 위령제 당일 새벽 유복연은 누구보다 먼저 위령제가 열리는 장소에 도착했다. 오전 11시에 시작하는 행사를 위해 적어도 9시까지는 준비를 마쳐야 했다. 우습게도 정작 위령제를 준비해야 할 유족들은 9시까지 꿈쩍도 하지 않았다. 참 야속한 일이었다. 하지만 유복연은 억울하게 죽은 영혼들을 모르는 체할 수 없었다.

떡은 떡집, 과일은 과일가게, 유과는 만물상에서 직접 골라 맞췄다. 전은 유복연의 집에서 일을 하는 이모와 함께 부쳤다. 적잖은 비용이 들었지만 묵묵히 감당했다. 떡은 적어도 세 말 이상 준비해야 했다. 과일도 다섯 가지에서 일곱 가지로 풍성하게 준비했다. 특별히 신경 쓴 부분이 있다면 대추였다. 평상시 제사 지낼 때는 대추의 앞뒤를 끊지만, 이 제사상에서는 대추 꼭지에 젓가락을 찔러 구멍을 내고 그 안에 잣을 끼웠다. 세상 살 걸 다 못 살고 억울하게 간 영혼을 기리기 위함이었다. 이 모든 걸 가르쳐준 이가 있었으니 상궁 나인 출신이었던 은사(무녀)였다. 궁궐 제사상 차림을 전수 받은 유복연은 매년 석달동 민간인 학살 위령제 때마다 궁궐 사람들을 모시는 심정으로 제사상을 준비했다. 처음으로 86명 희생자 명단을 찾아 위패도 만들었다. 일일이 이름을 적은 위패를 붙이고 떼고 하는 것까지 모두 그녀의 몫이었다. 한번은 죽은 사람들을 위해 숟가락을 개수대로 맞춘 일도 있었다. 어른에게는 어른 숟가락, 아기들에게는 아기 숟가락. 낯간지러운 말을 하지 못했던 채의진은 유복연에게 따뜻한 말 한마디 건넨 적이 없었지만 유복연은 알고 있었다. 말하지 않아도 제 스승이 느끼고 있을 그 깊은 속내를 말이다.

그리고 다시 2005년. 특별법 통과는 위령제에도 많은 변화를 가져왔다. 유복연이 문경으로 가져가려는 이 옷들도 다 특별법이 통과되어 준비한 것이었다. 마음의 준비를 마친 그녀는 사람들과 함께 문경으로 떠났다.

오전 11시경. 문경 석달마을 추모 위령제에 이례적으로 많은 사람이 모여들었다. 군부대 대대장부터 경찰들까지 평소에 보기 어려운 사람들이 위령제에 참석했다.

"선생님 사람이 참 많네요."

"많이 바뀌었어. 다 바뀌었어."

"먼저 가신 분들이 참 좋아하시겠어요."

점촌역 앞에 차려진 위령제 제단 앞에 선 채의진은 가만히 그곳에 모인 사람들을 바라보았다. 5년 전만 해도 작은 소쿠리 하나가 전부였던 위령제였다. 지금은 제 눈앞에서 86명분의 비단 옷이 하나하나 펼쳐지고 있었다. 망자들이 입을 옷이었다. 중천에서의 춥고 힘든 배회를 마치고 극락에 가라는 의미로 준비한 옷은 죽은 한 사람 한 사람에게 맞춰 기워졌다. 참으로 지극 정성이었다.

"선생님 이 옷들은 누가 태워요?"

"글쎄다."

해가 바뀌고 정권도 바뀌고, 위령제의 모양새도 바뀌었지만 남은 유족들의 태도는 한결같았다. 위령제가 끝나자 남은 건 또다시 유복연과 채의진뿐이었다. 유복연은 참으로 너무하다는 생각을 하며 위패가 담긴 옷을 하나하나 모았다. 위패가 담긴 옷을 산처럼 쌓아 불을 붙이고 한참이 지났을 때였다. 팡팡팡팡 하며 불꽃이 일기 시작했다. 위패가 타는 모양이다 하고 있는데 개중 하나가 튀어 올라 느티나무 옆으로 사라졌다. 놀란 채의진이 달려 나갔다. 위패는 30미터를 더 가더니 어느 집 앞마당에 떨어졌다. 기가 막힌 일이었다. 위패를 따라갔던 채의진이 그 집을 찾았다.

"계시오?"

"누구시죠?"

"저 위령제에서 왔어요. 그런데 위패 하나가 이 집 앞에 떨어져서 말이오."

문을 열고 나온 사람은 채의진의 말에 두 손으로 입을 가렸다.

"아이고, 아이고 참."

그 집 역시 민간인 학살 때 해를 입은 집이었다. 이 사실을 안 채의진은 한동안 아무 말도 할 수 없었다. 이제야 그 한이 극락에 닿은 것일까? 참으로 묘한 일이었다. 채의진은 위령제를 마치고 집에 돌아와서도 그 위패를 떠올렸다. '진실·화해를 위한 과거사 정리위원회'가 실시하는 문경 사건 진상 조사를 앞두고 일어난 일이었다.

4장

드러난 진실

2006년 5월 필동, 매일경제신문사 빌딩 '진실·화해를 위한 과거사 정리위원회' 사무실. 법이 제정된 지 1년이 지났다. 그사이 진상 규명을 위해 창설된 '진실·화해를 위한 과거사 정리위원회'(이하 '진실화해위')에는 전국 각지의 수많은 민간인 학살 사건들에 대한 제보가 들어왔다. 접수된 것만 해도 8천 건이 족히 넘었다. 위원회 임기인 4년이라는 시간은 모든 진실을 파헤치기에 터무니없이 짧았다. 어떤 사건부터 조사할지 역시 큰 문제였다. 유가족 한 사람 한 사람에게는 본인 사건이 가장 중요할 테지만 모든 사건을 한 번에 조사할 수 없는 것이 냉정한 현실이었다.

진실화해위 상임위원으로 누구보다 먼저 사무실에 출근한 김동춘 교수는 의자에 깊숙이 몸을 기댔다. 본격적인 진상 규명 활동을 앞두고 그는 잠시 이곳에 처음 출근했을 때를 떠올렸다. 대통령이 위원장으로 임명한 송기인 신부와 행자부에서 파견된 직원 8명, 그리고 임시로 채용한 직원 2명뿐이었던 텅 빈 사무실의 풍경이 그의 마음 한 편에 그림처럼 남아 있었다. 그는 몸을 고쳐 앉고 책상 위에 올려둔 자료를 살펴보았다. 몇 천 건이 넘는 사건을 분류하고 어떤 사건을 먼저 조사할 것인지 결정하는 것도 그의 몫이었다. 지난 몇 달간 그의 뇌리에 끊이지 않고 따라다니면서 괴롭힌 대목도 이 부분이었다.

사안의 중대성에 대한 경중을 따지기 어려운 학살 사건들 중에서 하나를 골라 조사에 착수하는 것은 분명 어려운 일이다. 김동춘은 유형별로 사건들을 정리했다. 사건들을 가해 주체에 따라 분류한 다음 성격별로 구분한 것이다. 사실 대부분의 사건들이 비슷한 시기에 전국 각지에서 벌어졌기에 구별하는 일이 쉽지 않았다.

원칙적으로는 자료 조사를 마친 다음 현장에서 진술을 듣는 것이 조사 순서였지만 현실적으로 자료 조사가 불가능했다. 조사관들의 대부분이 한국전쟁이나 민간인 학살 자체에 대한 지식이 없었을뿐더러 더욱이 진상 규명에 필요한 자료가 전무했다. 정부의 어느 기관에 어떤 자료가 있는지, 진상 규명에 결정적 기여를 할 수 있는 자료가 있는지조차 알 수 없었다. 타당성을 따지자면 민원을 신청한 순서대로 진상 규명에 착수하는 것이 옳으나 자료가 없는 상태에서는 그조차도 여의치 않았다. 김동춘은 무겁게 짓누르는 책임감에 깊은 한숨을 뱉었다. 이렇게 한숨만 쉰 것이 벌써 며칠째였다.

"교수님, 요청하신 파일 가져왔습니다."

"고마워요. 거기 두면 됩니다."

서류철을 들고 온 비서관이 책상 위에 자료를 내려놓았다. 문경 석달마을 사건과 관련된 민원 요청이었다. 피해자 수 86명. 작은 마을에서 하루 사이에 일어난 이 사건은 규모로만 따지자면 그리 큰 사건은 아니었지만 다른 사건들과 크게 다른 점이 있었다. 바로 사건에 대한 자료의 양이 방대하다는 점이었다. 그 모든 자료들의 시작에는 채의진이 있었다. 김동춘은 서류철을 열어 안에 들어 있는 서류를 검토했다. 이미 눈에 익고 또 익은 내용이었다. 그는 이 사건에 대한 진상 규명을 애달프게 기다리고 있을 채의진을 떠올리며 미소를 지었다. 범국민위에서 희로애락을 함께했던 김동춘 교수가 진실화해위 상임위원으로 지명되던 날 채의진은 기쁜 마음으로 그를 축하해주었다. 이 사실을 알았을 때 몇 번이나 속으로 말을 삼켰을 채의진이었다. 그의 눈은 '부디 문경 사건 먼저 조사해줘요' 하는 마음을 가감없이 담고 있었지만 입술은 그저 축하와 격려의 말을 할 뿐이었다. 사적인 인연으로 부탁할 일이 아니란 걸 누구보다 채의진이 잘 알고 있었다. 그런 채의진의 마음을 헤아린 김동춘은 채의진이 피눈물로 쌓아온 문경 석달마을 사건 자료를 정리하기 시작했다. 이 자료들이 있었기에 문경 석달마을 사건은 함평 사건과 더불어 진실화해위에서 가장 먼저 진실 규명에 착수한 사건이 되었다. 채의진이 평생에 걸쳐 모은 자료들이 드디어 빛을 발한 것이다.

2006년 가을 문경 석달마을 제1차 현장 조사. 김동춘을 비롯해 각계각층에서 진실 규명을 위해 선발된 진실화해위 사람들이 사건 발생 장소를 찾았다. 피해 유족인 채의진, 채홍빈, 채욱진과 곁에서 진실 규명 운동을 도왔던 유복연도 함께였다. 이번 방문이 벌써 세 번째였다. 사람들을 이끌고 채의진은 86명의 삶의 시간이 멈춘 장소를 다시 밟았다. 오랜 세월이 흘렀지만 여전히 유골들이 그 안에서 억울함을 풀지 못한 채 잠들어 있었다.

“여기가 바로 그곳이오.”

채의진의 발걸음이 멈춘 곳은 한 포도밭 앞이었다. 지금은 포도밭이 되었지만 한때는 눈뜨고 볼 수 없었던 지옥 같은 학살이 일어난 장소였다. 사람들이 침묵을 지키며 잠시 묵념한 그때였다.

“아, 거 그만 좀 오라니까! 또 왔어!”

시끄러운 고함 소리가 정적을 깨고 날아들었다. 포도밭 주인이었다. 그 역시 그날의 일로 가족을 잃은 유가족 중 한 명이었다. 놀란 사람들이 숙였던 고개를 들고 소리가 나는 쪽을 바라보았다. 갑작스러운 남자의 등장에 다들 어리둥절한 표정이었다. 유복연은 누구보다 먼저 채의진의 얼굴을 살폈다. 아니나 다를까 훼방꾼의 등장에 채의진의 표정이 점점 붉어지고 있었다.

“나가요 나가! 여긴 내 땅이야!”

“예끼 이놈아! 여기 왜 왔는지 알고 이러는 거냐?”

“뭐 이 새끼야? 그만 오라고 했잖아! 말을 안 들어!”

제 스승을 욕보이는 모습에 울컥한 유복연이 한 발짝 앞으로 나섰다. 여차하면 한바탕할 생각이었다.

“이봐요! 말이 심하잖아요!”

“얘 복연아, 됐다.”

“하지만 선생님.”

“그냥 가자.”

유복연의 어깨를 잡은 채의진은 애써 화를 참았다. 함께 온 사람들을 의식한 탓이었다. 진실 규명을 위해 어렵게 모신 분들 앞에서 추한 모습만큼은 보이고 싶지 않았다. 잘못하면 조사도 그르칠 수 있는 일이었다. 평소였다면 저 못난 놈의 멱살이라도 붙잡았을 테지만 그게 중요한 게 아니었다. 유복연은 제 스승의 마음을 헤아리고는 다시 입을 다물었다. 채의진은 사람들에게 고개를 숙였다.

"죄송해요. 잠시 소란이 있었죠. 저쪽에 유골들을 모신 곳이 있으니 움직이도록 합시다."

"썩 꺼져 새끼야!"

끝까지 훼방을 놓는, 한참 나이 어린 남자의 목소리에 채의진의 얼굴이 굳었다. 그 모습을 본 유복연이 서둘러 사람들을 유골이 모셔진 장소로 이끌었다. 다소 격한 말이 오가는 통에 놀란 사람들은 힐끔힐끔 포도밭 주인과 채의진을 번갈아 보다 발걸음을 옮겼다. 이게 웬 망신이란 말인가. 채의진은 손으로 마른 얼굴을 쓸어내렸다.

"저 사람은 누굽니까?"

"포도밭 주인입니다."

"외지 사람인가요?"

"아닙니다. 먼 사촌인데 제 조카뻘 되는 녀석이에요. 저놈도 그때 가족들을 잃었는데, 참."

"상심이 많이 크셔서 그런가 봅니다."

쉽사리 발걸음을 떼지 못하고 서 있는 채의진 곁에 선 김동춘이 물었다. 채의진을 따라 몇 번 위령제에 참석했던 김동춘은 유족들 중에 유난히 날선 자들이 있음을 이미 알고 있었다. 그때마다 불같은 성미로 화를 냈던 채의진이었지만, 오늘만큼은 더 큰 일을 위해 화를 삭

2012년 국방부와 손해배상 소송 중 학살 현장인 중석굴을 찾은 채의진. 시체 아래서 살아남은 그는 그날 이곳에 몸을 숨겨 목숨을 부지했다.

이고 있었던 것이다. 김동춘은 실로 안타까운 마음을 금치 못했다. 같은 유족이라도 어쩜 이리 다를까. 그는 채의진의 어깨를 두드리며 말없이 위로했다.

"아까 본 포도밭에서 찾아낸 유골들은 이곳에 모셔두었어요."

유복연이 사람들을 데리고 이끈 장소는 자그마한 동굴 앞이었다. 학살 당시 생존자와 부상자들이 임시로 몸을 피했던 중석굴이었다. 동굴 안에는 유골을 담은 항아리가 놓여 있었다. 초라한 모습의 동굴은 그동안 이 사건이 얼마나 외면 받아왔는지 처절하게 보여주고 있었다. 유골들이 묻혀 있던 곳을 포도밭 주인이 예기치 못하게 갈아엎는 바람에 이리저리 흩어진 유골들을 다시 모아둔 곳이었다. 유전자

검사는커녕 누가 그곳에 있었는지조차 제대로 확인도 못 한 유골들이 항아리에 담겼다. 뒤따라온 채의진은 착잡한 마음으로 동굴 앞에 섰다. 스승의 상태를 살핀 유복연이 먼저 나서 챙겨온 향초를 피우고 술잔을 채웠다. 그 모습을 본 사람들의 마음이 편치 않았다. 얼마나 오랜 시간을 이렇게 살았을까? 풀리지 않은 유족들의 억울함이 서늘한 동굴 안에 깃들어 있었다.

그리고 2007년 6월. 1년에 걸친 진상 규명 끝에 '진실·화해를 위한 과거사 정리위원회'가 조사 결과를 발표했다.

【사　건】다-893호 외 15건 문경 석달 사건

【신청인】채의진 외 27명

【결정일】2007. 6. 26.

【주　문】위 사건이 이유 기재와 같이 진실이 규명되었음을 결정한다.

【이　유】

1. 결론

가. 김원지(金遠池) 외 85명은 1949년 12월 24일(음력 11월 5일) 정오경 경상북도 문경군 산북면 석봉리 석달마을(현 경상북도 문경시 산북면 석봉리 석달동)에서 국군 제2사단 제25연 제2대 제7중 제2소 및 제3소에 의해 집단 총살되었다.

(중략)

이 사건은 "국토방위의 신성한 의무를 수행함을 사명으로" 하는 국군이 전시이거나 긴급한 전투 상황도 아닌 시점에 산간 지역 주민을 공비 토벌 작전의 명분하에 불법 총살한 민간인 집단 희생 사건이었다. 공비 토벌의 임무가 아무리 중요했다 하더라도 비무장 민간인을, 그것도 상당수가 노약자나 부녀자인 동네 주민 전원을 아무런 확인 과정이나 적법한 절차를 따르지 않고 무차별적이고 무자비하게 총살한 것은 반인륜적인 집단 학살이며 명백한 위법 행위다.

-'진실·화해를 위한 과거사 정리위원회'
2007년 상반기 조사보고서 464p
제2장 집단희생규명위원회 문경 석달마을 사건 보고서 결론

진실화해위가 조사를 발표하던 날 채의진은 또다시 눈물을 흘렸다. 지난날 가슴에 사무쳤던 시간들이 온몸을 소용돌이치며 그의 마음을 울렸다. 채의진은 또다시 범국민위 사람들을 만나 술잔을 기울였다.

"이제 다 끝나가는 거 같아요."

"그동안 고생하셨습니다 선생님."

그와 진상 규명을 위해 함께 힘썼던 이이화가 그를 위로했다. 채의진은 또다시 목구멍까지 울음이 차올랐다. 눈물이 많아진 요즘이었다. 술잔을 기울이며 채의진이 깊은 숨을 내뱉었다. 이 오랜 사투의 끝이 보이는 것 같았다. 하지만 끝날 때까지 결코 끝난 것이 아님을 그는 잘 알고 있었다. 채의진은 원혼들의 마지막 남은 한까지 풀기 위해 또 다른 발걸음을 재촉했다.

5장

아직 할 일이 남아 있다

2007년 여름, 채의진의 집. 거실 바닥에 앉은 채의진 주위에 빛이 바랜 서류 뭉치들이 쌓여 있었다. 그동안 문경 민간인 학살 사건의 진상 규명을 준비하며 채의진이 찾은 자료들이었다. 채의진은 분주하게 자료들을 살펴봤다.

"아버지 뭐 하세요?"

부엌에서 나온 딸 숙희가 바쁜 아버지를 보며 물었다. 매일 보는 자료들이 질리지도 않는지 아버지가 또 자료 보기에 집중한 지 며칠째였다.

"자료 좀 찾느라고."

"무슨 자료요?"

"제노사이드 학회에 가져갈 자료."

채의진은 그해 8월 사라예보에서 열리는 제7회 국제 제노사이드 학회에 가져갈 자료를 찾고 있었다. 비록 제노사이드 학회에서 발표할 기회는 없지만 그는 자신이 할 수 있는 일을 해야 했다. 제주인권 회의에서 사용했던 자료들이 다시 한 번 용이하게 쓰일 참이었다. 영어를 전공하고 21년간 영어 교사로 지낸 세월을 발판 삼아 그는 천천히 사람들에게 보여줄 자료를 만들었다. 그가 제일 먼저 꺼낸 건 오래전에 작성한 영문 보고서였다. 〈UGLY SOLDIERS〉. 한동안 서랍 깊숙이 묻어뒀던 것을 다시 꺼내든 채의진은 감회가 새로운 표정으로 기사 초안을 읽어갔다. 그 기사를 썼을 때와 지금은 상황이 많이 달라졌다. 밤새 자료를 붙들고 있는 채의진을 보며 이 사건을 알리겠다는 아버지의 굳은 의지에 딸 숙희도 혀를 내둘렀다. 역시 한다면 하는 아버지였다.

2008년 8월 사라예보, 제7회 국제 제노사이드 학회장.

2004년 마음이 맞는 사람들과 함께 한국 제노사이드 협회를 만든 김동춘은 이번 학회에 채의진을 초청했다. 지난번처럼 특별 세션을 마련할 수는 없었지만 제노사이드에 관심을 갖고 있는 지구촌 사람이 이렇게 많다는 것을 채의진에게 보여주고 싶었다. 김동춘의 예상대로 회의장에 들어선 채의진의 눈은 그 어느 때보다 또렷하게 빛났다. 제노사이드는 우리나라뿐 아니라 세계 각지에서 발생한 끔찍한 집단 학살 행위였다. 다양한 사람들이 각자의 이야기를 가지고 이곳을 찾아 제노사이드의 실태를 알리고 재발 방지와 문제 해결을 위해 의견을 나눴다. 채의진은 그곳에 모인 사람들의 열정에 감동받아 연신 주위를 둘러보며 탄성을 질렀다. 두 사람은 자리를 찾아 테이블에 앉았다. 이윽고 세미나가 시작되었다.

몇 번의 세미나 후 찾아온 휴식 시간, 김동춘은 아까보다 배로 상기된 표정의 채의진을 데리고 사람들을 만났다. 채의진은 깊이 허리 숙여 인사를 하며 자기가 가져온 자료를 꺼냈다.

"대한민국에서 온 채의진입니다. 내 이야기를 좀 읽어주세요."

사람들 한 명 한 명에게 준비한 자료를 건네는 채의진을 보며 김동춘 역시 마음에 감동이 일었다. 그 아픔을 딛고 여기까지 온 세월의 향기가 그에게도 느껴진 것이다. 말도 제대로 못 건네는 외국인들에게도 자신이 준비한 자료를 정성스럽게 나눠주는 채의진의 모습은 마치 오랜 세월 같은 자리를 지키며 점점 가지를 뻗어 나가는 노목과도 같았다. 학살 현장에서 살아남으며 그곳에 단단하게 내린 뿌리는 죽은 이들의 혼을 양분 삼아 지금의 채의진을 만들었다. 이곳에 동행하길 참 잘했다. 김동춘은 채의진을 보며 그렇게 생각했다.

한국으로 돌아오는 길, 김동춘 옆에 앉은 채의진이 문득 입을 열었다.

"김동춘 교수, 내가 궁금한 게 하나 있어요."

"얘기해보세요."

"혹시 우리나라에서도 이런 학회를 유치할 수 있을까요?"

김동춘은 채의진의 말에 그럴 줄 알았다는 표정을 지었다. 아까 본 채의진의 모습에서 이 학회에 대한 애정을 여실히 봤기 때문이었다.

"글쎄요."

정부 기관 소속인 진실화해위에 몸담고 활동 중이던 김동춘은 쉽게 대답을 할 수 있는 처지가 아니었다. 본인의 의견이 곧 정부의 의견으로 대변될 수도 있는 위치였기에 조금 더 조심스러웠다. 채의진은 김동춘의 말에 입을 다물고 창밖을 바라보았다. 그가 다시 한 번 이 이야기를 꺼낸 건 한참 뒤의 일이었다.

제노사이드 학회에서 돌아온 채의진은 범국민위를 함께했던 사람들과 술자리를 가졌다. 지난 7월 진실화해위가 진상 규명 조사 결과를 발표한 뒤로 거의 한 달여 만이었다. 그날 뒤풀이 자리에는 오랜만에 박갑주 변호사도 함께했다. 장완익 변호사의 안식년 공백을 메우기 위해 처음 범국민위에 들어왔던 박갑주 변호사는 이후 몇 번 회의에 참석하며 자연스레 범국민위 사람이 되었다. 장완익 변호사가 돌아온 뒤 몸담고 있던 해마루를 나와 개인 사무실을 차리며 다소 활동이 뜸했던지라 그날 술자리에서 그를 보고 채의진은 무척 반가웠다.

"오랜만이오."

"오랜만입니다, 선생님. 잘 지내셨죠?"

"허허, 나야 뭐."

술잔을 부딪치며 쓴 웃음을 짓는 채의진의 모습에 박갑주는 의아한 마음이 들었다. 기본법도 발의되고 진상 규명까지 끝난 상태인 것으로 알고 있었는데 채의진의 표정은 예전과 별다른 차이가 없었다. 아니 오히려 조금 더 착잡한 모양새였다.

"무슨 걱정 있으세요?"

"변호사님, 이게 다 끝난 줄 알았는데 참, 끝나지가 않아요."

깊은 한숨을 쉬며 채의진은 다시 술을 들이켰다.

"나는 이렇게 진상 규명을 하면 국가가 나서서 잘못했다, 미안하다 할 줄 알았지. 그리고 우리한테 사과하면서 조금이라도 우리 마음을 풀어줄 거라 생각했단 말이에요."

"법이란 게 참 그렇습니다."

"그러니까 말이오. 그래서 내가 생각했어요. 이대로 있을 수 없다. 후속 조치가 이래서는 안 된다!"

얼굴에 붉은 기가 오른 채의진은 푸념하듯 말을 이어갔다. 박갑주는 그가 하는 말의 의미를 대략 이해하고 있었다. 반쪽짜리 법의 한계란 게 이런 것이었다. 제대로 된 배·보상이나 사과는 없었다. 그저 진상 규명을 했다는 것 자체에만 의의를 두는 선에 머물도록 법을 후려친 것이었다. 박갑주는 그저 조용히 채의진의 빈 잔에 술을 따를 수밖에 없었다.

"이대로라면 나는 국가 상대 소송을 진행할 생각이에요."

"소송요?"

"그래요, 소송."

소송. 채의진과 참 질긴 인연의 단어였다. 채의진이 그동안 소송을 진행해보지 않은 것은 아니었다. 헌법재판소에 입법부작위 소송을 낸 것이 대표적이었다. 그는 몇 번이나 학살 진상 규명과 관련된 법을 만들어야 한다고 주장했고 이를 만들지 않는 것이 위헌이라 말하며 몇 차례 소송을 진행했다. 물론 국가는 입법부작위 의무가 없다고 보았기에 위헌 심판 청구 소송은 기각당했다. 그 밖에도 정보 공개 청구나 국가 의무에 관련한 소송을 진행하기도 했다. 하지만 이번에는 달랐다.

"손해배상청구 소송을 해볼까 해요."

"선생님, 그건 좀 힘드실 텐데요."

"그것밖에 방법이 없소. 그러지 않으면 우리 어머니, 내 형제들, 사촌들, 저기 중천에서 극락으로 가지 못한단 말이오."

울부짖듯 내뱉는 말에 박갑주는 채의진의 손을 꼭 잡았다. 손해배상청구 소송은 논란이 될 수 있는 문제였다. 사실 유족들과 활동가 및 지식인들 사이에서 가장 충돌이 많은 지점이기도 했다. 개인이 손해배상청구 소송을 진행하게 되면 큰 틀에서 운동 형식으로 진행되던 진상 규명 활동이 금전 문제로 전락할 수 있기 때문이었다. 하지만 오랜 시간 고통 속에 살아온 유족들의 마음을 모르는 것은 아니었기에 박갑주는 그저 그의 손을 잡는 일 말고는 할 수 있는 게 없었다.

"변호사님, 해야 해요. 이거 꼭 해야 해요."

취한 듯 중얼거리던 채의진은 고개를 숙였다. 술자리가 끝나고 집에 돌아온 채의진은 쉽게 잠들 수가 없었다. 남들은 벌써 오랜 시간이 흘렀다고 이야기하지만 그의 시계는 언제나 1949년 그날에 멈춰 있었다. 깊은 잠에 빠진 채의진의 눈앞에는 언제나처럼 어린 시절이 흐리게 펼쳐졌다. 매일 밤 그는 어린 시절 문경으로 돌아갔다.

제5부

국가라는 적

1장

마지막 전투

사람 앞길은 누구도 쉽게 가늠할 수 없다는 것을 변호사 박갑주는 최근 몇 년간 몸소 느끼고 있었다. 그가 늦은 나이에 사법고시에 뛰어들어 변호사의 길을 택한 건 현재의 문제를 해결하고 싶었기 때문이었다. 민주주의 사회 안에서 아직 해결되지 못하고 있는 인권이나 노동 문제가 그의 가장 큰 관심사였다. 그래서인지 그가 변호를 맡는 사건은 대부분 지금 당장 사람들이 겪고 있는 문제와 관련이 많았다. 그런 그가 2008년 6월 한 통의 전화를 받았다. 채의진으로부터 온 전화였다.

"소송을 하려 해요."

현재의 문제에 매달려 있던 박갑주에게 처음 다가온 대한민국의 과거였다. 소송이라는 말에 박갑주는 마지막 술자리를 떠올렸다. 술자리에 함께 있던 모두가 채의진을 말렸다. 대부분 진상 규명이라는 대의를 갖는 운동이 금전 다툼으로 변질될 것을 우려했다. 박갑주도 마찬가지였다. 그 역시 손해배상 소송을 진행하겠다는 채의진을 말리는 사람 중 한 명이었다. 그러나 채의진은 단호했다. 그렇게 바랐던 진상 조사가 이루어졌지만 달라진 것이 없었다. 진상규명위원회에서 결과를 발표한 것이 고작이었다. 국가는 여전히 눈 가리고 아웅식으로 그를 대했다. 잘못을 인정하고 사과하는 듯한 모양새는 눈을 씻고도 찾아볼 수 없었다. 그렇기 때문에 채의진에게 피해자 손해배상 소송은 마지막 보루 같은 것이었다. 당황하며 전화를 받는 박갑주에게 채의진은 사무실로 찾아가겠다는 말을 남기고 전화를 끊었다.

박갑주는 당혹스러운 마음을 감출 수 없었다. 한 번도 생각하지 못한 일이었다. 선배인 장완익 변호사를 대신해 범국민위에서 활동한 건 맞지만 어디까지나 선배의 빈자리를 채우는 역할까지만이라고 생각했다. 박갑주에게 과거사 문제는 일종의 지난 학기 숙제 같은 것이었다. 이미 새 학기가 된 이상 박갑주는 지난 학기 숙제보다 새로 주어진 일을 해결하고 싶었다. 지난 학기 숙제들은 저보다 앞서 그 길을 걸은 사람들의 몫이라고 생각했다. 하지만 채의진이 선택한 건 다른 누구도 아닌 박갑주였다.

그리고 며칠 후 서울 양재동 법률사무소 지향. 이른 아침, 채의진이 박갑주의 변호사 사무실을 찾았다.

"오랜만입니다 선생님."

"오랜만이에요."

범국민위 활동이 끝나고 뒤풀이에서나 한두 번 보던 두 사람이 이렇게 단둘이 만나는 건 이번이 처음이었다. 선배인 조용환 변호사나 장완익 변호사 등 범국민위 활동을 했던 다른 변호사들이 많았다. 술자리에서 소송 얘기를 얼핏 듣긴 했지만 박갑주는 채의진이 자신을 선택하리라고는 생각하지 못했다.

"지난번에도 잠깐 얘기했는데, 내가 손해배상 소송을 하고 싶어요."

박갑주는 착잡한 마음에 채의진을 바라보았다. 국가를 상대로 민간인 학살에 대한 손해배상 소송을 하는 것은 쉬운 일이 아니었다. 단순히 국가가 대상인 것보다 더 복잡한 문제가 걸려 있었다.

"선생님, 제 대답은 그때와 같습니다. 현실적으로 소송이 어렵습니다. 소송 말고 다른 방법을 찾는 건 어떻습니까?"

박갑주가 채의진의 소송을 말리는 데에는 두 가지 이유가 있었다. 먼저 가장 큰 이유는 이 문제를 소송으로 푸는 것이 옳은가 하는 점이었다. 범국민위에 속한 대다수 사람들의 의견을 반영한 문제 제기였다. 2005년 특별법이 제정될 당시에도 범국민위 사람들과 유가족이 충돌한 지점이기도 했다. 유가족들에게는 사건 하나하나가 개인의 억울함이 담긴 사적인 일이었지만 시민운동 차원에서는 인권이 걸린 중요한 문제였다. 그런데 이 문제를 금전적 소송으로 해결하게 되면 민간인 학살 문제가 시민단체의 권리가 아니라 유족이라는 이름의 상속자들이 가진 권리가 되어버리는 것이었다. 이런 지점에서 유가족과 시민단체 사이에 균열이 생겼다.

또 하나는 앞서 진행된 다른 유가족들의 손해배상 소송 판결 때문이었다. 채의진이 사무실을 찾아오기 전인 2008년 5월 29일 민사소송으로 진행되었던 거창 사건 손해배상 소송에서 유가족이 패소했다. 이 사건으로 이후 유가족의 손해배상 소송에 대한 판결이 승소할 가능성이 낮아졌다. 박갑주 변호사는 이러한 정황을 바탕으로 이 소송이 이길 가능성이 없다고 판단한 것이다.

“냉정하게 말씀드리자면, 소송을 해도 이길 가능성이 없습니다.”

“알고 있어요. 하지만 지더라도 할 겁니다. 꼭 해야 해요.”

소송에 이길 수 없다는 말에도 채의진은 개의치 않았다. 사실 승소 가능성이 낮다는 건 채의진 본인이 누구보다 잘 알고 있었다. 지난 몇 십 년간 투쟁 과정에서 체감한 일이었다. 오래전 신성모를 찾아 부산에 갔을 때도, 5·16 군사쿠데타가 발발했을 때도 이미 수많은 실패를 맛보았으며, 그 실패들을 딛고 여기까지 온 채의진이었다. 또다시 진다 하더라도 멈출 수 없었다.

“질 거 같다고 멈추면 그게 진짜 지는 거예요. 그러니 꼭 소송을 해야겠어요. 변호사님이 좀 도와줘요.”

채의진은 간곡한 목소리로 박갑주에게 부탁했다. 박갑주라면 함께할 수 있을 것 같다는 생각이 강하게 들었다. 소송을 향한 채의진의 강한 의지에 박갑주의 마음이 울렁였다. 질 각오로 하는 소송이었다. 거창 사건에서 대법원은 국가의 손을 들어주었다. 피해자들은 법 앞에서 무참히 패배했다. 대법원에서 패한 사건을 이기게 할 지방법원은 없었다. 거창 사건과 성격이 비슷한 문경 석달마을 사건도 비슷한 결과가 나올 것이 뻔했다. 아무리 생각해도 계란으로 바위 치기인 싸움이었다.

“진짜 괜찮겠습니까? 들어가는 돈이랑 시간이 만만치 않을 겁니다.”

“상관없어요. 무조건 할 겁니다. 끝까지 해봐야지요.”

그러나 뜻을 굽히지 않는 채의진의 말에 박갑주의 마음이 흔들렸다. 다른 사람도 아니고 자신을 택한 데에는 다 이유가 있을 거라는 생각이 들었다. 박갑주의 마음이 서서히 굳어졌다. 이 사건은 내가 맡아야겠다. 그는 지금 이 순간이 인생에 몇 번 오지 않을 운명의 순간이라는 생각이 들었다. 박갑주는 마음의 결정을 내린 뒤 입을 열었다.

"해봅시다."

어렵게 꺼낸 박갑주의 말 한 마디에 채의진의 표정이 밝아졌다.

"고맙습니다. 고마워요, 변호사님. 정말 잘 부탁드립니다."

채의진의 얼굴을 본 박갑주 역시 마음이 단단해졌다. 어차피 질 것을 알고 하는 소송이라면 중간에 포기할 필요도 없었다. 어떤 일이 생기더라도 끝까지 이 사건을 맡아야겠다는 알 수 없는 책임감이 박갑주의 마음을 채웠다. 전에 없던 이상한 일이었다. 박갑주는 저도 모르게 채의진의 손을 잡고 말했다.

"선생님, 제가 끝까지 같이 가겠습니다."

그의 말은 진심이었다. 이 소송의 끝이 어디든 이미 자신에게 온 사건이었다. 더 이상 거부할 수 없었다. 박갑주는 소송을 진행하기 위해 준비해야 할 것들을 떠올렸다. 채의진 역시 박갑주가 소송을 할 것인지 말 것인지 확신이 없었기 때문에 혈혈단신으로 사무실을 찾았다. 당장 소송을 준비하기는 일렀다.

"선생님, 오늘은 빈손으로 오셨지만 다음에 오실 땐 가져오실 게 좀 있습니다."

"말만 하세요. 필요한 건 다 준비하도록 하겠습니다."

박갑주는 채의진에게 소송에 필요한 자료와 비용에 대해 대략적으로 이야기했다. 채의진 혼자 소송을 하는 것은 불가능하니 함께 소송을 진행할 사람을 모아오라는 말도 잊지 않았다. 국가를 상대로 한 또 한 번의 진짜 싸움이 시작된 것이다.

지더라도 하겠다는 각오로 소송을 결정한 것은 사실이지만 사실 박갑주가 정말 질 생각으로 소송에 임한 것은 아니었다. 채의진이 돌아가고 난 뒤 그는 소송에 이길 수 있는 방안들을 고민했다. 소송에 이기기 위해서는 해결해야 할 두 가지 문제가 있었다. 하나는 입증 문제였다. 국가가 민간인을 학살했다는 증거가 있어야 소송에서 유리했다. 문경 석달마을 사건의 경우 대다수의 민간인 학살과 달리 국가가 개입했다는 정확한 증거가 존재했다. 그러나 증거의 존재만으로 이길 수 있는 건 아니었다. 앞서 진행된 거창 사건 역시 국가가 개입했다는 명확한 증거가 있었음에도 패소했기 때문이다. 또 다른 문제는 시효였다. 국제법상으로는 국가가 자행한 반인륜적 학살에 대해서는 시효를 적용하지 말아야 한다는 게 일반적인 논리다. 우리나라 역시 이러한 국제법에 동의한다고 하지만 그 동의가 법원에서 실제로 소송 효력을 발휘하는 것은 아니었다. 법원에서는 국가가 개입한 학살 사건에도 시효를 정했기 때문에 60여 년 전에 일어난 사건을 두고 소송을 하는 일이 쉽지 않았다. 처음부터 넘기 어려운 산을 앞에 두고 준비하는 소송이었다. 이 소송이 얼마나 오래갈지 아무도 가늠할 수 없었다.

2장

국가는 들으라

며칠 뒤 채의진이 다시 박갑주를 찾아왔다. 빈손으로 왔던 지난번과 달리 이번에는 양손 가득 소송에 필요한 자료가 들려 있었다.

"안녕하세요?"

"오셨어요?"

이 자료들을 찾고 정리하기 위해 또 얼마나 애를 썼을까. 손때가 잔뜩 묻은 낡은 문서들이 보따리에서 한 움큼씩 쏟아져 나왔다. 어찌나 오래되었는지 손을 대면 부서질 것 같은 빛바랜 종이부터 최근에도 새로 자료를 정리했는지 깨끗한 종이들도 많았다. 채의진은 조심스럽게 박갑주가 부탁했던 자료들을 하나씩 꺼내기 시작했다.

"여기 자료를 좀 가져왔습니다."

"이 정도면 충분할 것 같습니다."

오랫동안 채의진이 힘들게 모은 문경 석달동 학살 사건 증거 자료였다. 이 자료를 찾기 위해 그간 얼마나 노력했는지 그 흔적이 고스란히 자국으로 남아 있었다. 낯선 이의 전화 한 통에 미국까지 날아가 찾은 자료부터, 다시 떠올리고 싶지 않은 그날의 세세한 기록까지 문경 석달마을 사건과 관련한 모든 자료가 다 들어 있었다. 그리고 이 모든 자료를 직접 수집한 채의진이 바로 이 자료들의 산 증인이자 문경 석달마을 사건의 증거였다. 그 자체로 역사였지만 지난 몇십 년간 존재를 부정당하고 핍박당한 남자는 어느새 단단해져 이렇게 소송까지 준비하고 있었다. 그는 자신이 가져온 자료를 살펴보는 박갑주를 조심스럽게 바라보았다. 부족한 건 없는지 걱정이었다. 그러나 박갑주가 물어본 것은 또 다른 얘기였다.

"같이 소송할 사람들은 좀 모으셨어요?"

"그게……"

박갑주의 물음에 채의진은 말끝을 흐렸다. 채의진의 표정이 눈에 띄게 어두워졌다. 사실 박갑주를 만나 소송을 결정하기 전부터 추진했던 일 중 하나가 바로 함께 소송할 사람을 모으는 것이었다. 채의진은 문경 곳곳을 돌아다니며 민간인 학살 피해자들을 직접 만나 설득했다.

"마지막이라 생각하고 한 번만 같이하자, 응? 진짜 마지막이야."

가족들이나 다름없는 유족들을 한 명 한 명 만나 애원하듯 제안했지만 돌아오는 대답은 싸늘했다.

"소송? 거 그렇게 소송을 하고도 또 무슨 소송을 한단 말요. 돈이나 나가지."

"이번에는 달라. 손해배상 소송이라니까 그러네!"

"됐어요, 됐어. 그게 그거지. 그리고 거창 소식 못 들었어요? 안 될 일을 누가 한다고 그래요. 거 할 거면 혼자 하세요!"

소송 얘기만 꺼내면 하나같이 부정적인 대답이 돌아왔다. 그러나 마냥 서운해할 수는 없었다. 이렇게 소송을 하는 것이 처음이 아니었기 때문이다. 진상 규명 운동 초기만 해도 많은 유가족들이 채의진을 따라 소송을 했었다. 입법부작위 소송부터 진상 규명 요구까지 수많은 소송들이 진행되었지만 결과는 모두 좋지 않았다. 그 많은 소송들이 모두 기각당하고 남은 건 감당하기 어려운 소송비였다. 그러자 소송을 포기하는 사람들이 점점 늘어났고 결국 남은 건 채의진 한 사람뿐이었다. 게다가 거창 사건이 패소했다는 소식이 유가족 사이에 퍼지기 시작하면서 누구도 국가를 상대로 한 손해배상 소송에 끼어들려고 하지 않았다.

그러나 채의진은 끝까지 포기하지 않고 사람들을 모았다. 심지어 저 멀리 미국에 있는 친척에게까지 연락했다. 채의진에게 이건 단순한 소송이 아니었다. 마지막으로 힘을 모아 투쟁해 이기는 기쁨을 다른 사람과 누리고 싶었다. 저 혼자 소송에 이겨서는 아무런 의미가 없었다. 자신과 함께 고통 받았던 사람들 모두가 참여해 억울함을 풀기를 바랐지만 사람들은 아무도 그의 마음을 몰라주었다. 다들 오랜 시간에 지치고 깎여 그저 눈앞의 생존에 급급했다. 채의진 역시 그런 그들의 심정을 알고 있기에 억지로 강요할 수 없었다. 그가 할 수 있는 것은 그저 자신과 가장 가까운 최소한의 사람들이라도 소송에 참여하게 만드는 일이었다. 그렇게 겨우 모인 사람들이 채의진을 비롯하여 채홍락, 이정환, 그리고 김상병 이렇게 네 가족뿐이었다. 말이 네 가족이지 사실 피가 섞인 한 가족이나 마찬가지였다. 모두 같은 기억을 안고 고통 속에 살아온 사람들이었다.

박갑주는 네 명만 소송을 하겠다는 얘기를 듣고 놀랐다. 그렇게 많은 사람들이 죽었는데 고작 네 명이라니. 심지어 호적상으로도 가까운 네 가족이라 다른 가족으로 보기도 어려웠다. 그날의 일을 살펴보면 채씨 집성촌에 살던 모두가 소송을 해야 마땅했다. 하지만 정작 앞으로 나서서 소송을 하겠다는 사람은 채의진 한 명과 그와 가까운 친인척들뿐이었다.

"네 분요? 더 할 사람은 안 계십니까?"

"다들 안 하겠다고 난리요. 겁쟁이들인 게지."

평소 진상 규명 운동의 방향성 문제로 유가족과 충돌했던 채의진이었지만 안타까운 마음은 감출 수 없었다. 미우나 고우나 피가 섞인 한 가족, 같은 유가족들이었다. 그러나 조카인 홍락과 친척인 이정환 그리고 미국에 살고 있는 김상병을 제외한 사람들은 모두 채의진의 설득을 뿌리쳤다. 그래서 모은 게 겨우 네 명이었다. 하지만 문제는 여기서 끝이 아니었다. 더 현실적이고 큰 문제가 남아 있었다. 바로 소송비용이었다.

"어쩔 수 없지요. 그러면 인지대와 착수금은 네 가족이 나눠서 내시겠네요. 소송에 들어가기 전에 인지대 일부를 송금해야 하니 말입니다."

"뭐, 인지대는 내가 알아서 하겠어요."

채의진의 말에 박갑주가 놀라 대답했다.

"혼자서 내시려고요? 액수가 어마어마한데요."

"다들 인지대까지는 안 내려고 하더라고요."

채의진의 말을 들은 박갑주는 속으로 참 너무하다 싶었다. 이왕 소송을 함께할 거라면 인지대와 착수금도 같이 마련해야 하는 것이 기본적인 자세였다. 돈의 액수를 떠나 마음의 문제였다. 상처가 어찌되었든 소송에 참여할 사람들이 이렇게 비협조적으로 나온다면 힘들어지는 것은 채의진이었다. 박갑주는 혼자 돈을 마련하겠다는 채의진을 걱정스레 바라보았다.

결국 채의진은 인지대와 착수금을 마련하기 위해 홀로 나서야 했다. 가장 먼저 찾은 건 역시 채의진을 오랫동안 지지해온 친구 김주태였다. 아무리 서로 계산하는 것이 없는 막역한 친구 사이라지만 돈 얘기를 꺼내는 건 늘 마음에 짐이 되는 일이었다. 게다가 지난 일들처럼 도움을 받고도 갚을 길이 없어 전전긍긍하고 싶지도 않았다. 그는 반드시 소송에서 이겨 신세를 갚겠다는 마음이었다. 채의진은 굳게 마음을 먹고 자신을 바라보는 김주태를 향해 말을 꺼냈다.

"소송하는 데 돈 좀 빌려주라."

애써 돌려 말할 것도 없었다. 오히려 김주태는 '빌려줘라'는 친구의 말에 놀랐다. 평소 술값이나 달라며 뻔뻔하게 굴던 친구의 입에서 빌려달라는 말이 나온 것이다. 무슨 심상치 않은 일이 있으려나 보다 싶었다. 그렇지 않고서야 이렇게 비장하게 말할 리가 없었다.

"그거야 어렵지 않은데, 자초지종이나 먼저 듣자. 또 무슨 일을 하는 거냐?"

채의진은 김주태에게 자신이 마지막으로 기대를 건 소송 이야기를 꺼냈다. 채의진의 말을 들은 김주태는 선뜻 큰돈을 내어주었다.

김주태의 지원에 채의진은 천군만마를 얻은 기분이었다. 김주태는 그런 채의진을 보며 누구보다 열렬히 응원했다. 돈은 문제가 아니었다. 그 돈으로 소송에서 이겨 곁에서 지켜본 그의 억울함이 풀릴 수 있다면 그보다 더 좋은 일은 없었다.

채의진은 이렇게 주변에서 도움을 줄 수 있는 사람을 하나씩 찾아다녔다. 자신에게 도움을 줄 수 있는 사람이라면 자신보다 아랫사람이라도 피하지 않았다. 눈앞에 닥친 소송이 자존심이나 체면보다 중요했다. 제자에게서도 돈을 빌린 채의진은 그동안 자신이 모아온 저금까지 모두 꺼내었다. 그리고 박갑주를 찾았다.

"여기 인지대를 모아둔 통장입니다. 이 정도면 괜찮을까요?"

박갑주는 통장에 쓰인 액수를 보고 속으로 한숨을 쉬었다. 터무니없이 부족한 돈이었다. 손해배상 소송은 돈 싸움이나 다름없었다. 착수금은 변호사가 받는 돈이라 크게 중요하지 않지만 인지대는 아니었다. 배상 받고자 하는 금액이 클수록 인지대도 함께 올라갔기 때문에 배상을 제대로 받으려면 큰 인지대가 필요했다. 이 인지대로는 제대로 소송을 해보지도 못할 것이었다. 그러나 당장에 돈을 내야 하는 것은 아니었다. 소송을 시작하고 나서 돈을 보내도 늦지 않았다. 그는 지금 돈을 모두 내는 것보다 소송을 시작하는 일이 더 중요하다고 판단했다.

"이 정도면 괜찮습니다. 남은 돈은 천천히 준비하셔도 됩니다."

박갑주의 말에 채의진의 표정이 한결 편안해졌다.

"충분히 준비를 잘해오셨으니 제가 법률 검토를 하고 나서 소송을 진행하도록 하겠습니다."

"잘 부탁드립니다. 잘 부탁드려요. 정말 변호사님만 믿겠습니다."

채의진은 허리 숙여 잘 부탁한다는 말을 반복하고 또 반복하며 사무실을 떠났다. 채의진이 방을 나가고 나서야 박갑주는 천천히 자료들을 검토했다. 범국민위에서 익히 본 자료들이었지만 소송을 준비하며 보는 건 또 다른 일이었다. 소장 작성을 위한 준비만 한 달이 걸렸다. 소장 작성 자체는 어려운 게 아니었다. 다만 소장을 작성하기 위해 필요한 자료를 수집하는 일이 문제였다. 문경 사건의 자료는 충분했다. 문경 사건에 대한 진실화해위 결정서 역시 인터넷 홈페이지에 잘 정리되어 있었다. 그러나 문제는 소송에 참여하는 사람들의 가족을 증명하는 일이었다. 소송을 진행하기 위해서는 문경 석달마을 사건에서 죽은 사람들이 소송에 참여하는 사람들의 가족이라는 사실을 증명하는 일이 필요했다. 이 관계 증명을 위해서는 희생자들과 유가족들의 가족 관계 증명서, 제적등본 등의 증거를 제출해야 했다. 그러나 채의진이 갖고 온 자료에는 몇 가지 누락된 부분이 있었다. 또한 자료가 있다고 해서 끝날 문제가 아니었다.

박갑주는 그 당시의 가족 증명서를 보고 해결해야 할 두 가지 문제에 봉착했다. 먼저 첫 번째 문제는 한자였다. 등본의 대부분이 1945년에 작성된 공문이었다. 모두 디지털로 처리하는 요즘과 달리 그 당시에는 수기로 등본을 적었다. 직접 쓴 등본은 한자로 되어 있어 알아보기가 어려웠다. 변호사들이라고 모두 한자에 능통한 것도 아닌 데다 쓰는 사람에 따라 필적이 달라지는 한자는 하나씩 대조하는 일이 쉽지 않았다. 하지만 그 한자 하나에 몇 월 며칠에 태어났고 언제 죽었는지가 달라지기 때문에 허투루 할 수 없었다. 문경 학살 사건 당시 죽은 사람들의 사망 날짜는 다 같았기 때문에 처리하기가 쉬웠지만, 상속자가 죽었을 경우 그 사망 날짜를 정확히 기록해야 했다. 상속자가 죽은 날짜에 따라 상속법이 다르게 적용되기 때문이다. 박갑주는 사무실 사람들과 함께 한자로 된 족보를 읽으면서 이름을 일일이 확인했다. 진실화해위 결정문에 있는 이름과 족보에 있는 이름이 다른 경우도 종종 있었다. 개명이나 오기로 인한 차이였다. 이 텍스트를 읽는 것만 해도 오랜 시간이 걸렸다.

이것보다 더 복잡한 두 번째 문제는 바로 상속 지분을 계산하는 일이었다. 10년마다 바뀌는 상속법을 상속자가 죽은 날짜에 맞춰 따로따로 계산해야 했다. 구체적인 계산을 하는 것도 어려운 일이었다. 예를 들어 1950년에 죽은 가족이 있다면 그에 따라 법을 적용해 계산하는 데만 해도 일주일이 걸렸다. 그러나 이 상속 지분이 바로 손해배상 소송의 핵심이었기 때문에 허투루 할 일이 아니었다. 박갑주는 지금 당장 지분 계산을 하는 것이 불가능하다고 판단했다. 그는 대략적인 계산만으로 소송을 시작하기로 했다. 추후에 결과를 보고 나서 정확하게 계산을 하는 것이 소송을 하는 데 더 효율적이기 때문이었다.

그리고 2008년 7월 10일. 박갑주는 오랜 시간에 걸쳐 작성한 소장을 마지막으로 검토했다. 청구 취지부터 원인까지 한 자 한 자 살펴본 그는 법원에 소장을 전달했다.

소장

원고 1. 채의진
2. 채○○
3. 이○○
4. 김○○
소송대리인 변호사 박갑주, 김수정

피고 대한민국
법률상 대표자 법무부장관 김경한

손해배상(기)

청구 취지

1. 피고는 원고들에게 각 금 ○원 및 이에 대한 1945. 12. 24부터 이 사건 소장부본 송달일까지는 연 5푼의, 그 다음날부터 완제일까지는 연 20%의 각 비율에 의한 금원을 각 지급하라.
2. 소송비용은 피고의 부담으로 한다.
3. 제1항은 가집행할 수 있다.

라는 판결을 구합니다.

청구 원인

1. 당사자 관계
2. 이 사건의 경위
3. 피고의 손해배상 책임의 발생

가. 망인들에 대한 국가의 불법행위 및 손해배상 책임

위에서 살펴본 바와 같이 가해 국군은 대부분이 청소년과 노약자, 부녀자 등으로 비무장 민간인이었던 망인들을 비교전 상태에서 공비 또는 빨치산에 협조하였다는 혐의만으로 그와 같은 사실이 전혀 없는데도 불구하고 어떠한 확인 절차나 법적 근거 없이 무차별적이고, 무자비하게 집단 학살하였는바, 이는 망인들의 헌법상 보장된 기본권인 생명권 등을 침해한 위법 행위입니다.

나. 원고들에 대한 국가의 손해배상 책임 발생

지금도 극심한 정신적 고통을 겪고 있는 원고들은 망인들이 공비로 몰려 집단 학살당한 이후, 그 진상이 규명되기까지 그동안 빨갱이 가족들이라는 이유로 온갖 사회적 냉대와 고초, 명예 훼손 등을 겪어야 했고 또한 대부분의 가족이 사망하고 경제적 기반이 파괴됨으로써 겪은 정신적 충격과 혼란, 빈곤, 교육 기회의 박탈 등으로 인하여 극심한 정신적 고통을 겪었음이 명백한바, 위 국가배상법 및 기본법 조항에 의거 피고는 유족들인 원고들에게 정신상의 손해를 위자할 의무가 있다 할 것입니다.

4. 결론

서울중앙지방법원 귀중

-2008. 07. 10 손해배상소송 소장 중

기나긴 소송의 시작을 알리는 소장이었다.

3장

뻔뻔함도 정도가 있지

소장에 대한 첫 답변은 거의 석 달 뒤에 돌아왔다. 2008년 9월 30일 서울중앙지방법원의 답변이 박갑주 변호사 사무실에 도착했다. 판결이 아니라 단순한 답변서였다. 국가의 소송을 대신해서 받은 건 변호사 길진오, 이선숙이었다. 박갑주는 법원이 보낸 답변서를 천천히 읽었다. 소장을 받아들이지 않겠다는 대답이었다.

> (전략) 백보를 양보하여 어떠한 이유로 이 사건 손해배상 청구권에 관하여는 소멸 시효의 기산점을 원고들이 국가배상책임의 존재를 알 수 있었거나, 국가에 대하여 그러한 행위에 대한 국가배상책임을 추궁할 수 있는 사회적 분위기가 성숙된 시점으로 보아야 한다고 하더라도, 소멸 시효 제도 자체를 근본적으로 부인하지 않는 한 원고들의 청구권은 이미 시효로 소멸하였음이 분명합니다. (중략) 설사 가해자가 국군이었다고 하더라도 당시의 여러 가지 상황을 고려할 때에 전쟁 직

전의 불안한 일촉즉발의 상황에서 공비의 습격으로 경찰관 십 수 명이 사망하고 주민 3명이 국가보안법 위반으로 처벌을 받은 상황에서 공비가 자주 출몰하는 지역에서 국군이 공비 토벌 작전을 벌이던 중에 발생한 이 사건은 역사적 비극으로서 되풀이되어서는 아니 될 시대의 아픔이지만 당시의 상황으로는 불가피한 측면이 존재하였다는 점도 부정하기는 어렵다고 할 것입니다.

-2008. 09. 30 피고 소송대리인 정부법무공단의 답변서 중

답변서를 읽는 박갑주의 심장이 빠르게 뛰었다. 소멸 시효를 이유로 기각을 요청하는 것은 예상된 일이었지만 그다음에 이어지는 답변은 이해할 수 없는 것이었다. 국가의 소송 대리 변호사들은 국군들이 자행한 민간인 학살의 정당성을 주장하고 있었다. 특히 다음과 같은 대리인들의 답변은 오히려 박갑주로 하여금 분노를 느끼게 만들었다.

오히려 "시체 더미 속에서 살아난 채의진(당시 13세)과 홍남(당시 8세)에 의하면, 공비들은 총을 쏘면서 '너 이놈들 빨갱이 밥해주고 도야지 잡어 저엇찌. 우리는 국군이다'라고 하였다는 것이다. 그런데 채의진은 '국군이면 왜 짚신을 신었는지가 이상하였다'라고 하였다는 것이다……"라고 당시의 상황을 보도한 〈연합신문〉 1950. 1. 5 자 내용을 보면 당시에 공비들이 국군을 가장하여 공산 사상에 반대하는 무고한 주민들을 무참하게 살해하였던 일이 드물지 않았음을 감안할 때에 당시의 가해자가 국군이었다고 단정하는 것에도 의문이 없지는

아니합니다.

-2008. 09. 30 피고 소송대리인 정부법무공단의 답변서 중

죽은 사람이 86명이었다. 거기에는 갓난아기와 어린이, 노인 들이 포함되어 있었다. 국군이 자행했다는 증거까지 제출했는데 국가는 뻔뻔하게도 문경 석달 사건의 가해자가 공비가 아니냐는 질문을 하고 있었다. 그는 정말이지 상식적으로 이해할 수 없는 이 행태에 한숨이 나왔다. 이런 말도 안 되는 답변서를 채의진에게 보여주어야 하나 고민하던 그는 결국 답변서를 채의진에게 보여주지 않기로 결정했다. 고작 답변서였다. 채의진은 그동안 이런 답변을 수도 없이 받아봤을 터였다. 박갑주는 진짜로 싸움이 시작되었음을 느꼈다. 말이 안 통하는 거대한 벽과 싸우는 기분이었다. 박갑주는 담담하게 답변서를 치우고 준비 서면을 작성하기 시작했다. 아무리 논리적으로 말이 안 되는 답변에라도 반박을 해야 하는 것이 변호사의 소명이었다.

그리하여 11월 26일 박갑주는 정부 측 답변서에 대해 조목조목 반박하는 서류를 법원에 전달했다.

(전략) 또한 기본적으로 사인간의 채권채무관계에 적용될 것을 전제로 한 소멸 시효 제도가 국가가 위법하게 공권력을 행사한 중대한 인권 침해 사건의 경우에도 예외 없이 적용되어야 하는지 의문입니다. 즉 국가가 국민으로부터 권력을 위임받은 취지에 반하여 이를 남용함으로써 인권을 침해하는 것은 지극히 비정상적인 상황인데, 정상적인

국가 질서 내에서 적용될 것을 예정하고 있는 소멸 시효를 이런 상황에까지 적용하는 것은 부적합한 것이라 할 것입니다.

국가 공권력에 의한 중대한 인권 침해가 있는 경우 시효의 완성으로 인해 가해자인 국가가 얻게 될 채무 면제의 이익에 비하여 피해자의 손해가 지나치게 크고 피해자에게 권리 행사를 해태한 과실이 있는 것도 아닙니다. 나아가 비인도적 범죄의 소멸 시효 배제 등에 관한 국제법 이론도 시효 제도의 적용 여부에 있어서 고려해야 할 것입니다. (중략) 한편 소장에서 구체적으로 밝힌 것처럼, 이 사건 발생 이후 가해 국군 및 피고는 이 사건을 '공비에 의한 학살' 등으로 왜곡, 은폐 조작하였고, 나아가 원고들을 포함한 피해자, 유족 등의 진상 규명 노력에 대하여 반국가 행위로 규정하여 처벌하거나 또는 '문경 양민 학살 사건 사실에 대한 전시 자료 미보유로 확인 불가' 등의 입장을 밝혀 위원회가 2007. 6. 26. 이 사건 진상을 밝히기 전까지 고의적인 은폐, 진상 규명에 대한 의지 부족을 드러냈습니다. 그리하여 원고들을 포함한 유족들은 오랜 세월 사건의 진상조차 밝히지 못한 채, 고통 속에 살아왔습니다.

-2008. 11. 26. 변호사 박갑주의 준비서면 중

(본기록 1권 38, 48)

그리고 이듬해 1월 13일 박갑주가 보낸 변론에 대해 피고 측이 반론을 제기했다. 피고가 된 국가는 소송 대리인 변호인단을 통해 또 다시 원고인 채의진의 주장을 받아들이지 않았다. 국가는 여전히 가해자가 국군이라고 단정할 근거가 부족하며 설사 가해자가 국군이

었다 하더라도 이 행위가 위법 행위라고 판단할 수 없다는 주장을 폈다. 결국 학살의 책임을 전면 부인한 것이다. 심지어 국가의 변호인단 측은 사건을 은폐했던 사실마저 부인했다. 그야말로 앵무새처럼 같은 말을 반복하며 몇 십 년째 되풀이되는 국가의 대답에 박갑주는 한숨을 쉬었다. 그는 피고의 반론에 반박할 서류를 작성해 같은 해 2월 6일 법원에 전달했다. 채의진의 손해배상 소송은 이렇듯 재판장 밖에서 이루어졌다. 채의진을 변호하는 박갑주와 국가의 변호인단 사이의 서류 싸움이었다. 영화나 드라마에서처럼 소리를 지르는 변호사나 눈물을 흘리는 원고는 볼 수 없었지만, 대신 문경 석달마을 사건의 진실을 다루는 기나긴 서류들이 오고 갔다. 서류들 안에는 민간인 학살 사건 진상 규명 운동의 역사와 국가가 이를 부정해온 역사가 모두 들어 있었다. 손해배상 소송의 모양새를 하고 있었지만 본질은 민간인을 무자비하게 학살한 국가에게 책임을 묻는 소송이었다.

박갑주의 마지막 변론이 전달되고 나서 제1심 판결을 받기까지 기다림은 길지 않았다. 서울중앙지방법원은 박갑주가 반론을 보내고 5일이 지난 뒤인 2009년 2월 11일 제1심 판결을 선고했다.

서울중앙지방법원
제24민사부
판결

사 건 2008가합66691 손해배상(기)

원고 1. 채의진

2. 채○○

3. 이○○

4. 김○○

원고들 소송대리인 변호사 박갑주, 김수정

피고 대한민국

법률상 대표자 법무부장관 김경한

소송대리인 정부법무공단

담당변호사 길진오

변론 종결 2009. 1. 14

판결 선고 2009. 2. 11

주문

1. 원고들의 청구를 모두 기각한다.
2. 소송비용은 원고들이 부담한다.

이유

1. 기초 사실
2. 청구 원인에 대한 판단

1) 피고의 시효 소멸 주장이 현저히 부당하거나 불공평하게 되

는 경우로서 권리 남용에 해당한다고 보기에는 어려우므로 원고들의 이 부분 주장은 이유 없다.

2) 원고들 주장의 위 불법 행위를 하였음을 인정할 만한 증거가 없으므로 원고들의 위 불법 행위에 기한 손해배상청구권은 시효로 소멸하였다 할 것이어서 원고들의 이 부분 주장은 나머지 점에 더 나아가 살펴볼 필요 없이 이유 없다.

문경 학살 사건이 국가 공권력에 의해 자행된 불법 행위인 점은 명백하나, 이에 대한 국가의 배상에 관해 헌법이 명시적인 위임입법을 한 바는 없고, 앞서 본 바와 같이 문경 학살 사건의 진상 규명 등에 관한 국가의 보호 의무 등이 발생한다고 보기 어려워, 헌법 해석상 문경 학살 사건의 진상 규명 등을 위한 국가의 입법 의무가 발생한다고도 할 수 없으므로, 위와 같은 구체적인 입법 의무 자체가 인정되지 않는 경우에는 애당초 국가의 입법부작위로 인한 불법 행위가 성립할 여지가 없다.

그러므로 원고들의 이 부분 주장 역시 받아들이지 아니하기로 한다.

결론

원고들의 청구는 모두 이유 없어 기각하기로 하여 주문과 같이 판결한다.

재판장 판사 여훈구

판사 정지선

판사 김남일

-2009. 2. 11. 서울중앙지방법원 제1심 판결문 중

제1심 판결은 채의진의 패배였다. 법원이 원고 측의 청구를 모두 기각한 것이다. 채의진과 박갑주는 제1심 판결을 보고 쓴웃음을 지었다. 납득하기 어려운 판결이었다. 명백히 피해자가 있는데 가해자가 없다고 말하는 꼴이었다. 심지어 판결문은 문경 석달마을 사건에 행해진 위법 행위는 인정하면서도 국가가 자행했다는 증거를 부정하고 있었다. 들을수록 억울함을 감출 수 없는 판결이었다.

물론 채의진과 박갑주 모두 이 정도 판결은 각오하고 있었다. 채의진은 담담하게 판결문을 받았다. 동요할 일은 아니었다. 다만 이 싸움이 시작부터 쉽지 않다는 것을 보여주는 법원의 행동에 그저 기운이 빠질 뿐이었다. 1심 판결에 불복해 두 사람은 다시 한 번 소송을 하기로 결정했다. 이번에 가야 할 곳은 고등법원이었다.

"바로 반론을 할 예정입니다. 다만 이번 항소에도 또 인지대가 들어갑니다. 지난 인지대까지 해서 한꺼번에 인지대를 준비하셔야 할 것 같습니다. 혹시라도 2심에서 또 지게 된다면 대법원에 상고를 넣을 예정이고요. 그렇게 되면 거기에 낼 인지대도 또 필요하겠죠. 돈은 아마 그때그때 준비하기보다 미리 준비하는 게 마음이 편하실 겁니다."

"그 문제는 내가 해결할게요."

박갑주는 내내 마음에 걸렸던 소송비용 얘기를 결국 꺼냈다. 채의진은 이미 알고 있다는 듯 박갑주를 안심시켰다.

박갑주가 서류로 국가와 열심히 싸우는 사이 채의진 역시 소송이 이어질 수 있게 돈을 계속 마련하고 있었다. 소송을 할수록 내야 하는 돈이 늘어났다. 특히 손해배상 소송의 경우 피고로부터 받으려는 보상금에 비례하여 인지대가 늘어나기 때문에 인지대를 내는 일이 더 중요했다. 마음이야 할 수 있는 만큼 큰돈으로 보상을 받아도 풀리지 않을 것이었지만, 현실적으로 그렇게 큰돈을 보상금으로 받으려면 그만큼 인지대가 들기 때문에 적절한 선에서 인지대를 준비해야 했다. 소송 시작 때야 혼자 힘으로 해결할 수 있는 정도의 인지대였지만 항소나 상고를 염두에 두니 채의진 혼자 감당할 수 있는 금액이 아니었다. 소송 마지막까지 생각한 채의진은 다시 한 번 사람들을 찾았다. 제일 먼저 만난 건 조카 채홍락이었다.

"홍락아, 이번에는 좀 도와줘야겠다."

"삼촌, 거봐요. 그거 안 된다니까."

채홍락은 첫 소장부터 기각당했다는 이야기에 한숨을 쉬었다. 이런 결과가 나올 줄 알면서도 덤벼드는 삼촌의 모습은 옛날과 다를 게 없었다. 연고 하나 없는 부산에 찾아가 신성모를 찾았던 소년은 머리가 희끗한 노인이 되어서도 자기가 하고자 하는 일은 꼭 해야 직성이 풀렸다.

"그래도 끝까지 해봐야지 않겠냐?"

"얼마나 더 필요한지 들어나 볼게요."

그런 채의진의 모습에 채홍락의 마음이 흔들렸다. 그냥 어떻게 되나 보자는 심정 반, 삼촌이 하자니 하겠다는 심정 반으로 참여했던 소송이었다. 단호한 삼촌의 모습과 함께 그 역시 지난날의 악몽을 떠올렸다. 열 살이 채 안 되던 때였음에도 그날의 인상은 마음속에서 사라지지 않았다. 집이 타오르는 냄새와 살을 에는 추위, 사람들의 비명 소리. 그날 죽은 가족들을 위해 한평생을 바친 삼촌의 눈동자는

50년 전과 똑같았다.

"돈은 어디로 보낼까요?"

결국 채홍락은 항소 때부터 인지대를 부담하기로 결정했다. 채의진은 기쁜 마음에 조카의 어깨를 두드렸다. 채홍락을 시작으로 김상병 역시 인지대를 부담하겠다고 전해왔다. 미국에 살고 있는 김상병을 설득하기 위해 미국을 방문했던 보람이 있었다. 손해보상금으로 책정한 돈이 커질수록 인지대 부담도 같이 커져갔지만 채의진은 다른 사람의 도움으로 조금씩 인지대를 충당할 수 있었다.

채의진이 인지대를 모으는 사이 박갑주는 항소를 준비하는 과정에서 지난 첫 소송 때 마무리하지 못했던 일을 끝냈다. 상속법을 적용해 상속 지분을 계산하는 일이었다. 가족관계서를 확인하고 일일이 상속법을 적용하는 일이 시작되었다. 사건이 발생한 지 오래되어 이미 죽은 사람들이 많았기 때문에 검토할 것들이 한둘이 아니었다. 복잡한 가족 관계도 상속 지분 계산에 어려움을 더했다. 양자인 경우 어떻게 적용할지, 식민지 시대 법부터 다시 보면서 법률적인 검토를 해야 했다. 박갑주는 제1심 판결 5일 후인 2월 16일 서울고등법원에 바로 항소장을 전달했다. 두 번째 재판의 시작이었다.

> (전략) 위와 같은 점을 종합하여 볼 때 위 위원회의 진상 규명이 있기까지 오랜 세월 문경 학살 사건의 진상을 은폐해온 국가가 유족들이 진상 규명 요청을 한 것을 들어 사실을 알고도 이제껏 손해배상청구권을 행사하지 않았다는 등 유족들에게 권리 행사를 하지 않은 책임을 묻는 것은 지극히 부당하며, 누가 보아도 당연히 권리 남용에 해

당한다 할 것입니다. 차라리 유족들이 위 위원회의 진상 규명이 있기까지 아무것도 하지 않았어야 유족들이 권리 위에 잠자지 않은 자가 된다는 원심의 판단은 너무도 지나친 역설입니다. (중략) 이 사건 희생자들에 관한 호(제)적부 내용의 조작 등의 국가의 불법 행위로 인하여 원고들이 정신적 고통을 받았고, 사회적 편견과 경제적 궁핍 등으로 고통을 받은 것이 분명한 이상, 국가는 이 사건의 진상을 은폐하여 발생한 원고들의 정신상 손해에 대한 책임을 져야 할 것입니다. (후략)

-2009. 2. 16. 서울고등법원에 전달된 박갑주의 항소장 중

두 번째 항소장에는 박갑주의 진심이 담겨 있었다. 의뢰인에게 감정을 이입하는 것은 좋은 일이 아니었지만 이 사건은 도무지 상식으로도 받아들이기 힘든 사건이었다. 상식선에서 몇 번이나 같은 내용을 적어야 하는 박갑주는 한 개인의 삶을 피폐하게 만든 국가의 무서움에 속으로 혀를 내둘렀다.

항소장이 접수되었고 박갑주와 채의진은 두 번째 소송을 시작했다. 국가가 사과만 하면 참 좋으련만 아무리 미국에서 가져온 국방부 파일을 들이밀어도 가해 잔재 세력들은 꿈쩍도 하지 않았다. 마치 거대하게 쌓아올린 성벽 같았다. 제2심 판결을 기다리며 또다시 계절이 바뀌고 해가 지났다.

그래도 문경 사건 소송의 경우 비교적 처지가 나은 편이었다. 채의진의 노력으로 가져온 자료가 많았기 때문이다. 여기에 진실화해위의 도움으로 발굴한 자료들까지 더해져 증거는 충분했다. 구체적인

사실을 인정받은 것이 소송을 할 수 있었던 가장 큰 바탕이 되었다. 정부 조직이 공식적으로 문경 학살 사건을 인정한 덕분이었다. 하지만 진상 규명을 위해 노력하지 않은 국가가 시효를 가지고 문제를 제기하는 건 정말 옳지 않은 주장이었다. 박갑주는 서류를 몇 번이나 작성하면서 진상 규명 운동을 했던 사람들을 두드려 잡고 감옥에 가둔 국가 입장에서 소멸 시효니 위법이니 주장하는 게 어불성설이라고 생각했다. 이건 어린아이가 봐도 명백한 일이었다. 그렇기 때문에 이미 사건이 발생한 지 50년이 지났더라도 진상 규명을 하는 것이 중요했다.

문경 사건보다 조금 더 먼저 소송을 진행한 비슷한 사건이 있었다. 바로 울산 보도연맹 사건이었다. 이 사건 역시 국가가 소멸 시효를 이유로 소송 기각을 요청했다. 그러나 울산 보도연맹 피해자들 역시 쉽게 물러날 생각이 없었다. 울산 보도연맹 사건은 이미 대법원 판결을 기다리는 중이었다. 여기서 다른 판결이 나온다면 민간인 학살 유가족들에게 작은 희망이 생길 일이었다. 그러나 하나의 사건에만 예외적인 판단을 내리는 경우도 있기에 문경 사건 역시 사람들의 관심을 받고 있었다. 울산 사건과 문경 사건의 판결로 추후 이루어질 민간인 학살 손해배상 소송의 전체적인 판도가 달라질 수 있는 상황이었다. 그런 의미에서 전국의 민간인 학살 유족에게는 문경 사건 재판 결과가 초미의 관심사였다.

그렇게 모든 사람들의 관심을 한꺼번에 받으며 2009년 7월 31일, 드디어 서울고등법원이 제2심 판결을 내렸다.

서울고등법원
제2민사부
판결

사건 2009나24479 손해배상(기)

원고 1. 채의진

2. 채○○

3. 이○○

4. 김○○

원고들 소송대리인 변호사 박갑주

피고, 피항소인 대한민국

법률상 대표자 법무부장관 김경한

소송수행자 윤정노

제1심 판결 서울중앙지방법원 2009. 2. 11 선고 2008가합66691 판결

변론 종결 2009. 6. 19

판결 선고 2009. 7. 31

주문

1. 원고들의 청구를 모두 기각한다.

2. 소송비용은 원고들이 부담한다.

결론

당심에서 추가된 청구를 포함하여 원고들의 청구는 모두 이유가

없으므로 이를 기각하여야 하는데, 제1심 판결은 이와 결론이 같으므로 정당하고, 원고들의 항소는 이유가 없어서 원고들의 항소 및 당심에서 추가된 청구들을 모두 기각한다.

재판장 판사 김상철
판사 김성욱
판사 진철

-2009. 7. 31 서울고등법원 제2심 판결문 중

서울고등법원의 제2심 판결 역시 기각이었다. 실망스러운 마음을 감출 수가 없었다. 소송은 예정대로 대법원까지 가야 하는 기로에 놓였다. 한 사건이 대법원까지 가는 일은 매우 드물었다. 하지만 채의진은 이미 대법원 상고까지 하겠다고 몇 번이고 각오를 한 상태였다. 이제 남은 건 끝까지 가는 일뿐이었다.

4장

기각, 기각, 기각

"선생님, 이번엔 대법원입니다."

"마지막까지 잘 부탁드립니다."

대법원에서 모든 걸 해결해줄 거라는 믿음은 버리는 게 맞았다. 아무도 결과가 어떻게 될지 모르는 일이었다. 물론 다른 학살 사건의 판례로 보아도 그다지 기대할 일은 없었다. 박갑주는 소장을 새로 쓰기 시작했다. 대법원에 제출하는 소장이니만큼 더 신경 써야 할 문제들이 많았다. 박갑주는 사건을 다시 한 번 복기하며 상고장을 작성했다. 제1심과 2심이 보여준 비논리적인 판결을 대법원이 취소하길 바라는 수밖에 없었다. 제2심 판결 보름 후인 2009년 8월 18일 대법원에 박갑주의 상고장이 전달되었다. 상고 이유를 적는 일보다 상고를 접수하는 것이 우선이었다. 대법원에 상고되는 많은 사건들 사이에서 판결을 받으려면 빠르게 사건을 접수하는 일이 중요했다. 그는 상고이유서를 추후에 작성하기로 하고 상고장을 먼저 제출했다. 박갑주는 상고장이 접수되고 나서야 자세한 상고 이유를 작성했다. 상고 이유서는 담담하게 작성했다. 이미 있던 사건들, 그리고 판결의 부당함을 다시 한 번 주장하는 일이었다.

> 원심의 판단은 소멸 시효에 대한 법리를 오해하고, 증거의 취사선택을 잘못하고, 경험칙을 위반하는 등 위법한 판결이라 할 것이므로 취소됨이 마땅하다 할 것입니다.
>
> -2009. 09. 18 대법원에 전달한 박갑주의 상고이유서 중

대법원의 경우 다른 하위 법원들과 달리 재판이 없이 진행되기 때문에 상고장 접수 후 박갑주와 채의진이 따로 만날 일은 없었다. 그저 선고 일까지 조용히 기다릴 뿐이었다. 한편 울산 사건에 이어 문경 사건까지 대법원에 접수가 되며 다시 한 번 사람들의 이목을 끌었다. 두 사건 모두 대법원이 쉽게 판결을 내릴 수 있는 사건이 아니었다. 지난 거창 사건에서 대법원이 국가의 손을 들어주었기 때문이었다. 새로운 판결을 내기 위해서는 거창 사건에서 보여줬던 기존의 판결을 뒤집어야 했다. 그러나 대법원이 기존 판결을 바꾸려고 할 경우에는 대법원에 있는 9명의 판사가 참석하는 전원합의체로 넘겨 만장일치로 판결을 바꾸는 데 동의를 해야 했다. 그렇기 때문에 몇 달 만에 판결이 났던 다른 판결들과 달리 대법원의 판결을 기다리는 데에는 오랜 시간이 걸렸다.

대법원에 마지막 서류를 접수한 지 1년이 지났다. 2010년, 여전히

채의진은 답을 들을 수 없었다. 쉬이 잠들 수 없는 날들을 견디느라 채의진은 매일 밤 술잔을 기울이다 침대에 눕곤 했다. 이날도 채의진은 혼자 소주를 한 병이나 비우고 나서야 침대에 누울 수 있었다. 눈을 감자 어둠이 그를 잠식했다.

"의진아, 의진아, 나 좀 살려줘. 나 좀 살려줘."

어린아이들의 울부짖음이 들려왔다. 검은 어둠이 아이들을 잡아먹었다. 채의진은 옴짝달싹할 수 없었다. 발을 움직이려 했지만 알 수 없는 손들이 그의 발을 붙잡았다. 총소리가 커지고 비명 소리가 잦아들었다.

"기각입니다."

"기각합니다."

"받아들일 수 없습니다."

탕 탕 탕 탕.

총소리는 어느새 의사봉 치는 소리로 뒤바뀌어 있었다. 채의진을 둘러싼 사내들은 그저 안 된다는 말만 반복했다. 채의진의 발밑엔 서류 뭉치가 쌓여 있었다. 그가 오랫동안 보관하고 있던 청원서였다. 사내들은 종이를 내던지며 계속해서 채의진을 옥죄었다. 서류가 끈적하게 녹아내리며 채의진을 옭아매었다. 저 멀리서 살려달라는 비명 소리가 다시 들려왔다. 채의진은 고개를 세차게 흔들었다.

아직도 그를 괴롭히는 악몽이었다. 지더라도 끝까지 가겠다며 큰소리 쳤지만 마음속 불안은 여전히 그를 괴롭혔다. 잠들지 못하는 밤, 그는 자리에서 일어나 밖으로 나왔다. 밝은 달이 마당을 비추었다. 환한 달빛을 바라보며 채의진은 한숨을 쉬었다. 아직 갈 길이 멀었다.

대법원의 답을 기다리는 건 몹시 지루한 일이었다. 그사이 채의진은 사람들을 만나러 다녔다. 도무지 가만히 있지를 못하는 사람이었다. 채의진은 진상 규명 운동의 오랜 동지인 이이화를 찾았다.

"오랜만이에요."

"소송은 잘되고 있어요?"

"글쎄요."

이이화는 채의진에게 물심양면으로 도움을 많이 준 사람이었다. 이이화는 이렇다 할 돈벌이가 없던 채의진을 사람들에게 소개해주곤 했다. 채의진의 서각화가 조금 더 많은 사람들에게 팔리도록 도와준 것이다. 또한 한국전쟁 민간인 학살 희생자 기금 마련 서화전을 열어 채의진을 초청하기도 했다. 신영복 등 과거사 문제에 열심이었던 사람들도 함께였다. 기금 마련 서화전을 위해 채의진은 직접 나무를 캐러 다니곤 했다. 돌부터 나무까지 직접 다 준비해야 직성이 풀리는 사람이었다. 채의진은 자신을 물심양면으로 도와주는 이이화에게 늘 고마움을 느꼈다.

"내가 배추를 좀 가져왔어요."

"아니 왜 택배로 보내지 않고."

"얼굴 보려고 그랬지요."

직접 기른 배추를 이이화에게 주기 위해 그를 찾은 것이다. 채의진이 농사를 시작한 건 진상 규명 운동에 대한 의지를 다지며 서울에서 상주로 내려갔을 때였다. 처음에는 시골에서의 삶에 재미를 붙이기 위해 시작한 농사였다. 마당에 마련한 작은 텃밭에 심은 배추는 농약

한 번 치지 않고도 무럭무럭 자랐다. 농사꾼이었던 아버지를 떠올리며 기른 배추들은 자신이 먹기보다 다른 사람들에게 주는 일이 더 많았다. 약을 치지 않고 키운 배추들은 상태도 제각각이었다. 채의진은 실하게 자란 좋은 배추를 정성스럽게 골라 평소에 학살 진상 규명에 도움을 준 사람들에게 나눠줬다. 직접 배추를 고르고 나누어주는 중에 웃지 못할 일들이 생기고는 했다.

"선생님, 무슨 일로 여기까지 불렀어요?"

하루는 채의진의 연락을 받은 유복연이 상주까지 내려왔다. 채의진은 마루에 앉아 소주를 마시는 중이었다.

"저기 텃밭 보이지?"

"보여요."

"배추 좀 남았으니 뽑아가라."

유복연은 이미 대부분의 배추가 뽑힌 텃밭을 들여다보았다. 다른 사람 주겠다고 좋은 것들만 뽑고 난 뒤라 남은 건 벌레 먹은 배추들뿐이었다. 벌레가 반 이상 먹은 배추도 있었다. 하지만 선생님이 주는 배추라 생각하면 그대로 두고 올 수 없었다. 결국 유복연은 벌레 먹은 배추들을 직접 뽑아 서울로 가져왔다.

"벌레가 너무 많이 먹어 못 쓰는 배추는 왜 이리 쌓아두었어요?"

"놔둬요. 채의진 선생님이 주신 거예요."

유복연의 집을 찾은 사람들이 종종 집 한구석에 쌓여 있는 배추를 보고 놀랐다. 남들 보기에도 먹지 못할 배추가 쌓여 있었지만 선생님의 손길이 닿은 배추라 버리고 싶지 않았다. 오히려 유복연에게는 참 귀한 선물이었다. 앞서 뽑아둔 배추들의 주인은 따로 있었다. 그 배추들 중 일부를 오늘 가져온 것이었다.

"배추가 참 실하네요."

"제가 직접 골랐어요."

이이화는 사무실 구석에 받은 배추를 내려두었다.

"차 한 잔 하시죠."

"가방에 소주도 있는데."

채의진의 말에 이이화가 웃고 말았다. 채의진의 유별난 소주 사랑이었다. 물론 소주에 의존할 수밖에 없는 처지를 알기에 마냥 웃을 일은 아니었다. 이이화는 채의진이 소주를 꺼내기를 기다렸다. 일하는 중에 마시지는 못하더라도 먹는 시늉 정도는 할 수 있었다.

"이이화 선생, 나 나중에 박물관이라도 하나 지을까 해요."

"박물관요?"

개인 박물관을 만들고 싶다는 것이었다. 채의진은 자신의 서각 작품이나 민간인 학살 운동을 하며 모은 자료를 후손들에게 남겨야겠다고 생각했다. 서각 작품만 해도 한두 개가 아니었다. 오랫동안 채의진의 아픔을 달래준 서각 작품들이 몇 백 점에 달했다. 채의진은 제 손을 거쳐간 작품 하나하나를 기억했다. 돈 받고 파는 일보다 고마웠던 사람들에게 선물로 주는 경우가 많아서 큰 돈벌이는 안 됐지만 그에게는 소중한 일이었다. 하도 사람들에게 서각을 공짜로 해주는 일이 많아 이를 안타깝게 여긴 이이화가 일부러 큰돈을 주고 서각을 산 적도 있었다. 〈반야심경〉을 새겨 금박으로 입힌 귀한 서각 작품이었다.

"내 새끼 같은 그 작품들 걸어두면 참 좋을 텐데."

"박물관 열면 나도 꼭 불러줘요."

이이화의 말에 채의진이 미소 지었다. 서각 작품뿐만이 아니었다. 60여 년간 이어온 진상 규명 운동 자료도 그 양이 방대했다. 미국까지 가서 찾아온 귀한 자료들이 자기가 죽고 난 뒤 썩는 걸 두고 볼 수만 없었기에 그 자료들을 보관할 장소도 필요했다. 그렇게 해서 마음먹은 것이 개인 박물관이었다. 이렇게 채의진은 이이화나 김주태를 만날 때면 종종 자기 사후의 일을 이야기했다. 아무래도 비슷한 또래 사람들이 몇 없다 보니 이런 이야기를 할 사람도 적었다. 채의진은 이제 살날보다 산 날이 더 많아지는 걸 하루하루 느끼는 중이었다. 잘 사는 것도 중요하지만 잘 죽는 것도 중요했기에 허투루 하고 싶지 않았다.

"또 뭐 하고 싶은 거 있어요?"

"죽기 전에 책도 한 권 써야지요."

"책요?"

"내 얘기 한 권쯤은 남기고 싶어요."

명예욕이 강한 남자였다. 전기나 개인 박물관 모두 강한 명예욕에서 비롯되었다. 문경 사건에만 초점을 맞췄던 진상 규명 의지를 전국 단위로 바라보게 된 것도 이런 명예욕이 있었기에 가능했다. 오로지 개인 사건을 챙기기에 급급한 다른 유족과 다른 지점이었다. 마음 가운데 가장 크게 박힌 건 문경 사건 하나였지만 다른 사건들에도 관심을 가졌다. 그래서 전국 유족회를 만들었고 범국민위원회에서도 유족 대표가 될 수 있었다. 소송 역시 마찬가지였다. 채의진 혼자서도 진행할 수 있었던 소송이었지만 혼자 하지 않은 데에는 다 이유가 있었다. 채의진은 이 소송이 자기 혼자만의 일로 끝나길 원치 않았다. 비록 함께 진상 규명 운동을 펼친 지식인들은 인권 문제를 금전 문제로 끌어내린다며 반대했지만 유가족에게 보상 문제는 생계와도 연결된 중요한 문제였다. 이상을 사는 사람과 현실을 사는 사람이 가는 길은 거기서부터 갈렸다. 채의진은 현실을 사는 사람이었다. 소송에서 이기게 될 경우 받는 보상금은 채의진의 미래 계획에 꼭 필요한 돈이었다. 개인 박물관을 세우는 일이나 전기를 쓰는 일 모두 돈이 필요했다.

국가에서는 아직까지 특별한 답이 없었다. 예상한 일이었다. 원래 대로라면 대법원에서 벌써 국가의 손을 들어줬어야 할 일이었지만 어찌 된 일인지 대법원은 판결을 미뤘다. 대법원 내부 구성원들 중 민간인 학살 사건 해결에 우호적인 사람들이 늘어났을 수도 있다는 희망이 보이는 지점이었다. 기다림은 길었지만 오히려 그 기다림 안에 자그마한 희망이 싹트기 시작했다. 어쩌면 대법원이 기존 판례를 바꾸지 않을까 하는 작은 기대였다.

5장

내 생애 가장 기쁜 날

대법원 판결을 기다리던 중에 박갑주는 민간인 학살 사건과 관련된 다른 판결들을 분석한 메모를 찾았다. 질 걸 알고 시작한 싸움이었다고는 하지만 진짜 질 것만을 생각하며 달려든 일은 아니었다. 그는 혹시라도 아주 약간의 승산이 없을까 하며 본인이 작성한 메모를 들여다보았다.

최근 민간인 학살 관련 판결 분석 메모

변호사 박갑주

1. 관련 법령

◇ 진실화해를 위한 과거사 정리 기본법(이하 '기본법')

제32조 (보고 및 의견진술 기회의 부여) ④ 제2항의 종합보고서에는 다음 각 호의 어느 하나에 해당하는 사항에 대한 권고를 포함하여야

한다.

진실 규명 사건 피해자, 희생자의 피해와 명예를 회복하기 위하여 국가가 하여야 할 조치

第34조 (국가의 의무) 국가는 진실 규명 사건 피해자의 피해 및 명예의 회복을 위하여 노력하여야 하고, 가해자에 대하여 적절한 법적·정치적 화해 조치를 취하여야 하며, 국민 화해와 통합을 위하여 필요한 조치를 하여야 한다.

第36조 (피해 및 명예 회복) ① 정부는 규명된 진실에 따라 희생자, 피해자 및 유가족의 피해 및 명예를 회복시키기 위한 적절한 조치를 취하여야 한다.

◇ 진실화해를 위한 과거사 정리 기본법(이하 '기본법')

第2조 (배상 책임) ① 국가나 지방자체단체는 공무원이 직무를 집행하면서 고의 또는 과실로 법령을 위반하여 타인에게 손해를 입히거나, 손해배상의 책임이 있을 때에는 이 법에 따라 그 손해를 배상하여야 한다.

第8조 (다른 법률과의 관계) 국가나 지방자치단체의 손해배상 책임에 관하여는 이 법에 규정된 사항 외에는 「민법」에 따른다. 다만, 「민법」 외의 법률에 다른 규정이 있을 때에는 그 규정에 따른다.

◇ 국가재정법

第96조 (금전채원·채무의 소멸 시효) ① 금전의 급부를 목적으로 하는 국가의 권리로서 시효에 관하여 다른 법률에 규정이 없는 것은 5년

동안 행사하지 아니하면 시효로 인하여 소멸한다.
② 국가에 대한 권리로서 금전의 급부를 목적으로 하는 것도 또한 제1항과 같다
(중략)

2. 민간인 학살 사건에서 소멸 시효 등과 관련한 법원의 최근 판결 경향

가. 민간인 학살 사건 – 거창 학살 사건(대법원 2008. 5. 29. 선고 2004다33469 판결)

민간인 학살 사건과 관련한 현재까지의 유일한 대법원 판결인 거창 학살 사건에서 대법원은 국가가 원고들의 권리 행사나 시효의 중단을 불가능 또는 현저히 곤란하게 하거나 그런 조치가 불필요하다고 믿게 할 만한 언동을 하였다고 보기 어렵고, 객관적으로 권리 행사를 할 수 없는 장애 사유가 있었다거나 권리 행사를 기대할 수 없는 상당한 사정이 있었다고 단정하기도 어렵다고 하여 국가의 소멸 시효의 주장을 인정함.

나. 울산 보도연맹 사건 1심 판결(서울중앙지방법워 제19민사부 2008가합57659 판결)

◇ 국가는 국가배상법 제2조 제1항 본문에 따라 위법한 직무 집행으로 인한 손해를 배상할 의무가 있음.
◇ 과거사 정리위원회의 조사·결정을 통하여 비로소 불법 행위의 손해 및 가해자를 알게 되었다고 할 것이므로 과거사 정리위원회의 결

정이 있은 때로부터 민법 제766조 제1항의 3년간의 단기 소멸 시효는 도과하지 않음.

◇ 전시 중에 경찰이나 군인이 저지른 위법 행위는 객관적으로 외부에서 알기 어려워 사법기관의 판단을 거치지 않고는 손해배상청구권의 존부를 확인하기 곤란하였고, 국가의 위법에 대한 의심만으로 소송을 제기하여 그 손해배상을 청구한다는 것은 기대하기 어려운 일이므로 과거사 정리위원회의 결정까지는 객관적으로 권리를 행사할 수 없는 장애 사유가 있었다고 할 것으로, 결국 5년간의 소멸 시효 제척기간 이내 소가 제기되었고 국가의 소멸 시효 완성 주장은 신의성실 원칙에 반하여 권리 남용으로서 허용되지 아니함(국가는 권리 능력의 향수에 앞서 국가의 성립이 전제, 국가는 국민을 보호할 의무를 부담함).

(후략)

박갑주는 소멸 시효 문제에서 국가의 주장이 부당하다고 판단했다. 이는 이미 거창 사건에서 대법원도 인정한 부분이었다. 민간인 학살 사건은 국민을 보호해야 하는 국가가 오히려 무고한 국민을 조직적으로 살해한 일종의 제노사이드 사건이기 때문에 형사소송법상의 공소 시효를 적용하는 것은 옳지 않았다. 국제법 역시 이런 반인륜적 사건은 소멸 시효를 적용하지 않는다고 명시하고 있다. 오히려 소멸 시효 문제를 걸고 반론을 제기하는 것은 국가의 권리 남용이었다. 더불어 박갑주는 국가가 끝까지 책임을 다하지 않았다는 점에 집중했다. 이 소송 자체가 국가가 기본법에 따라 희생자, 피해자의 명예 회복을 위해 힘쓰지 않아서 시작된 일이었다. 상고장은 국가의 책임 회피를 지적하고 국가가 끝까지 피해자를 위해 배·보상해야 한다는 것을 강조했다. 하지만 중요한 건 이러한 주장을 대법원이 받아줄 것인가 하는 점이었다. 정권에 따라 시시각각 변하는 대법원의 판단을 예측하는 것은 아무리 논리적으로 생각한다 하더라도 어려운 일이었다. 그 오랜 재판 과정을 거치면서 몇 번이나 피력한 논리적인 주장이지만 이 주장을 대법원이 인정해줄지는 다른 문제였다. 끝이 보이지 않는 기다림이 이어졌다.

그렇게 또다시 1년이 흘렀다. 2011년 8월, 선고를 기다리던 중 반가운 소식 하나가 들렸다. 1심, 2심에서 모두 기각당했던 울산 보도연맹 사건이 대법원 판결로 승소했다는 것이다. 담당 판사가 사건의 특수성을 인정했고 보도연맹 사건 피해자의 손을 들어주었다. 이례적인 일이었다. 거창 사건과 다른 대법원 판결에 사람들이 술렁였다. 울산 사건이 예외적인 판결을 받은 것인지 혹은 다른 사건도 승소할 가능성이 있는 것인지에 대해 사람들의 관심이 쏠렸다. 만일 문경 사건까지 승소하게 된다면 앞으로 이어질 민간인 학살 손해배상 소송의 판도가 달라진다는 뜻이었다. 대법원이 문경 석달 사건 판결을 미룬 이유를 짐작해볼 수 있는 일이었다. 새로운 판결에 사람들 사이에 기대감이 일었다. 이와 함께 문경 사건이 주목 받기 시작했다. 울산 보도연맹 사건에 대한 대법원의 판결이 일시적이었는지 혹은 앞으로 일관되게 이어질 판결인지 판단하기 위해서였다.

이 소식을 들은 박갑주의 마음이 일렁였다. 혹시나 하는 희망이 생겼다. 당장이라도 채의진에게 이야기하고 싶었지만 억측은 금물이었다. 자신이 얘기하지 않아도 이미 이러한 세태를 알고 있을 채의진이었다. 박갑주는 심기일전하는 마음으로 그동안 오고 간 서류들을 검토하며 대법원의 판결을 기다렸다.

그리고 드디어 2011년 8월 29일. 대법원에서 서류가 전달되었다. 선고 기일을 통보하는 문서였다.

'선고일 20011년 9월 8일.'

그토록 기다리던 결전의 날이 왔다.

2011년 9월 4일 이른 가을에 물든 문경. 채의진은 채홍락과 함께 유가족들이 묻힌 묘지를 찾았다. 묘지라고는 하지만 모양새를 제대로 갖추지 못해 그저 동네 뒷동산처럼 보였다. 풀이 무성하게 자라 앞을 헤쳐 나가야 했다. 앞서가던 채홍락이 입을 열었다.

"삼촌, 제발 묘지 정리라도 좀 합시다."

묘지를 관리하지 않은 건 채의진의 의지였다. 채의진은 진상 규명도 제대로 끝나지 않아 억울함이 풀리지 않은 상태에서 묘지만 번지르르하게 만드는 건 의미가 없다고 생각했다. 진상 규명이 끝나고 국가가 사과하여 죽은 사람들의 억울함이 풀리고 나서야 묘지를 정비해도 늦지 않았다. 그때는 제대로 된 위령비도 세우고 잔디도 가지런하게 정리할 계획이었다. 하지만 제대로 해결된 것 없이 시간만 속절없이 흘러 희생자가 묻힌 묘지는 엉망이 되어 있었다.

"조금만 기다리면 된다 홍락아."

"그래도 이건 너무하지 않습니까? 이래가지고는 제대로 성묘도 못 해요. 삼촌, 이 풀이라도 좀 잘라내게 해줘요."

채홍락이 애원했다. 채의진의 마음도 편하지만은 않았다. 좋은 곳에 귀하게 모시고 싶었는데 약속한 국가는 원통하게 죽은 가족들을 돌아보지도 않았다. 무성한 풀처럼 성글어진 마음에 채의진은 한숨을 길게 내쉬었다. 자신이 못나 이런 모양새가 된 것만 같았다. 채홍락의 간절한 부탁에 채의진은 묘를 정리하기로 결정했다.

"그래. 그러면 풀만 좀 잘라보자."

오랜 세월 제대로 정리하지 않아 자라난 풀이 수북했다. 두 사람은 제초용 가위를 들고 억세게 자라난 풀들을 베기 시작했다.

"이제야 좀 낫네요."

한참 지나서야 묘지 주변의 풀들이 제 모습을 갖췄다. 깔끔해진 묘지 앞에 선 채의진은 미리 챙겨온 소주를 꺼냈다. 채홍락이 소주를 받아 종이컵에 따르고 묘지에 흩뿌렸다. 두 사람은 묘지에 절을 하고는 가만히 먼저 떠난 사람들을 떠올렸다. 그들의 억울함이 부디 풀리기를 바라는 깊은 마음이었다.

"일이 다 끝나면 꼭 위령비를 세울 테니 조금만 기다려주시오."

쓸쓸한 목소리로 낮게 읊조린 채의진은 한참을 묘지 앞에 서서 떠나지 못했다. 대법원 판결이 나기 나흘 전이었다.

2011년 9월 8일 오전 10시. 대법원 판결이 선고되었다. 사무실로 전달된 대법원 판결문을 읽는 박갑주의 입꼬리가 점점 올라갔다. 긴 싸움 끝에 얻은 미소였다. 박갑주는 잠시 눈을 감고 지난 일들을 떠올렸다. 수많은 사건이 그의 손을 거쳐 갔지만 기억에 남는 건 '노회찬 X 파일 사건'과 '비례대표 위헌 사건' 그렇게 둘 정도였다. 그리고 바로 오늘 그의 인생에 세 번째 운명적 사건이 막을 내리기 시작했다. 완전히 막이 내리지는 않았지만 적어도 그 마지막 장이 끝나가는 것을 그는 느낄 수 있었다.

이 기쁜 소식을 혼자 알고 있을 수 없었기에 박갑주는 서둘러 채의진에게 전화를 걸었다.

"선생님, 좋은 소식이 있습니다. 어서 사무실로 오세요."

박갑주의 전화를 받은 채의진이 한걸음에 사무실로 달려왔다.

"변호사님, 그게 정말입니까? 내 눈으로 직접 확인해야겠어요!"

박갑주는 기쁜 마음을 감추지 못하는 채의진에게 대법원의 판결문을 전달했다.

대법원
제2부
판결

사건 2009다66969 손해배상(기)

원고 1. 채의진
2. 채○○
3. 김○○
4. 이○○

피고, 피상고인 대한민국
법률상 대표자 법무부장관 권재진
소송수행자 강동운, 강청현, 천일태, 조동은, 이종일, 김광식, 심제원, 심현근, 유철희, 이재민, 서봉원, 이동제

원심 판결 서울고등법원 2009. 7. 31 선고 2009나24479 판결
판결 선고 2011. 9. 8.

주문

원심 판결 중 문경 학살 사건을 직접적인 원인으로 한 손해배상청구 부분을 파기하고 이 부분 사건을 서울고등법원에 환송한다. 나머지 상고를 기각한다.

이유

(전략) 여기에 어떠한 경우에도 적법한 절차 없이 국가가 보호 의무를 지는 국민의 생명을 박탈할 수는 없다는 점을 더하여 앞서 본 법리에 비추어 살펴보면, 진실을 은폐하고 진상 규명을 위한 노력조차 게을리 한 피고나 이제 와서 뒤늦게 문경 학살 사건의 유족인 원고들이 과거사정리위원회의 진실 규명 결정에 따라 진실을 알게 된 다음 제기한 이 사건 소에 대하여 미리 소를 제기하지 못한 것을 탓하는 취지로 소멸 시효 완성의 항변을 하여 그 채무 이행을 거절하는 것은 현저히 부당하여 신의칙에 반하는 것으로서 허용될 수 없다고 할 것이다. (중략)

결론

그러므로 원심 판결 중 문경 학살 사건을 직접적인 원인으로 한 손해배상청구 부분을 파기하고, 이 부분 사건을 다시 심리·판단하게 하기 위하여 원심 법원에 환송하며, 나머지 상고를 기각하기로 하여 관여 대법관의 일치된 의견으로 주문과 같이 판결한다.

재판장 대법관 전수안
대법관 김지형
대법관 양창수
주심 대법관 이상훈

-2011. 9. 8 대법원 판결 중

원고의 승리였다. 대법원이 기존 1, 2심 판결을 뒤엎은 것이다. 채의진은 믿을 수 없다는 듯이 몇 번이나 판결문을 들여다보았다. 몇 번을 읽어도 똑같았다. 기존의 판결을 파기하고 다시 재판을 하라는 내용이었다.

"선생님! 됐어요! 이제 다 끝나갑니다."

"그러면 이제 고등법원 판결만 기다리면 되는 건가요?"

"네, 정말 이제 끝이 보이려나 봅니다."

믿을 수 없는 일이었다. 대법원 판결이 난 당일 저녁, 박갑주는 채의진과 단둘이 조촐하게 식사를 했다. 아직 고등법원 판결이 나지 않은 상황에서 사람들을 부를 수는 없었다. 섣부르게 일을 치르기보다 신중하게 결과를 지켜보고 싶었다. 채의진은 몇 년 만에 환한 미소를 지어 보였다.

"그동안 고생 많았어요 변호사님. 내가 어제 참, 성묘를 다녀왔는데, 이게 다 먼저 간 사람들이 지켜줘서 그런 게 아닌가 싶어. 억울한 거 풀어달라고, 자기들 억울하다고, 억울하니까 하늘이 도와주는 게 아닌가 그래……"

말을 잇는 채의진의 눈가가 촉촉이 젖어들었다. 이럴 줄 알았으면 진즉에 묘소 관리 좀 해줄 걸 그랬나 하는 실없는 농담도 곁들였다. 아직도 현실 같지가 않은 일이었다. 박갑주는 그런 채의진을 보며 미소를 지었다.

"선생님, 마지막까지 지켜봅시다."

채의진의 마음에 기대감이 차올랐다. 한줄기 빛도 없이 어둡기만 했던 진상 규명이라는 긴 동굴 끝에 드디어 빛이 보이는 듯했다.

그리고 또다시 박갑주는 서울고등법원에 소장을 전달했다. 처음 소송을 시작한 2008년과는 확연히 다른 마음이었다. 패소를 예상하며 보냈던 항소와 달리 이미 승리를 예견한 상태에서 서류를 준비하는 일은 즐겁기 그지없었다. 실질적으로 손해배상을 청구해야 하기 때문에 처음보다 준비해야 하는 서류와 증명해야 할 자료들이 배로 늘어났지만 오히려 마음은 더 가벼웠다. 어지럽고 지저분하게 보이던 한자들과 상속 지분 계산과 관련하여 복잡하게 보이던 숫자들이 이제는 친밀하게 느껴질 정도였다. 자신보다 몇 배로 기쁜 마음을 안고 있을 채의진을 생각하며 박갑주는 서류를 작성하는 데 박차를 가했다. 이제 이 증명 자료들로 진짜 소송의 결과가 정해질 차례였다. 몇 번의 서류들이 오가는 사이 해가 바뀌고 2012년이 되었다.

2012년 4월 27일 서울고등법원. 채의진은 박갑주 사무실에서 온 국장과 함께 법원을 방문했다. 박갑주는 사무실에서 결과를 기다리고 있었다. 박갑주 없이 재판정에 들어선 채의진의 표정에 긴장감이 역력했다. 대법원이 파기 환송을 해서 승리를 예견했음에도 떨리는 건 마찬가지였다. 채의진은 긴장한 탓에 자꾸만 손에 땀을 흘렸다.

지켜보던 국장이 채의진에게 손수건을 건넸다.

"선생님, 긴장 푸세요."

"언제쯤 시작하지요? 떨려서 가만있기가 힘들어요."

국장은 채의진을 다독이며 재판정 안을 바라보았다. 사람들이 하나 둘 자리에 착석하고 소란스러웠던 장내가 조용해졌다.

"곧 시작하겠네요."

잠시 후 재판장이 들어왔다. 고요한 가운데에 마은혁 판사가 판결문을 들었다. 엄숙한 분위기가 장내를 눌렀다. 채의진의 맥박이 빨라졌다. 그리고 드디어 판결문 낭독이 시작됐다.

판사 마은혁 (전략) 한편, 반민주적 또는 반인권적 행위에 의한 인권 유린과 폭력, 학살, 의문사 사건 등을 조사하여 진실을 밝혀내기 위하여 「진실·화해를 위한 과거사 정리 기본법」이 제정되었고 그 법에서 '국가는 진실 규명 사건 피해자의 피해 및 명예의 회복을 위하여 노력하여야' 할 의무가 있음을 천명하고 있으므로, 이 사건과 같이 국가 권력에 의하여 광범위하고 조직적으로 이루어진 불법 행위로 인한 피해에 대해서 국가는 특별법의 제정을 통해 적극적이고 실질적인 보상을 함이 바람직할 것이다.

그러나 아직까지 국가가 그와 같은 조치를 취하지 않음으로써 피해자들은 피해 회복을 위하여 이 사건과 같이 또다시 시간과 비용을 들여 민사소송 등을 제기할 수밖에 없고, 판결 확정 전에는 국가가 판결금을 임의로 지급하지 않는 한 그 판결이 확정될 때까지 손해배상금을 지급받을 수도 없다는 점에서 피해자들의 피해 회복을 위한 국가의 노력은 아직까지도 미흡하다고 할 수밖에 없다.

따라서 법원으로서는 피고에게 국가의 조직적이고 의도적인 불법 행위로 인하여 돌이킬 수 없는 피해를 입은 문경 학살 사건의 희생자들 또는 부상자들과 위 사건을 목격한 생존자들에게 그로 인하여 이들이 입게 된 피해를 배상할 의무가 있음을 천명하고 그 배상을 명하여야 할 것이다.

땅 땅 땅.

낭독이 끝나고 의사봉 소리가 재판장 안에 울려 퍼졌다. 채의진의 눈시울이 붉어졌다.

"감사합니다, 감사합니다."

판결문 낭독이 끝나자마자 채의진은 고개를 숙였다. 감사하다는 말을 몇 번이나 반복하는 채의진의 목소리가 떨렸다. 옆에 서 있던 국장은 뜨거운 눈물을 흘리는 채의진의 양손을 가만히 잡았다. 63년. 오래 묵은 한이 풀리는 순간이었다. 판결이 끝나고 난 뒤 채의진은 국장과 함께 박갑주를 찾았다. 박갑주는 이미 법원에서 나온 서류를 보며 채의진에게 축하의 말을 건넬 준비를 하고 있는 중이었다.

"변호사님! 박 변호사님!"

"선생님 오셨어요?"

박갑주는 밝은 미소로 채의진을 맞이했다. 채의진이 들어오자 변호사 사무실 안의 다른 사람들이 박수를 치며 환호했다. 모두가 기다리고 있던 판결이었다. 채의진은 기쁜 마음으로 박갑주의 손을 감싸 쥐었다. 기쁜 마음은 이루 말할 수 없었다.

"다 변호사님 덕분입니다."

"아닙니다. 저는 제 할 일을 했을 뿐인걸요. 다 채의진 선생님의 노력 덕분입니다."

박갑주는 진심으로 축하를 건넸다. 일생일대의 사건을 마무리한 박갑주의 얼굴에 후련함이 비쳤다. 소송의 승리 소식은 바람보다 빠르게 사람들 사이에 퍼져나갔다. 모두들 놀람과 동시에 축하를 보냈다. 특히 그 어느 사건보다 큰 배상금에 사람들이 더 주목했다. 인지대가 더 있었더라면 더 큰 금액을 받았을 수도 있는 소송이었다. 사람들의 부러움과 축하를 한몸에 받으며 채의진은 드디어 얹고 있던 짐의 일부를 내려놓았다.

이날 받은 판결의 자세한 내용은 다음과 같다.

서울고등법원
제15민사부
판결

사건 2011나74842 손해배상(기)

원고 1. 채의진

2. 채○○

3. 김○○

4. 이○○

원고들 소송대리인 변호사 김수정, 박갑주

피고, 피상고인 대한민국

법률상 대표자 법무부장관 권재진

소송수행자 윤정노, 남궁저현

제1심판결 서울중앙지방법원 2009. 2. 11. 선고 2008가합66691 판결

환송전판결 서울고등법원 2009. 7. 31. 선고 2009나24479 판결

환송 판결 대법원 2011. 9. 8. 선고 2009다66969 판결

변론 종결 2012. 4. 20

판결 선고 2012. 4. 27

주문

1. 환송 후 당심에서 확장된 청구를 포함하여 원고들에 대한 제1심 판결을 다음과 같이 변경한다.

 가. 피고는 원고 채의진에게 ○원, 원고 채○○에게 ○원, 원고 김○○에게 ○원, 원고 이○○에게 ○원 및 각 위 금원에 대하여 2012. 4. 20.부터 2012. 4. 27.까지는 연 5%, 그다음 날부터 다 갚는 날까지는 연 20%의 각 비율에 의한 금원을 지급하라.

 나. 원고들의 나머지 청구를 각 기각한다.

2. 소송총비용 중 1/5은 원고들이, 4/5는 피고가 각 부담한다.

3. 제1.의 가.항은 가집행할 수 있다.

재판장 판사 김용빈

판사 강혁성

판사 마은혁

-2012. 4. 27. 서울고등법원 판결문 중

제6부

잠들지 못한 진실

1장

나의 소원

판결 후 이틀이 채 지나지 않아 국가가 배상금을 모두 지급했다. 갑작스레 들어온 큰돈을 관리하는 것도 새로운 문제였다. 채의진은 그동안 인지대를 빌렸던 사람들에게 돈을 일부 나누어주었다. 그러고도 남는 돈이었다.

"오랜만입니다, 선생님."

"김동춘 교수도 잘 지냈지요?"

채의진이 김동춘의 연구실을 찾았다. 몇 해 전 제노사이드 학회 방문을 준비하면서 들른 뒤로 처음이었다. 오랜만에 들어온 연구실에서는 한결같이 낡은 종이 냄새가 났다. 오랜 시간 과거사를 연구한 김동춘의 발자취이기도 했다. 책장을 둘러보던 채의진이 담담하게 입을 열었다.

"나요, 제노사이드 학회를 유치하고 싶어요."

"네?"

"예전에 내가 그랬잖아요. 제노사이드 학회를 한국에서 하면 좋겠다고. 이제 그럴 돈이 생겼으니 어떻게 좀 안 될까요?"

채의진의 말에 김동춘은 난감하다는 표정을 지었다. 지난 제노사이드 학회 때 했던 이야기가 빈말이 아니었던 것이다. 자기가 한 말은 꼭 지키려는 채의진의 성품을 잠시 잊었던 김동춘이었다. 진상 규명도 소송도 다 해낸 그 아니었던가. 하지만 학회 유치 역시 쉬운 일이 아니었다.

"조금 어려울 것 같습니다. 유치할 주체가 없는걸요."

제노사이드 학회를 유치하기 위해서는 나름의 조건이 필요했다. 김동춘 역시 이 분야에서 선구자였지만 학회 유치를 혼자 주체하기엔 부족했다. 학회를 유치하기 위해서는 서울의 명망 있는 대학교수여야 하고, 그 아래 함께 학회 유치를 도울 석·박사 과정 학생들이나 동료 교수들이 있어야 한다. 김동춘이 몸담고 있던 성공회대에서 감당할 수 있는 행사가 아니었다.

"김동춘 교수가 하면 되지 않소? 여기 학생들도 있고 교수들도 있는데 뭐가 문제요?"

"그게 그리 쉽지 않습니다, 선생님."

김동춘은 당혹스러움에 잠시 입을 다물었다. 채의진을 설득할 수 있을까, 스스로 의구심이 들었던 것이다. 유가족들은 학자들의 고민이나 시스템적인 문제에 대해 이해하지 못할 때가 많았다. 범국민위원회에서 특별법 제정을 진행할 때도 마찬가지였다. 하지만 그런 김동춘의 마음을 아는지 모르는지 채의진은 김동춘이 좋다는 대답만 하면 언제든지 통장에 있는 큰돈을 냉큼 꺼내겠다는 표정으로 그를 바라보았다. 그동안 한국에서 제노사이드 학회를 유치하고자 했던 사람이 없었던 건 아니었다. 다만 제노사이드 학회 유치를 주도할 큰 대학의 교수나 행사를 준비하고 진행할 학생들, 그리고 연구소가 국내 제노사이드 학회 안에 부족해 유치하지 못했을 뿐이었다.

“어떻게 좀 해줘요. 나 꼭 죽기 전에 이 학회를 우리나라에 유치하고 싶어요.”

“그럼 선생님, 제가 좀 알아보고 다시 연락드릴게요. 그러면 어떨까요?”

“기다리고 있을 테니 잘 부탁드립니다.”

가까스로 채의진을 돌려보낸 김동춘의 마음은 착잡했다. 김동춘은 일단 혹시나 하는 마음에 제노사이드 학회에 연락을 했다. 한국에서 유치할 경우 어느 시기에 가능한지 알아보기 위해서였다. 이미 2013년 행사는 일정이 차 있었다. 학회를 유치하려면 2015년이나 2017년에나 가능했다. 그때까지 학회를 유치할 사람들을 모을 수 있느냐는 문제도 있었기에 김동춘은 이 일에서 마음을 내려놓는 것이 좋겠다고 판단했다. 다만 다른 학술인권회의 정도는 주최할 수 있지 않을까 하는 생각이 들었다.

“채 선생님, 제노사이드 학회 말고 동아시아 평화·인권 국제회의는 어때요?”

돈이 있다고 모든 게 가능한 건 아니었다. 매년 열리는 동아시아 평화·인권 국제회의는 2천만 원 정도로 유치할 수 있는 학회였다. 문경시에서 학회를 주최하고 싶었던 채의진은 김동춘과 함께 당시 문경시장이었던 고윤환을 찾았다. 그는 당시 진실화해위 국장을 맡았던 사람이다.

"오랜만이에요."

"잘 지내셨죠?"

고윤환이 채의진과 김동춘을 맞이했다. 진실화해위 활동 이후로 오랜만이었다.

"어쩐 일로 찾아오셨어요?"

"문경시에서 동아시아 평화·인권 국제회의를 유치하고 싶어요."

동아시아 평화·인권 국제회의는 문경시의 가치를 높일 수 있는 기회였다. 김동춘은 문경시를 위해서도 좋은 일이니 고윤환에게 학술제 유치 지원금을 요청했다. 하지만 고윤환의 반응이 영 좋지 않았다.

"글쎄요, 그게 가능할까요?"

자기 표에 크게 도움이 안 되는 일이라 판단해서인지 도통 관심을 보이지 않았다.

"우리 예산 부족 문제도 있고, 그래요."

문경의 현실이었다. 유가족만 해도 그랬다. 채의진 혼자 운동을 하고 나머지 유족들은 제멋대로 쪼개졌다. 게다가 문경에는 석달마을 학살 희생자 외에도 보도연맹에 연루되어 죽은 희생자도 있었다. 시장 입장에서 그런 유가족까지 포함하는 게 쉬운 일은 아니었다. 채의진은 서운했지만 어쩔 수 없었다. 김동춘은 또다시 실망을 감추지 못하는 채의진을 달래며 서울로 돌아와야 했다. 그러나 채의진이 마주할 절망은 이것이 끝이 아니었다.

얼마 후 채의진은 청천벽력 같은 소식을 마주했다. 2012년 5월 16일. 국가가 채의진과 다른 유가족들을 상대로 상고한 것이다. 피고였던 국가가 이제 원고가 되었다. 손해배상금을 지급한 뒤에 일어난 일이었다. 어떻게든 이 재판을 엎으려는 것처럼 보이지는 않았다. 다만 문경 사건 재판이 다른 민간인 학살 소송에 끼칠 영향을 우려해서 한 일이었다. 원래는 대법원이 심리불속행으로 기각했을 상고였다. 그러나 대법원은 결정을 미뤘다. 정확한 이유는 알 수 없었다. 다만 소송을 진행했던 박갑주는 금액이 문제라고 추측했다. 다른 사건들에 비해 큰 액수의 손해배상금이 지급된 것에 법원 측에서 부담을 느꼈던 것이다. 다른 유가족들에게도 비슷한 금액을 지급할 여력이 없으니 사건을 확정시키지 않고 붙들고 있겠다는 심산이었다. 그렇게 생각했다.

이 같은 국가의 상고 역시 채의진에게는 마음의 큰 부담이었다. 소송에서 승소한 기쁨은 아주 잠깐이었다. 2005년 특별법 제정 이후 또 한 번 찾아온 기쁨은 신기루처럼 아른거리다 사라졌다.

2장

상처만 남은 길

2013년 어느 날, 문경.

채의진은 사람들과 함께 진상 규명 당시 현장 조사를 위해 몇 번이나 왔다 갔다 한 학살 현장 앞에 서 있었다. 소송에 이겼으니 제대로 비석을 세우기 위해 방문한 것이었다. 그러나 그 현장에 비석을 세우는 일 역시 쉽지 않았다. 역시나 학살 현장 옆의 포도밭이 문제였다. 진실화해위 진상 규명 조사가 나왔을 때도 도통 도움을 주지 않던 포도밭 주인 때문이었다. 비석을 나르기 위해서는 포도밭을 지나가야 했다. 그러지 않으면 긴 길을 빙 둘러 가야 했다. 포도밭 주인이 조금만 양보해주면 될 일이었다. 그러나 먼 친척이라는 포도밭 주인은 야속하게도 단호했다.

"돌아가시오. 안 돼, 절대 안 돼."

하는 수 없이 사람들은 먼 길을 돌아 유골이 묻혀 있던 학살 현장 언덕배기에 그럴듯한 비석을 세웠다. 비석을 세우고 제사를 지내는 채의진의 마음 한구석이 아렸다. 비단 포도밭 주인 때문만은 아니었다. 특별법을 통해 조사가 이뤄지고 진상 규명이 되었을 때도, 이번 소송에서 승소했을 때도 마찬가지였다. 채의진은 일부 유족들의 외면으로 깊은 외로움을 느꼈다. 오랜 진상 규명 운동 끝에 그의 곁에 남은 건 함께 고통을 나눈 유족들이 아닌 외지인들이었다. 미국에 있는 군부대를 찾아가 증거 자료를 찾을 때도, 사람들에게 문경 사건을 널리 알릴 때도 그의 곁에 유가족들은 없었다. 그저 아주 가까운 친척뿐. 그 많은 채씨 집안사람들은 아무도 없었다. 채의진에게는 자신을 외면한 국가보다 자기 마음도 몰라주고 제멋대로 구는 유족들이 더 큰 상처로 남았다. 그리고 이런 마음의 상처는 금세 몸으로 나타났다.

채의진이 술병을 지니고 다닌 건 그때부터였다. 채의진은 평소에 스님들이 들고 다니는 바람 망태에 문경 사건 자료를 가득 넣어 다니곤 했다. 하루는 보물처럼 품고 다니는 바람 망태의 정체가 궁금했던 김주태가 채의진의 바람 망태를 뺏어 들었다. 김주태는 깜짝 놀랐다. 채의진이 가볍게 들고 다녀 별것 아니라고 생각했던 바람망태가 실은 어마어마하게 무거웠던 것이다.

"야, 너 이걸 잘도 들고 다녔다?"

"내 마음의 짐에 비하면 아무것도 아니야."

세상의 그 어떤 무게도 살아남은 사람의 죄책감의 무게만큼은 못 되었다. 채의진은 헛헛한 마음에 멋쩍게 웃으며 김주태가 들었던 바람 망태를 뺏어 들었다. 그리고 언젠가부터 이 바람 망태 안에 있던 자료가 하나 둘씩 줄어들고 그 빈자리에 술병이 들어찼다. 워낙에 술을 좋아하는 건 알고 있었지만 물 대신 소주를 들고 다닐 정도는 아니었다. 시중에서 볼 수 있는 그냥 술이 아니었다. 시골에서나 볼 법한 플라스틱 통 안에 든 소주는 채의진에게 생수나 다름없었다. 채의진에게 술은 친구요, 가족이요, 그리고 마음의 평안을 주는 약이었다. 악몽으로 잠들지 못하는 날이면 술이 자장가가 되어 그를 재워주었고 제 맘을 몰라주는 사람들 때문에 상처 받은 날이면 술 한 잔이 또 약이 되었다.

"또 술이오?"

"또 술이지."

김주태를 만나고 난 채의진은 항상 다음 순서로 정희상 기자를 찾았다. 철에 따라 상주시 외곽 시골집에서 손수 마련한 메뚜기볶음, 도토리묵, 상추 등속을 싼 배낭을 짊어지고 〈시사인〉 사무실에 들렀다. 정희상을 향하는 채의진의 마음과 행색은 마치 객지에 시집보낸 딸내미 집을 찾는 친정아비와 흡사했다.

그렇게 만나 술에 취하면 정희상은 노모가 있는 홍제동 집으로 채의진을 모시곤 했다. 채의진은 정희상의 노모와 1938년생 동갑내기로 몇 차례 조우해 인사를 나눴지만 만날 때마다 늘 내외하는 어려운 사이였다. 그래선지 아무리 과음을 하고 새벽녘에 정희상의 집에 들어가도 채의진은 일찍 일어나 의관을 갖추고 무릎을 꿇은 공손한 자세로 정갈한 해장 밥상을 들여오는 정희상의 노모를 맞이하곤 했다.

"선생님, 이제 건강 생각하셔서 약주 좀 줄이셔야죠."

"정 기자, 그건 걱정 말고 내가 얼마 살지는 모르지만 내 자서전을 맡아 써줘요."

"그야 여부가 있겠습니까. 당장은 국방부의 반환 소송에 맞서는 게 우선이니 책은 천천히 생각하시고 우선 자료부터 모아서 넘겨주십시오."

그렇게 정희상과 헤어진 뒤 채의진은 이튿날 새로운 술동무를 찾았다.

채의진의 연락에 달려 나온 건 이이화였다.

"여기 맥주 한 잔요!"

"아 또 맥주요? 술은 소주지."

맥주를 시키는 이이화를 타박하며 채의진은 소주잔을 채웠다. 이이화는 그저 웃으며 맥주병 뚜껑을 열었다. 술이 없었다면 채의진과 친해질 일도 없었을 것이다. 첫 만남 이후로 이이화는 매번 채의진의 술값을 대신 내주었다. 항상 그랬다. 이이화가 술을 사주고 나면 채의진은 이이화의 책을 사람들에게 대신 팔아주거나 강연을 찾아가는 식으로 보답을 하곤 했다. 그렇게 술로 맺어진 인연이 어느덧 10여 년이었다.

"쿨럭, 쿨럭."

술을 마시던 채의진이 별안간 기침을 시작했다. 놀란 이이화가 그의 곁으로 다가갔다.

"괜찮아요?"

"괜찮아, 괜찮아요."

이이화는 채의진이 들고 있던 술잔을 뺏었다. 최근 눈에 띄게 몸이 쇠약해진 채의진이었다. 이이화는 서둘러 계산을 하고 채의진의 딸 숙희에게 연락을 했다. 그렇게 몸이 안 좋아지고 마음도 풀지 못한 채의진은 그다음 날도, 또 그다음 날도 술을 마셨다.

참 평탄하지 못한 삶이었다. 채의진의 성격을 감당할 사람은 없었다. 주변 사람들이나 친척과의 관계도 마찬가지였다. 오래 묵은 과거의 트라우마는 채의진의 인간관계까지 침범했다. 그 상처로 사람을 대하는 데 어려움을 겪은 채의진은 진상 규명 운동 중에도 많은 사람들과 부딪혔다. 원만한 관계를 유지하는 게 쉬운 일은 아니었다.

그나마 그런 채의진을 바르게 붙잡은 것이 진상 규명 의지였다. 정의를 바로 세우고 억울한 혼을 달래겠다는 의지가 남들과 달리 컸다. 그 덕분에 홀로 시작한 진상 규명 운동을 전국적으로 키울 수 있었다. 채의진이 겪은 것과 비슷한 불행을 겪은 사람들 중에 이만큼 성과를 낸 사람을 찾기가 쉽지 않았다. 진상 규명이 이루어지고 이후에 보상금 문제까지 해결된 경우는 채의진이 유일했다. 대표로 진상 규명을 이끌며 한풀이를 한 것도 채의진의 복이었다. 이런 행운과 별개로 마음에 남은 트라우마와 상처는 누구도 이해할 수 없는 것이었다. 오랫동안 혼자 걷는 법에 익숙해진 채의진은 곁에 있는 누구와도 쉽게 손을 잡을 수 없었다. 문제는 해결된 듯싶었지만 날이 갈수록 그의 마음에는 외로움이 깃들었다.

그러던 어느 날 별안간 유복연의 전화가 울리기 시작했다. 채의진이었다.

"복연아, 나 위암이란다."

채의진에 말에 놀란 유복연은 당장 채의진이 있는 곳으로 달려갔다. 한걸음에 도착한 유복연이 채의진의 안색부터 살폈다.

“선생님, 몸은 괜찮으세요?”

“나 아직 안 죽었다. 호들갑 떨지 마라.”

채의진의 몸 이곳저곳을 살펴보며 걱정하는 유복연과 달리 채의진은 담담한 모양새였다. 어서 빨리 입원해서 치료도 받아야 한다는 생각에 마음이 급해진 유복연이 채의진에게 물었다.

“제가 뭘 하면 될까요? 서울대병원으로 가실래요? 아니면 삼성의료원?”

가만히 듣던 채의진이 대답했다.

“너는 어디 다니는데?”

유복연의 심장은 놀람과 아픔으로 쿵쾅거렸다.

“저는 한강성심병원에 다녀요. 거기 계세협 교수라고 참 좋은 분이 계시거든요.”

당시 신경성 위염으로 고생하던 유복연은 한강성심병원의 계세협 교수에게 진료를 받고 있었다. 그녀는 망설임 없이 자신이 다니고 있는 병원을 추천했다.

“말씀만 하세요. 제가 예약해드릴게요.”

채의진의 말이 곧 법인 유복연은 스승의 대답을 기다렸다. 채의진이 골똘히 고민하던 끝에 입을 열었다.

“거기가 마음에 쏙 드네. 네 말 따라서 거기로 가련다.”

채의진의 말이 떨어지자마자 유복연은 한강성심병원에 전화를 걸었다. 내과에 진료 예약을 하고 입원실도 알아봤다. 그리고 며칠 후 유복연의 소개로 채의진은 한강성심병원에 입원했다. 위암이 많이 진행된 상태라 입원을 피할 수 없었다. 링겔을 꽂고 누워 있는 모습이 영락없는 환자였다.

"선생님 일어나보세요. 발 좀 닦아드릴게요."

딸 숙희가 자리를 비운 사이 유복연이 찾아왔다. 참으로 지극 정성이었다. 채의진은 겨우 몸을 일으켰다. 유복연은 젖은 수건으로 채의진의 발을 닦기 시작했다.

"선생님, 오늘 또 군것질하셨죠?"

"아니다."

"아니긴 뭐가 아니에요."

유복연은 위암에도 자꾸 술과 음식을 찾는 채의진 때문에 속이 상했다. 이러다 무슨 일이라도 나는 건 아닌지 매일 밤 잠들기도 쉽지 않았다. 그런 제자의 마음을 도통 모르는 채의진은 해물탕이 먹고 싶다, 소주를 달라며 남의 속 긁는 소리를 하곤 했다. 이렇게 말 안 듣는 환자가 병원에 또 있을까. 몇 달을 병원 신세를 진 채의진은 몸이 조금 회복되고 나서야 고향집으로 돌아갈 수 있었다.

이렇게 지친 채의진에게 현실은 더 가혹했다.

2013년 5월 16일 대법원이 별안간 전원합의체의 태도를 바꾸었다. 박근혜 정권으로 바뀐 지 석 달 만의 일이었다. 뉴스는 온통 대법원에 대한 이야기로 가득 찼다. 전원합의체가 태도를 바꾼 지 두 달 뒤인 7월 〈연합뉴스〉는 다음과 같은 기사를 실었다.

> (청주=연합뉴스) 전창해 기자='진실·화해를 위한 과거사 정리위원회'(이하 과거사정리위)로부터 확인된 '국민보도연맹' 희생자나 유족이라도 국가 배상을 받으려면 민사소송을 거쳐야 한다. 그러나 이미 '진

실'이 규명됐더라도 소송에서 반드시 승소한다는 보장은 없다. 국가배상 책임을 인정했던 사법부의 기류가 최근 바뀌고 있기 때문이다.

'충북 청원 오창 양곡창고 보도연맹 사건' 희생자와 유족 492명은 2007년 11월 과거사정리위에서 진실 규명이 확정되자 국가를 상대로 소송을 냈다. 지난해 8월 27일 대법원 2부(주심 이상훈 대법관)는 이들이 낸 손해배상 청구소송 상고를 기각하고 국가의 배상 책임을 인정한 원심을 확정했다. 이로써 희생자 본인 8천만 원, 배우자 4천만 원, 부모·자녀 800만 원, 형제·자매 400만 원의 국가 배상을 받을 수 있게 됐다. 1심은 1953년 7월 또는 1955년 7월로 위자료 청구권이 소멸했다는 정부의 주장에 손을 들어줬다. 2심은 그러나 "과거사정리위의 진실 규명 이전까지는 원고들이 권리를 행사할 수 없는 장애 사유가 있었으므로 국가의 청구권 시효 소멸 주장은 부당하다"고 판결했다.

이처럼 그동안 보도연맹 관련 소송은 사실 관계 확인이 이미 과거사정리위를 통해 이뤄진 만큼 소멸 시효를 어떻게 보느냐가 최대 쟁점이었다.

하지만 최근 과거사정리위의 조사 보고서를 부정하는 대법원 판결이 나오면서 분위기가 급속히 바뀌고 있다. 지난 5월 16일 대법원 전원합의체(주심 박병대 대법관)는 '진도 국민보도연맹 사건' 희생자 유족 7명이 국가를 상대로 낸 손해배상청구 소송 상고심에서 유족들에게 각각 1천300만~8천800만 원을 지급하라고 판결한 원심을 깨고 사건을 광주고법으로 돌려보냈다. 대법원은 판결문에서 "국가에 의한 희생자 여부의 판단 근거로 과거사정리위의 보고서가 유력한 증거 자료는 될 수 있지만 보고서 판단에 모순이 있거나 진술 내용이 불명확한 경우에는 추가 조사를 거쳐 개별적으로 심리해야 한다"고 지적했다. 이어 "과거사정리위의 조사 보고서를 인정해 손해배상 청구를 인용한 원심 판결은 필요한 심리를 다 하지 않은 위법이 있다"고 판시했다.

대법원의 상반된 판결에 현재 소송을 진행 중인 다른 희생자 유족들은 당혹스러움을 감추지 못한 채 분통을 터트리고 있다. 사법부의 이런 분위기 때문에 2009년 서울중앙지법에 손해배상청구 소송을 제기한 청주·청원 보도연맹 희생자 유족 251명은 1·2심에서 모두 승소하고도 좌불안석이다. 앞으로 있을 대법원 판결이 어떻게 나올지 그 누구도 낙관할 수 없기 때문이다.

전학남 한국전쟁 민간인 희생자 청주·청원 유족회장은 "진실 규명만 이뤄지면 50년이 넘는 세월을 숨죽여온 한을 풀 수 있으리라 생각했다"며 "소송을 시작한 지 5년이 지났는데 이제 와 다시 조사를 해야 한다면 어떻게 받아들여야 하느냐"고 목소리를 높였다. 그는 "보도연맹 사건을 일으킨 주범은 국가"라며 "진실을 밝혀야 하는 당사자는 국가인데 그들은 과거를 숨기려고만 하고 피해자인 유족들에게 사실을 증명해 보이라는 현실이 비참하기 그지없다"고 눈시울을 붉혔다.

한국전쟁 전후 민간인 희생자 전국유족회는 9일 대법원 앞에서 보도연맹 사건의 조속한 진실 규명과 배·보상을 위한 법제화를 촉구하는 집회를 열 예정이다.

유족 울리는 법원 잣대②, 연합뉴스, 2013. 07. 09.

채의진은 기사를 읽으며 50여 년 전을 떠올렸다. 5·16 군사쿠데타와 함께 시작되었던 수배 생활의 기억이 아직도 생생하게 남아 있었다. 혁명의 파도가 일으킨 거품은 사라지고 그 자리에 들이닥친 군사 정권은 국민들을 우롱하고 억압했다. 한국전쟁 전후에 일어났던 민간인 학살의 또 다른 모습이었다. 그 정권을 지배했던 세력이 세월이 흘러 지금 다시 정권을 잡았다. 학살의 책임자들을 승계하는 정권은 학살 피해자들 보란듯이 과거의 행동을 반복했다. 책임 회피와 현실 부정. 이제는 대놓고 소멸 시효를 문제 삼아 과거의 잘못을 반성하지 않겠다고 말하는 꼴이었다.

우려는 현실이 되었고 1년 후 국가의 상고를 접수 받았던 대법원은 2014년 5월 29일 국가의 상고를 파기 환송해 고등법원으로 돌려보냈다. 채의진을 비롯해 다른 유가족들에게 지급되었던 보상금을 다시 국가에 반납하라는 무언의 명령이었다.

결국 2015년 5월 29일 서울고등법원은 피고인 문경 석달마을 사건 유가족들에게 보상금의 일부를 돌려주라는 판결을 내렸다. 국가가 보상금을 주었다 뺏는 일은 전례 없는 사건이었다. 채의진은 마음속에 분노가 일었지만 그 분노를 모두 토해내기에 너무 지쳐 있었다. 국가의 배상금 반환 판결 이후 지병이 악화된 채의진은 다시 병원에 입원했다. 다시 집으로 돌아갈 수 있을지 없을지도 모르는 기약 없는 병마와의 싸움이 시작되었다.

3장

암울한 시대의 증언자

2016년 6월 7일 채의진의 병실.

정희상이 병상에 누워 있는 채의진을 찾아왔다. 정희상 곁에는 한 무리의 사람들이 함께 있었다. '진실의 힘' 재단 관계자들이었다. '재단법인 진실의 힘'은 군사독재정권 시절 중앙정보부(안기부), 보안사, 경찰 대공분실 등에 끌려가 잔인한 고문을 받을 뒤 허위 자백과 불공정한 재판 끝에 '간첩'으로 만들어진 피해자들 가운데 재심을 통해 진실을 밝히고 손해배상 소송으로 국가의 책임을 추궁하는 데 성공한 사람들이 만든 재단으로, 유엔이 정한 매년 '6·26 고문생존자 지원의 날United Nations Day in Support of Victims of Torture' 즈음 '진실의 힘 인권상' 시상식을 진행해왔다. '진실의 힘 인권상'은 고문과 국가 폭력 피해자의 구조와 치유, 재발 방지에 크게 기여한 국내외 인사 또는 단체에게 수여하는 상이었다. 2016년 6회를 맞은 '진실의 힘 인권상' 수상자는 정희상과 채의진이었다.

“선생님, 이분들은 ‘진실의 힘’ 재단에서 왔어요. 올해 ‘진실의 힘 인권상’ 수상자로 선생님이 선정되었답니다.”

“진실의 힘?”

침상에 누워 있던 채의진은 정희상의 말에 눕혀져 있던 침대를 세웠다. 뼈만 남은 앙상한 모습이었지만 문경 사건과 관련된 일이라면 몸을 사리지 않는 채의진이었다. 그는 목 베개를 목에 두른 채 침대에 기대앉았다. 몸은 말랐지만 움푹 팬 두 눈에는 광채가 어렸다. 아직 문경은 그를 깨우는 단어였다. 채의진이 누웠던 몸을 일으키자 ‘진실의 힘’ 관계자들이 차례로 채의진에게 인사를 했다.

“선생님이 그동안 해온 일들에 비하면 작은 상입니다.”

“감사합니다.”

“오늘은 수상 소식을 알려드리면서 선생님 증언을 듣기 위해 찾아왔어요.”

관계자의 말에 채의진이 잠시 목을 가다듬었다. 사람들 앞에서 수백 번은 했던 이야기였다. 하지만 그는 마치 어제 일처럼 생생하게 자신이 살아온 인생 이야기를 시작했다. 관계자들과 함께 병실에 서 있던 정희상은 그런 채의진의 모습에 안도의 한숨을 쉬었다. 여전한 모습이었다. 지난 몇 달간 마음의 상처로 악화되었던 병이 조금 나아지는가 싶었다. 채의진은 마치 제주인권회의에서 발표할 때처럼 정정한 발음과 목소리로 자신의 인생에 대해 설명했다. ‘진실의 힘’ 관계자들 중 일부는 영상을 찍었고 다른 사람들은 목소리를 녹음하며 채의진의 말에 귀를 기울였다. 채의진은 살아 있는 민간인 학살 진상규명 운동의 역사 그 자체였다. ‘진실의 힘’ 사람들이 다녀가고 며칠

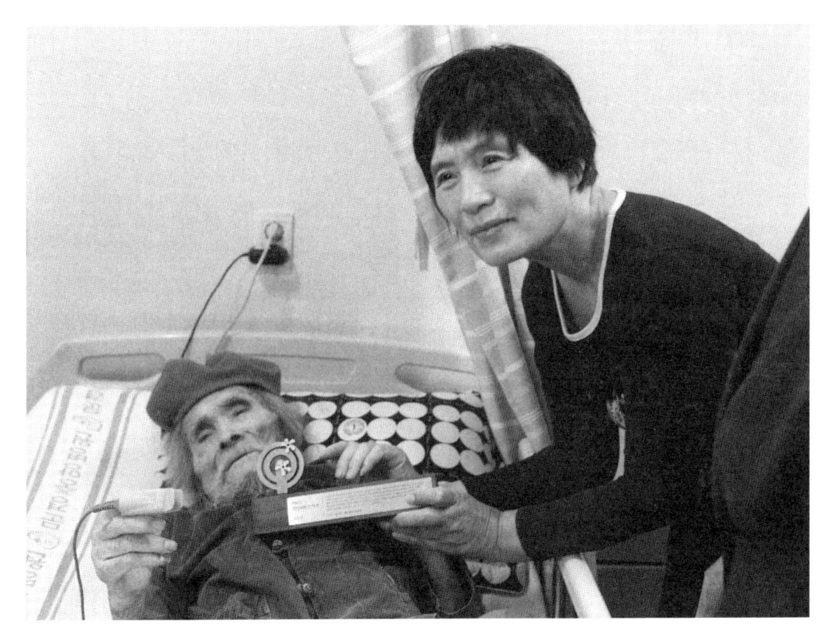

2016년 6월 정희상 기자와 제6회 진실의 힘 인권상을 공동수상한 채의진. 병석에 누워 있는 사람 같지 않게 또렷한 눈빛으로 상패를 받았다. 오른쪽은 조은 재단법인 '진실의 힘' 인권상 심사위원장.

뒤 제6회 '진실의 힘 인권상' 시상식이 개최되었다.

2016년 6월 24일 오후 7시 충무아트센터 컨벤션홀.

정희상은 무거운 마음으로 건물 안에 들어섰다. '제6회 진실의 힘 인권상'. 민간인 학살 진상 규명 운동에 앞장선 채의진·정희상 두 사람이 함께 상을 받는 자리였지만, 시상식장 안에 들어서는 건 정희상 혼자뿐이었다. 정희상은 무거운 발걸음을 이끌고 건물 안을 둘러보았다.

"기자님! 이쪽입니다."

"네."

행사 진행 요원이 정희상을 자리로 안내했다. 단상에서 가장 가까운 자리였다. 테이블 위에는 채의진의 이름 팻말이 함께 올려져 있었다. 정희상은 한숨을 쉬며 며칠 전 병원에서 보았던 채의진을 떠올렸다.

행사가 시작됐다. 앞 순서가 지나고 시상식 순서가 되자 사회자가 올해의 수상자 이름을 호명했다.

"제6회 진실의 힘 수상자. 채의진, 정희상." 정희상과 채의진의 아들 채홍필이 단상에 올랐다.

호명 후 사회자는 두 사람의 인권상 결정문을 낭독하기 시작했다. '진실의 힘 인권상' 결정문 안에는 채의진이 걸어온 발자취가 고스란히 담겨 있었다.

채의진 선생의 삶은 그 자체로 우리의 참혹한 역사를 대변합니다. 한국전쟁을 전후한 기간 동안 전국 각지에서 수많은 민간인들이 학살당했습니다. 좌우익의 대립과 갈등이 폭력적으로 전개되면서 군과 경찰은 물론 그들과 연계된 우익 단체들도 조직적으로 가담해서 '좌익'으로 간주된 민간인들을 학살했습니다. 어떤 절차도, 근거도 필요 없었습니다. '좌익', '부역'이라는 추상적인 딱지만 붙이면 죽여도 되는 광란의 시절이었습니다. 1948년의 제주 4·3 사건과 여순 사건에 이어 1950년 한국전쟁 개전 직후 국민보도연맹원 수십만 명에 대한 학살이 이어졌습니다. 전쟁 중에는 노근리 사건 등 미군에 의한 학살도 일어났습니다. 적게는 20만 명에서 100만 명(4·19 당시 피학살유족회 집

계)에 이르기까지 정확히 추정할 수조차 없는 많은 민간인들이 집단 학살을 당한 것입니다. (중략)

채의진 선생은 학살 현장에서 살아남은 생존자로서, 그 고통을 딛고 진실 규명을 위해 온 삶을 거리에서 살며 헌신했습니다. 단순한 피해자가 아니라 암울한 역사를 증언한 시대의 증언자, 목격자인 채의진 선생은 끈질긴 투쟁으로 미흡하나마 국가의 사과를 이끌어냈습니다. 국가는 채의진, 그리고 '수많은 채의진들'의 존재를 부인하고, 짓밟고, 망각 속에 가두려 했습니다. 그러나 학살의 구덩이에서 살아남은 이들은 죽음 같은 고통을 딛고, 끔찍하고 야만적인 국가 폭력에 맞서 '진실'이라는 꺼지지 않는 등불을 들었습니다. 그리고 삶 전체를 통해 인간은 폭력보다 강하다는 진실을 보여줬습니다. 심사위원회가 채의진 선생을 '진실의 힘 인권상' 수상자로 결정한 첫 번째 이유입니다.

우리는 채의진 선생에게 제6회 '진실의 힘 인권상'을 드림으로써 철저한 망각의 공동체 안에서 외롭게 싸웠던 채의진 선생의 삶을 동시대와 함께 기억하려고 합니다. 사법부, 입법부, 행정부를 통틀어 국가의 차디찬 외면과 시민의 망각을 낱낱이 기록하려고 합니다. 다시는 이러한 비극이 되풀이돼서는 안 되기 때문이며, 우리 사회가 채의진 선생의 투쟁에 진 빚을 조금이나마 덜 수 있길 바라기 때문입니다. 선생의 삶에 존경과 감사를 표하며 '진실의 힘 인권상'을 드립니다.

-제6회 '진실의 힘 인권상' 결정문 중

다시 한 번 두 사람의 이름이 불리자 정희상이 무대 위로 올라갔다. 정희상이 상을 건네받자 사람들의 박수, 함성 소리가 홀 안을 가득 채웠다. 1989년 진상 규명이 끝나기 전까지 머리를 자르지 않겠다던 채의진의 다짐을 정희상은 기억했다. 둘이서 걷기 시작한 민간인 학살 진상 규명의 길 위에 이제 수많은 사람들이 서 있었다. 채의진이 피워낸 작은 불꽃이 커다란 불이 되어 넘실거렸다. 국가의 지난 죄악을 모두 태워버리겠다는 듯 이글거리는 불꽃에 정희상은 채의진을 떠올렸다. 정희상은 수상 소감문을 낭독했다. 오랜 세월 기자로서 그리고 채의진의 어린 벗으로서 진상 규명 운동의 한가운데에 선 남자의 말이었다.

> 지난 6월 중순 고문 피해자들의 기금으로 만들어진 '진실의 힘' 재단으로부터 제6회 진실의 힘 인권상에 문경 민간인 학살 유족회장 채의진 선생님과 함께 공동 수상자로 선정됐다는 전갈을 받았습니다. 뜻밖의 수상자 선정 소식에 솔직히 처음에는 기쁨보다 부담이 앞섰습니다. 무엇보다 지난 10여 년 동안 혼신의 힘을 다해 한국전쟁을 전후로 한 시기에 발생한 야만적 국가 폭력 문제 해결을 위해 뛰어오신 훌륭한 인권 활동가와 학자들도 많습니다. 특히 아직도 해원은커녕 진상 규명조차 제대로 이뤄지지 않아 한 맺힌 삶을 살아가고 있는 전국 각지의 민간인 학살 피해 유족들이 헤아릴 수 없이 많이 살아 계십니다. 이런 상황에서 이 상을 내가 받아도 되는가 하는 무겁고 부담스러운 마음이 앞섰습니다.
>
> 심사위원회에서는 언론인으로서 4·19 혁명 이후 처음으로 민간인 학살 문제를 파헤쳐 공론화하고 피해자들의 아픔을 공동체와 연결시켜 의제화하는 데 '디딤돌' 역할을 했다는 공로를 인정해주신 것이라고

했습니다. 과분한 평가에 몸둘 바를 몰라 한동안 고민하다가, 앞으로 민간인 학살 문제의 궁극적 해결을 위해 초심으로 돌아가서 아직도 못다 한 숙제를 마저 하라는 격려와 채찍으로 받아들이기로 하고 무거운 마음으로 수상을 수락했습니다.

(중략)

지난 6월 7일 저는 진실의 힘 관계자들과 문경중앙병원에 입원한 선생님을 찾아뵙고 인권상 수상자 선정 소식을 알려드렸습니다. 병상에서 뼈만 앙상하게 남은 위중한 상태임에도 채 선생님은 사력을 다해 기록에 필요한 증언을 해주셨습니다. 그 자리에서 선생님은 "고 김근태 의원 추도 행사가 곧 있다고 초청장이 왔는데 어서 일어나 거기는 꼭 가봐야 되는데……"라고 말씀하실 정도로 견디기 힘든 병마 속에서도 연대의 집념을 거두지 않으셨습니다. 오늘 받게 되는 '진실의 힘 인권상'이 갈수록 위중해지는 채의진 선생님의 병세에 다소라도 힘을 불어넣어주는 생명수가 되기를 간절히 기원해봅니다.

한국전쟁 전후 민간인 학살 문제 해결은 아직도 미완의 인권 숙제로 남아 있습니다. 진실화해위에서 진상 규명이 이뤄진 일부 지역 학살 사건에 대해 법원에서 개별적 배상 판결을 내리기는 했지만 아직도 대다수 피해 유족은 사법부의 보수화 흐름 속에 시효 문제 등에 걸려 배상을 거부당하고 있습니다. 국가 범죄에 의한 억울한 주검의 유골들은 아직도 전국 각지에 흩어져 있거나 일부 수습된 경우도 안식처를 찾지 못한 채 대학병원 법의학교실 등에 쌓여 있습니다. 집단 학살 유해에 대한 합당한 처리와 추모관 건립 등 후속 숙제는 아직도 요원합니다.

그뿐이 아닙니다. 한국전쟁 전후 야만적 민간인 학살의 배경이 되었던 인간 말살의 본성으로 똘똘 뭉친 '분단'이라는 괴물이 여전히 우리 앞을 가로막고 있습니다. 일각에서는 그 괴물이 다시 과거의 악몽을 되살리려는 듯 힘을 발휘하는 흐름도 감지됩니다. 서북청년단 등을 자처하는 현대판 극우 단체들이 거침없이 '좌익 효수', '죽창'을 떠들어댑니다. SNS를 중심으로 '빨갱이를 6·25 때처럼 학살하자'는 도저히 용납될 수 없는 광기 어린 주장도 버젓이 난무합니다. 이들 세력의 뒤에는 국가 정보기관과 전경련이라는 음습한 그림자가 어른거립니다. 그들이 말하는 빨갱이는 국민의 절반에 이르는 현 정권에 투표하지 않은 국민을 무차별적으로 겨냥하고 있습니다. 참담하다 못해 소름 끼치는 역사의 후퇴가 아닐 수 없습니다.

제가 해온 일에 비춰 분에 넘치는 이번 '진실의 힘 인권상' 수상을 계기로 저는 초심으로 돌아가겠습니다. 민간인 학살을 둘러싼 남은 숙제를 해결하는 데 언론이 해야 할 몫을 제대로 해내도록 분발하겠습니다. '야만적인 국가 범죄의 추억'을 되살리려는 세력이 고개를 내미는 추악한 현실을 바로잡는 데 미력하나마 탐사보도 기자로서 다져온 역량을 집중하겠다고 여러분 앞에 다짐합니다. 감사합니다.

시상식이 끝나고 정희상은 가장 먼저 채의진이 입원해 있는 병원으로 향했다.

"선생님, 저 왔어요."

"정 기자."

채의진은 꺼져가는 목소리로 정희상을 불렀다. 정희상은 말없이 곁으로 다가가 대신 받은 상을 건넸다. 잘 보이지도 않는 눈으로 상을 보던 채의진이 눈을 감았다.

병실의 밝은 빛이 사라지고 눈앞에 검은 어둠이 짙게 깔렸다.

"형님! 형님!"

"얘 의진아, 뛰지 말고 걸어오렴, 다치겠다."

"우리 아들, 이리 오렴."

저 멀리 어머니가 자신을 부르며 다가오고 있었다. 말간 얼굴의 어머니는 깨끗한 흰 저고리를 여며 입고 단아한 걸음으로 채의진에게 걸어왔다. 어머니를 부르고 싶었지만 목이 메어 말이 나오지 않았다. 그리고 어째서인지 제자리에서 움직일 수조차 없었다. 채의진은 애타는 마음으로 어머니를 바라보았다. 어머니의 목소리가 점점 가까워졌다고 느낄 때였다. 강한 손길이 그를 흔들어 깨웠다. 아주 찰나의 시간이었다.

"선생님, 선생님."

"응?"

"내려가셔야죠."

"응, 그래."

자신을 부르고 있는 건 어머니가 아니라 정희상과 함께 병원을 찾은 제자 유복연이었다. 정신을 차리고 보니 상을 건네준 정희상이 걱정스러운 표정으로 옆에 앉아 있었다. 채의진은 괜찮다는 것을 알리려고 손을 내저었다. 하지만 그는 이미 마음으로 알고 있었다. 갈 때가 다가오는 중이었다.

4장

오호 애재라

"아버지 건강이 많이 악화되셨어요."

"병원에 내가 한 번 가도록 할게."

숙희의 전화였다. 이이화는 전화기를 내려놓고 잠시 생각에 잠겼다. 작년까지만 해도 병을 이기겠다며 떵떵거리던 채의진이었다.

"이이화 선생, 나 술이 먹고 싶어. 좀 가져다줘."

"이 사람이, 위에 암을 달고도 그런 소리가 나와요?"

병원에 입원해서도 술을 달라며 고집을 부려 사람들을 애먹이곤 했다. 역사문제연구소 사무실에 앉아 있던 이이화는 답답한 마음에 문을 열고 사무실을 나왔다. 그의 발걸음이 향한 곳은 강당이었다. 강당 앞에 선 이이화는 채의진, 신영복과 함께 만든 강당 현판을 바라보았다.

진실의 힘 인권상 수상 1년 전인 2015년 봄, 서울 동대문구에 위치한 역사문제연구소에 이이화, 채의진, 신영복 세 사람이 모였다.

"새로 이사한 역사문제연구소 건물 안에 현판을 좀 만들려 해요."

채의진과 신영복을 부른 건 이이화였다. 2015년 새로운 곳으로 이사를 간 역사문제연구소 강당에 이름을 붙이기 위해 두 사람을 부른 것이다. 역사문제연구소는 우리 역사의 여러 문제들을 공동 연구하고 그 성과를 일반에 보급함으로써 역사 발전의 올바른 방향을 제시하는 민간 연구 단체로, 역사학 및 역사에 관심을 가진 여러 분야의 연구자와 시민들이 함께 참여해 운영 중이었다. 이이화는 과거사, 특히 민간인 학살 문제에 함께 대처해온 사람들과 같이 현판을 만들고자 했다.

"내가 제목을 지으면 신영복 선생이 쓰고 채의진 선생이 나무로 파는 게 어떻겠어요?"

"좋아요. 그렇게 해요."

이이화는 두 개의 강당에 각각 이름을 지었다. 2층에 위치한 큰 강당의 이름은 관지헌觀知軒. 지성이나 지식을 관찰해 연구하는 곳이라는 뜻을 담은 이 이름에는 연구소가 지향하는 바를 녹여냈다. 또 다른 강당에는 벽사당碧史堂이라는 이름이 붙었다. 푸른 역사라는 뜻이었다. 이이화가 이름을 짓자 신영복이 글씨를 쓰기 시작했다. 당시 신영복은 암에 걸려 집에서 요양을 하고 있었다. 학교 강의도 안 나가고 집 안에서 요양을 하던 몸으로 글씨를 쓴 것이다. 역사 문제에 대한 남다른 애정 없이 할 수 없는 일이었다.

"이거 한 100년 지나면 문화재가 될지도 모르겠어요."

신영복과 함께 채의진을 찾은 이이화가 신영복의 글씨를 채의진에게 건네며 말했다. 병중에 쓴 글씨에는 신영복의 마음이 담겨 있었다. 글씨를 받은 채의진은 신영복의 마음이 담긴 글씨를 보며 고개를 끄덕였다.

"내가 최선을 다해서 파도록 할게요."

신영복의 글씨를 받는 채의진의 두 눈에서 빛이 났다. 채의진은 글씨를 받은 날부터 열심히 나무를 파기 시작했다. 그 좋아하던 술도 조금밖에 마시지 않았다. 채의진 역시 건강이 조금씩 나빠지고 있던 시기였다. 채의진은 나무를 깎아내며 그동안 걸어온 일들을 떠올렸다. 그가 만든 마지막 작품이었다.

2016년 6월 문경. 깜깜한 병실 안에 오로지 거친 숨소리만 들렸다. 눈을 감은 채의진은 쉽게 잠들지 못했다. 위 협착증. 음식을 먹지 못하고 수혈만 해야 하는 상황에서도 채의진은 자기 뜻을 굽히지 않았다. 침상에 누운 채로도 마지막 소송과 끝내지 못한 자기 할 일에 대한 이야기를 읊조렸다. 그가 지금까지 버틸 수 있었던 건 정신력 덕분이었다. 색색거리며 잠을 자는 채의진 곁에는 그의 아들 채홍필이 누워 있었다. 쉽사리 잠들지 못하는 아버지를 보며 그는 한숨을 쉬었다.

채의진의 상태가 위독하다는 소식을 듣고 김주태가 달려왔다. 친구 채의진이 뼈하고 가죽만 남은 모양새로 병원 침대에 몸을 누이고 있었다. 김주태의 마음에 아픔이 밀려들었다. 이건 돈으로도 어떻게 할 수 없는 노릇이었다. 그는 애써 아무렇지 않은 척하며 친구의 곁으로 다가갔다.

"의진아, 나 왔다."

김주태의 목소리에 채의진이 희미하게 웃음을 지으며 몸을 일으켰다. 김주태는 그런 채의진을 도와 그를 침대에 바로 앉혔다.

"왔냐."

"응."

전과 달리 힘이 없는 목소리에 김주태의 목이 멨다.

"야, 여기 좀 봐봐. 너 꼴이 이게 뭐냐. 내가 사진으로 남겨야겠네."

"맘대로 해라."

김주태는 애써 아무렇지 않은 척하며 친구의 모습을 핸드폰 카메라에 담았다. 자꾸만 눈물이 앞을 가렸다. 사람에게는 촉이라는 것이 있다. 금방이라도 이 세상과 이별할 것 같은 느낌이 엄습했다. 이 느낌은 아마 채의진 본인이 제일 잘 알 터였다.

"주태야. 나 먼저 갈 것 같다."

"야 의진아, 혹시 네가 먼저 가더라도 나도 머지않아 네 곁에 갈 테니까 외롭다 생각하지 마라. 거기서 술 한잔 하자."

김주태의 말에 채의진이 마지막 힘을 짜내어 크게 웃었다.

"그래도 가기 전에 우리 홍필이 결혼하는 건 봐야 하는데."

"또 그 얘기야?"

채의진은 꼭 자기 아버지 같은 얘기를 했다. 어린 시절 아버지의 강요로 한 두 번의 결혼. 오로지 효심으로 한 결혼으로 행복을 누리지 못했음에도 채의진은 제 아들이 결혼하는 것을 보고 싶어 했다. 어릴 때는 이해하지 못했던 아버지의 마음이 그제야 이해가 되었다. 특히 아들 홍필에 대한 애정이 유별났던 채의진은 홍필이 꼭 결혼해서 손주까지 낳는 모습을 보고 싶어 했다.

"그때 그 여자랑은 헤어진 게 맞지?"

"응, 그렇대."

영화 일을 하고 있던 홍필이 병원에 입원했을 때였다. 일본에 갔다가 한국으로 돌아오던 날 갑자기 맹장이 터져 수술을 해야 할 상황이었다. 채의진은 그때 병원에 입원해 있던 홍필을 찾아온 여자를 기억했다. 홍필이 그 당시 사귀던 여자였다. 병원에 누워 있는 자기 아들을 잘 돌보는 모습이 채의진의 마음에 들어왔다. 그러나 정작 당사자인 홍필은 결혼 생각이 없었다. 제 엄마 얼굴도 본 적 없이 배 다른 누나 숙희를 엄마 삼아 자란 홍필은 이런 가정환경 때문인지 결혼에 대해 부정적이었다. 만나고 있던 여자와도 결혼 얘기가 오갔지만 정작 결혼 결정을 내리고 싶지 않았던 홍필은 여자와 헤어진 뒤에도 자기 아버지에게 이야기하지 않았다. 결혼에 대해 입을 열지 않는 홍필이 답답했던 채의진은 김주태에게 아들과 이야기를 해달라고 부탁했을 정도였다.

"그놈이 도통 입을 안 열어. 네가 얘기 좀 해봐라."

"내가 연락해볼게."

채의진의 부탁을 받은 김주태가 홍필을 만났다. 그러나 홍필은 좀처럼 입을 열지 않았다. 그저 술이나 한 잔 마시고 싶다는 말에 김주태는 더 얘기하는 것을 포기했다. 그가 할 수 있는 건 단지 채의진의 바람을 전하는 일이었다. 채의진은 병상에 누워 있는 내내 홍필을 떠올릴 때면 버릇처럼 결혼 얘기를 꺼냈다. 그렇게 두 사람이 이야기를 나누고 있을 때 채의진의 휴대전화가 울렸다. 이이화였다.

"지금 병원에 있어요, 주태도 와 있어요."

안부를 묻기 위해 전화를 한 것이었다. 이이화는 채의진의 목소리를 들으며 그의 죽음을 느꼈다. 원래 밥을 못 먹고 죽어가도 목소리 하나만큼은 깐깐한 사람이었다. 그런데 그런 채의진의 목소리에 기운이 없었다. 잔뜩 기가 죽은 느낌이었다. 이이화는 그런 목소리를 들으며 한숨을 쉬었다.

"숙희 좀 바꿔줘요 선생님."

숙희를 찾는 말에 채의진은 전화기를 숙희에게 건넸다.

"여보세요?"

"숙희냐? 네 아버지 목소리가 영 좋지 않구나."

"몸이 많이 안 좋아지셨어요."

"식사는 좀 하고?"

"거의 못 하세요. 그런 지 좀 되었어요."

숙희의 대답에 이이화가 잠시 입을 다물었다. 간단한 말이 오가고 숙희는 전화를 끊었다. 이게 마지막이 될 거라는 것을 모두가 느끼고 있었다.

2016년 6월 27일 밤. 김주태의 휴대전화가 요란하게 울렸다. 휴대전화 액정 위로 뜬 글자.

'채숙희.'

잠결에 휴대전화를 본 김주태는 숙희의 이름을 보고 정신이 번쩍 들었다. 예삿일이 아니었다.

"여보세요."

"아저씨."

담담한 목소리였다. 김주태는 애써 목소리를 가다듬었다. 떨리는 마음을 숨길 순 없었다.

"아버지 일이냐?"

"예."

"지금 가마."

그는 잠든 아내를 두고 집 밖으로 나왔다. 병원으로 가는 길, 오로지 눈을 감는 그 순간 곁에 있지 못했다는 사실만이 그의 마음을 괴롭혔다. 그럴 줄 알았다면 좀 더 오래 같이 있을걸, 조금 더 그 손을 잡아줄걸. 김주태는 착잡한 마음을 안고 채의진이 있는 병원으로 향했다.

2016년 6월 28일 새벽. 채의진이 눈을 감았다. 오랫동안 그를 괴롭히던 위암은 결국 채의진을 함락시켰다. 병실에 모인 건 채숙희와 채의진의 외손자, 외손녀 세 사람이었다. 채의진은 제가 가장 아끼고 사랑했던 사람들이 보는 가운데 조용히 숨을 거뒀다. 오래 묵힌 한으로 차마 멈추지 못한 마지막 숨결이었다.

"여보세요?"

"이이화 선생님, 저 숙희예요."

숙희는 채의진과 알고 지낸 사람들에게 연락해 아버지의 죽음을 알렸다. 새벽에 전화를 받은 이이화는 급하게 추도사를 준비했다. 그리고 부조할 사람을 모아 봉투를 챙겼다.

며칠 후 채의진의 장례식이 치러졌다. 채의진과 뜻을 같이했던 범국민위 사람들이 장례식장을 찾았다. 채의진의 마지막 길을 함께하기 위해 먼 서울에서 장례식장까지 온 사람들이었다. 장례식장 안에는 무거운 분위기가 감돌았다. 장녀인 채숙희와 아들 채홍필이 조문객들을 맞이했다. 모두들 그저 말없이 두 사람의 손을 잡으며 고개를 숙였다. 채의진의 영정사진 앞에서 사람들은 경건한 마음으로 고인의 명복을 빌었다. 크게 소리내서 우는 사람은 없었지만 소리 없는 울음이 이미 장내를 가득 채웠다. 하늘도 그런 이들의 마음을 아는지 따사로웠던 햇빛을 감추고 흐려졌다.

많은 나이 차가 무색하게 채의진 곁에서 진상 규명 운동의 시작과 끝을 지켜보았던 정희상이 사람들 앞에 섰다. 늘 기자로서의 본분을 잊지 않기 위해 평정심을 유지해왔던 그의 목소리가 여느 때와 달리 물기로 가득 찼다. 떨리는 목소리로 그는 한 자 한 자 정성스레 쓴 추도사를 읽기 시작했다.

오호 애재라. 채의진 선생님! 끝내 이렇게 가시나이까. 65년 전 하늘도 울고 땅도 울던 그 끔찍한 학살 만행의 변고를 겪으신 이 자리 살아생전 한시도 억울하게 가신 일가족 친지, 마을 주민 86명의 원혼을 달래기 위한 일념을 버리지 않고 그토록 두 사람, 세 사람 몫의 치열한 생을 살아오시더니 드디어 그때 가신 억울한 영령들 곁으로 돌아오셨군요. 27년 전 저를 처음 만나 천인공노할 이 학살 만행 현장으로 안내하신 날의 기억이 잊히지 않습니다. 채 선생님. 학살 현장 이 자리에는 아직도 선생님께서 못다 푸신 하실 일이 남아 있는데 뭐가 그리 급해 이렇게 홀연히 떠나셨나이까. 애통하고 또 애통하옵니다.
하지만 채 선생님. 선생님께서는 학살 현장에서 살아남은 자로서 평생 잊지 못하던 부채를 다 갚으셨습니다. 저희가 보기에 그만하셨으면 충분하고도 넘칩니다. 아직 남은 숙제는 아직 살아 계시는 수많은 생존 유가족과 우리들의 몫입니다. 그러니 부디 부채감 떨치시고 편히 쉬십시오.
65년 전 이 자리에서 비명에 가신 86위의 영령들이시여. 한평생 진상 규명과 해원이라는 산 자의 숙제를 잊지 않고 마지막 순간까지 고군분투하시다 영령님들 앞으로 떠나신 채의진 선생님을 부디 따뜻하게 품어 안아주십시오. 살아생전 정말 고생했노라고, 그만하면 너 할 일 충분히 다 하고 왔노라고 위로하고 격려해주실 것으로 믿어 마지않습니다.
이제 채 선생님이 못다 하신 학살 해원 숙제는 살아 있는 저희들의 몫이 되었습니다. 그 길을 부디 굽어 살피시고, 다시는 이 땅에 영령들께서 겪었던 반인륜적 국가 폭력과 야만 행위가 되풀이되는 일 없도록 먼저 가신 님들이 등불이 되어주십시오.
학살과 은폐 조작 없는 그 세상에서 채 선생님을 맞이하여 편안히 영면하시기를 간절히 바라옵고 바라옵나이다.

4·19 이후 30년 만에 문경 석달동 학살 사건을 세상에 알렸던
정희상 기자 배

눈을 감고 추도사를 들은 숙희의 눈에서 멈춘 줄 알았던 눈물이 다시금 흘러내렸다.

"아버지 가시는 길 쓸쓸하지 않으시겠네요."

숙희의 말을 듣고 김주태가 고개를 끄덕였다. 김주태는 잠시 장례식장 밖을 나와 바람을 쐬었다. 가장 가까이에서 채의진의 진상 규명을 지켜본 그는 이렇게 가는 친구의 모습에 이루 말할 수 없는 슬픔을 느꼈다. 저보다 먼저 갈 줄은 알았지만 막상 장례식장에 찾아오니 그 감회는 남달랐다. 그는 채의진의 빈 자리를 느끼며 눈물을 지었다. 이이화와 김동춘 등 그와 함께 범국민위를 함께한 사람들과 임시정부사무소 사람들이 장례식장을 찾았다. 숙희의 연락을 받고 문경으로 내려온 정희상은 안타까운 마음을 감추지 못했다.

"채 선생님, 이제 가서 푹 쉬세요. 거기서 가족들도 만나고, 여기 일은 다 잊어요."

먼저 떠난 채의진을 기리며 정희상이 향을 꽂았다. 이어 이이화가 채의진을 기렸다. 이이화는 이날 채의진의 영전 앞에 다음과 같은 글을 바쳤다.

오늘 이른 아침에 부음을 받고 한동안 멍한 채로 창을 통해 찌든 하늘을 바라보았습니다. 그러고 나서 갖가지 회상이 떠올랐습니다. 우리가 만난 게 20여 년이 되었지요? 문재 선생을 처음 만났을 때 붉은 모자를 쓰고 긴 머리에 개량 한복을 입고 있어서 신흥종교 교주인 줄로 알아서 별로 접근하고 싶지 않았습니다. 그런데 한국전쟁의 희생자 가족이요 본인이 시체 더미 밑에서 살아남았으며 그 일로 하여 평생 악몽에 시달리고 있다는 얘기를 듣고 가슴이 먹먹해졌습니다. 더욱이 원통한 영혼의 명예를 회복하는 일을 평생의 과업으로 삼으면서 머리칼을 깎지 않겠다는 의지를 보였습니다.

그동안 우리는 서울 후암동 사무실과 여의도와 국회 등지에서 더운 여름, 추운 겨울을 가리지 않고 만났지요. 때로는 목로주점에서 잔을 기울이면서 비분강개를 일삼았지요. 형제자매보다 더 자주 만났습니다. 때로는 저의 숙소에 와서 밤을 새우면서 대화를 나누기도 하였지요. 국회에서 반 토막이나마 과거사 정리 기본법이 통과되던 날, 우리 유족들과 함께 국회 로비와 여의도에서 소리 높여 함성을 질러댔습니다. 문재 선생은 4·19 혁명 이후 민간인 학살 유족 대표 또는 한국전쟁 희생자 명예 회복 범국민위원회 대표로서 평생 명예 회복과 진상 규명을 위해 몸을 바쳤기에 더욱 남다른 감회를 가졌을 것입니다. 이를 계기로 평생 기르던 발끝까지 닿던 머리를 자르는 삭발식을 종로 거리에서 가졌지요.

문재 선생은 한국전쟁 희생자 명예 회복 사업과 동학농민혁명 기념사업 그리고 여러 민주운동의 일을 위한 기금 마련에 서각 작품을 내주어 큰 도움을 주었습니다. 크나큰 열성이요 희생이라 여겨집니다. 또 저 개인에게는 상주 산에서 손수 딴 두릅 같은 산채를 싸와서 쥐어주기도 하였습니다. 인정이 넘쳐났어요. 가족의 명예 회복을 인정하는 대법원 확정 판결이 나던 날, 바로 소생에게 달려와 종로에서 얇은 주머니를 털어 막걸리와 육회를 사주면서 "고맙다"는 말을 연달아 해주었습니다.

정작 문재 선생은 마음의 상처를 달래려는 것인지 오랜 습관 탓인지 하루 소주 두세 병을 마시는 걸 목격하고 충고조차 할 수 없었습니다. 같이 어울릴 수밖에 없었지요. 그동안 시름시름 병고에 시달리더니 끝내 입원을 하는 걸 보고 "오래 못 살겠다"는 판단이 들었습니다. 며칠 전 소생과 통화를 했지요. 곧 죽겠다는 말을 남겨서 곧바로 위문을 하려 했는데 이렇게 갑자기 부음을 받았습니다. 문재 선생은 전각 등 소장 작품과 한국전쟁 관련 기념물을 모아 개인 박물관을 살던 고장에 짓겠다는 뜻을 밝혔습니다. 앞으로 이게 이루어질지 모르겠습니다. 평생 모신 석달마을 희생자 위령제와 함께 이 일이 성취되기를 간절히 기원합니다. 이제 남은 일은 자녀와 후학들에게 넘겨주고 이승의 일은 잊어버리시고 영면하소서. 우리 다시 지하에서 만날 때 한바탕 옛이야기를 나누면서 회포를 풉시다.

2016년 6월 28일 아침에 이이화 올립니다.
고 문재文齋 채의진 선생 영전에, 이이화

채의진이 사람들 앞에서 아픈 기억을 말할 수 있도록 처음으로 자리를 만들었던 김동춘 역시 눈물을 감추지 못했다. 붉어진 눈시울로 그는 향을 꽂으며 묵묵히 고개를 숙였다. 그 역시 채의진을 위해 추도사를 준비했다.

채의진 선생님. 사망 소식을 듣고 너무 큰 충격을 받았습니다.
아직은 할 일이 많이 남았는데 말입니다.
비록 문경 석달동 학살 사건이 공식적으로 진상 규명이 되었고 보상도 받았다고 하나 정부로부터 보상금의 일부를 다시 반환하라는 어이없는 통보를 받았고 그래서 그동안의 굴곡 많았던 인생을 글로 정리함과 동시에 진정으로 선생님의 억울한 피해를 인정받고 공식화하려는 여러 구상을 완수하지 못하고 이렇게 생을 마치게 되었기 때문입니다.
지난 80년의 세월은 일반인들로서는 상상할 수 없는 통한의 세월이었습니다.
선생님의 일생은 1949년 12월 24일 석달동의 저 비극적인 학살 사건 현장에서 열세 살의 소년으로 기적적으로 생존한 이후, 억울하게 죽은 아홉 명의 가족의 한을 풀기 위한 일로 점철되어 있습니다.
그리고 그 평생에 걸친 투쟁의 결실도 얻었습니다.
그 오랜 인고에 찬 투쟁의 과정에 저와도 만났습니다.
2000년 2월 그 추운 날 문경을 찾았던 제게 선생님은 온몸으로 그리고 모든 자료를 동원해서 그 억울한 학살의 사실을 피를 토하듯이 뱉어내셨지요. 그런 선생님의 고통과 한. 이 문제가 해결되기 전까지는 머리를 깎지 않겠다는 의지와 투쟁력에 감복하여 제가 민간인 학살 진상 규명 운동에 나섰고 선생님은 문경 사건의 해결뿐만 아니라 전국에서 발생한 한국전쟁 전후 민간인 학살 진상 규명 범국민위의 임원이자 전국유족회 회장으로서 중요한 역할을 하셨지요. 그래서 전국 방방곡곡의 유족들을 만나고 위령제에 참석하고 국회 앞 시위와 농성에 참여하고 편지를 쓰고 청원을 하는 일을 수없이 반복했지요.
그런 투쟁에 하늘도 감복하여 결국 진실·화해를 위한 과거사 정리 특별법이 국회에서 통과되고 선생님은 드디어 종로 네거리에서 십수 년 길렀던 긴 머리를 자르는 감격적인 삭발식 행사도 개최하셨습니다.
선생님의 일생은 말로 표현할 수 없는 비극과 고통, 배신과 좌절, 그리고 감격으로 가득 차 있었습니다. 선생님의 일생 자체가 한국 현대사의 비극, 좌절과 영광의 기록 그 자체입니다. 그런 시련 속에서도 선생님은 의지를 꺾지 않고, 서각 활동으로 마음을 다스려오셨고 수많은 사람들에게 큰 울림을 주셨습니다.
한국전쟁 전후 민간인 학살 사건 진상 규명의 길은 이제 반 정도밖에 오지 않았습니다. 선생님의 투쟁의 발자취는 국가 폭력 희생자들에게 큰 귀감이 될 것입니다.
선생님, 전쟁 없고 학살 없는 세상에서 이제 편히 쉬십시오.

2016년 6월 30일 김동춘 삼가 씀.
문재文齋 채의진 선생 영전에

자신을 찾는 사람들을 바라보는 채의진의 영정 속 모습은 그동안 진상 규명을 위해 앞장서서 나섰던 그 시절과 다름없었다. 길게 기른 수염과 흰머리, 빨간 베레모. 오로지 문경 석달 사건 진상 규명에 전 생애를 바쳤던 기인이 세상을 떠났다. 마지막까지 애달픔을 끊지 못한 그런 이별이었다.

1년 후, 2017년 6월 27일 밤.

다음 날 문경행을 앞두고 깊이 잠든 정희상의 꿈에 한 남자가 나타났다. 빨간 베레모도 쓰지 않고 머리도 기르지 않은 멀끔한 남자. 소복을 입은 채 미소 짓는 그 남자는 채의진이었다.

"채 선생님."

채의진은 '미목'에서 만난 그날처럼 부리부리한 눈을 하고는 정희상을 바라보았다. 고통과 분노에 지지 않는 그런 눈빛이었다. 마지막으로 봤을 때 느꼈던 죽음의 기운은 사라지고 없었다. 정희상의 부름에도 채의진은 그저 미소만 지었다. 그 자리에 서서 아무것도 하지 않은 채 두 사람은 한참을 서로 바라보았다. 시간의 흐름도 느낄 수 없는 그런 순간이었다. 잠시 후 채의진이 깊게 허리를 숙여 정희상에게 인사를 건넸다. 그러고는 뒤를 돌아 먼 빛을 향해 걸어갔다. 정희상은 그런 그를 붙잡지 않았다. 그저 뜨거운 눈물만 정희상의 뺨을 타고 흘렀다.

정희상이 잠에서 깨어나자 창밖에서 푸른빛이 새어 들어왔다. 채의진이 눈을 감았던 그날 새벽 같았다. 다음 날 자신을 보러 가는 걸 알고 찾아온 것일까? 정희상은 한참을 잠들지 못하고 날을 새웠다. 해가 하늘에 얼굴을 들이밀고 나서야 그는 문경으로 출발했다.

"정 기자님 오셨어요!"

"아, 김주태 사장님."

간밤에 꾼 꿈 때문인지 울렁이는 가슴을 안고 찾아간 채의진의 묘소에는 이미 사람들이 와 있었다. 그중에는 채의진의 오랜 친구 김주태도 있었다. 김주태는 반갑게 정희상을 맞이했다.

"오랜만입니다."

"오랜만이죠. 그동안 잘 지내셨죠?"

채의진의 장례식 이후로 볼일이 없던 두 사람이었다. 채의진은 김주태의 손을 잡고 악수를 했다.

"사장님, 제가 말입니다 어제 이상한 꿈을 꿨어요."

"꿈요?"

채의진의 묘소에 술잔을 올린 정희상이 김주태에게 어렵사리 말을 꺼냈다. 혼자 알고 있기엔 희한한 일이었다. 한 번도 꿈에 찾아온 적 없는 채의진이 갑자기 나타나다니 별일이다 싶었다. 정희상은 꿈에서 보았던 채의진의 얼굴부터 옷차림까지 세세하게 설명하며 마치 지금 꿈을 꾸고 있는 사람처럼 이야기했다. 가만히 이야기를 듣던 김주태의 눈가에 별안간 눈물이 고였다.

"의진이도 참."

"무슨 일 있는 겁니까?"

"아니요, 그런 건 아니고. 나도 며칠 전에 의진이 꿈을 꾸었거든요."

근래 들어 채의진의 생각이 든다 싶던 김주태의 꿈에도 채의진이 찾아왔던 것이다. 김주태는 오랜만에 보는 건강한 친구의 얼굴에 흐르는 눈물을 막을 수 없었다. 눈을 감기 전까지 얼마나 힘들었을까? 마치 자신이 잘 지내고 있다는 것을 알려주기 위해 찾아온 사람처럼 채의진은 한참을 미소 짓다 떠났다. 김주태 역시 꿈에서 깨어나고도 한참을 다시 눈을 감지 못했다.

1949년에 멈춰진 시계로 한평생을 산 남자 채의진. 그가 눈을 감고 나서야 움직이기 시작한 시곗바늘은 지금도 사람들의 마음에 남아 그리움의 시간으로 흐르고 있다.

· 에필로그 ·

마지막 울음

남자는 여전히 캄캄한 어둠 속을 걷는다. 메아리치는 총소리와 비명 소리가 점점 강해진다. 찢겨나갈 것 같은 고통과 분노가 남자의 마음을 휘감는다. 그때 저 멀리서 희미한 빛이 점멸한다. 남자는 고통스러운 걸음으로 조금씩 나아간다. 무거운 발에 진득한 어둠이 감긴다. 남자는 아랑곳하지 않고 빛을 향해 나아간다. 점멸하던 빛은 붉은색을 띠며 점점 강해진다. 작은 점이었던 빛이 가까이 갈수록 너울거린다. 총소리와 비명 소리가 사그라지기 시작한다. 남자는 저를 부르는 소리를 듣는다.

"의진아."

"의진아."

하나였던 목소리가 점점 늘어난다. 발에 달라붙은 어둠이 점점 뜯겨져 나가고 언제 그랬냐는 듯 발걸음이 가벼워진다. 발에 날개를 단 듯 남자는 성큼성큼 앞으로 발을 내딛는다. 총소리와 비명 소리가 희미해진 자리에 사람들의 곡소리가 들린다.

어허이 어허이 상여를 메고
억울하게 돌아가신 우리 아부지
오십 년 원한 싣고 여기에 왔소.
막걸리 한 잔 묵고 한숨지었소.
의사당 양반들아 내 마음 아요.
어허이 어허이 상여가 가네.
불쌍한 우리 어메 어디로 갔소.
분이 업고 석이 안고 나를 두고
문경새재 넘어올 때 하도 서러워
두건 벗어던지고 통곡을 했소.
길가는 양반들아 내마음 아요.

류춘도 시인, 〈문경새재 넘어올 때〉

아픔으로 짓눌렸던 입가에 미소가 어린다. 성성한 백발이 점차 검은색으로 물들고 얼굴 가득했던 쪼글쪼글한 주름이 사라진다. 팔십 먹은 노인의 얼굴은 장년이 되었다가 청년이 되었다가 열세 살의 소년이 된다. 소년 곁에 친구들이 선다. 저 멀리 집이 보인다. 그리운 어머니의 얼굴이 소년을 반긴다. 소년은 어머니의 품으로 뛰어든다. 어머니의 목소리를 들으며 소년은 눈을 감는다.

"이제 편히 눈 감으렴."

• 평전을 마치며 •

끝나지 않은 전투

세상을 떠나기 전까지 채의진의 마음속에 남은 앙금은 사라지지 못했다. 우선 호적 문제가 있다. 여전히 그의 호적에는 공비에 의해 일가족이 몰살되었다고 기록되어 있다. 이를 수정하려고 몇 번이나 건의했지만 호적을 수정하는 일은 쉽지 않았다. 이 일을 마무리하지 못한 채의진은 끝까지 아쉬워했다.

더불어 국가 배상금 반환 문제가 남아 있다. 2013년 5월 16일 대법원 전원합의체의 변화 이후 대법원은 민간인 학살 문제의 공소 시효를 조정하며 이 문제에 대한 손해배상금액 자체를 낮추도록 명령했다. 그리고 1년 뒤인 2014년 5월 29일, 고등법원은 피고에게 지급된 손해배상금 중 일부를 반환할 것을 명령한다. 국가가 주었던 돈을 다시 뺏는 격이었다. 이 문제 역시 채의진에게는 마음의 큰 짐이었다.

문제는 여기서 그치지 않는다. 그동안 민간인 학살 문제에서 학자들과 유족들 사이에 구심점 역할을 한 것이 바로 채의진이었다. 비록 문경 사건에 조금 더 마음을 쓰긴 했으나 근본적으로 모든 민간인 학살 문제를 해결하고자 하는 큰 뜻이 그의 안에 있었다. 그러나 채의진이 타계한 이후 구심점이 무너지고 유족들과 학자들 사이 협의할 지점이 사라지고 말았다. 정치적으로나 연구적으로나 무너진 구심점을 채울 사람이 없었다. 유족들은 그저 자기 억울함을 푸는 데 급급했고 학자들 역시 그런 유족들의 마음을 돌릴 수 없었다. 채의진이 타계한 이후 민간인 학살 문제에 대한 논의가 주춤해진 것이 현실이었다. 손해배상금 문제도 마찬가지였다.

2017년 여름. 시간이 바뀌고 정권이 바뀌었다. 많은 사람들이 새로 다가올 세상에 대한 꿈을 꿨다. 문재인 정부는 과거사 문제 정리를 위해 법을 빼들었다. 가장 먼저 움직인 건 5·18 민주화운동 문제였다. 그러나 아직 은폐된 사건들이 더 기다리고 있다. 민간인 학살 문제도 그중 하나다. 정권이 요동치며 미처 풀리지 못한 한. 여전히 국가 폭력 피해자와 가족들이 '인간 고유의 존엄성을 이루는 근본'인 진실에 대한 권리와 재활의 권리, 그리고 이에 대한 국가의 책임을 촉구하는 중이다. 이 지점에서 우리는 채의진에게 빚을 진 것과 같다. 국가의 차디찬 외면에 온몸으로 부딪혀 얻어낸 승리. 그의 정신을 본받아 다시는 이런 아픔이 반복되지 않도록 앞으로 나아가는 것은 이제 우리의 몫이 되었다.

• 채의진 연대표 •

1936년 봄의 따뜻함이 머무른 4월 29일 문경에 있는 석달마을에서 농부의 첫째 아들로 태어난다. 아버지는 아들의 교육을 위해 지원을 아끼지 않는다.

1946년 김룡초등학교에 입학한다. 모든 선생님의 사랑을 한몸에 받는 모범생으로 동네의 자랑이 된다.

1949년 살천스러운 날씨에 몸이 움츠러들던 12월 24일 국군에 의해 문경 석달마을 민간인들이 학살당한다. 이때 채의진의 나이는 고작 열세 살이었다.

1950년 석달마을 학살 사건은 공비들에 의한 학살로 둔갑한다. 신성모 국방부장관이 위로 연설차 문경을 방문하여 위로금 100만 원을 지급하며 사건을 은폐하려 한다.

1954년 상주중학교에 입학한다. 이곳에서 인생의 동반자가 될 친구 김주태를 만난다.

1957년 김주태와 함께 상주고등학교에 입학한다. 2학년이 되던 해, 자신이 겪었던 민간인 학살 사건에 대한 진실을 알기 위해 신성모 장관을 만나러 홀로 부산을 찾는다. 그러나 그를 만나지 못하고 돌아온다. 진상 규명 운동의 작은 발걸음이자 첫 실패였다. 이후 학업에 전념하여 서울문리사범대학에 진학한다.

1960년 4·19 혁명이 발발한다. 당시 대학교 2학년이었던 채의진은 휴학을 결정하고 혁명의 물결을 따라 문경 석달마을 민간인 학살 진상 규명을 시작한다. 그해 5월 드디어 자신의 얘기에 귀를 기울여주는 〈대구신문〉 이재문 기자를 만나 처음으로 언론과 인터뷰를 한다. 이를 계기로 6월 21일 국회 본회의에서 문경 석달 양민 학살 사건에 대한 조사 결과를 발표한다.

1961년 5·16 군사쿠데타 발발로 군부정권의 독재가 시작되어 포고령 위반죄로 수배자 신세가 된다. 그를 잡기 위해 고향집까지 찾은 경찰은 진상 규명에 가담했다는 이유로 그의 가족인 채홍락과 이목열을 체포하지만 곧 석방한다. 이후 수배령은 거둬졌지만 이로 인해 채의진은 자신이 겪은 일에 대해 침묵한다.

1965년 임기초등학교에 처음으로 부임한다. 아이들에게 공정하고 따뜻한 선생님으로 기억되며 중·고등학교 영어 교사로 21년간 생활한다. 그러나 가끔씩 떠오르는 그날의 악몽에 괴로워한다.

1986년 마음속 깊이 남은 상처가 치유되지 않아 무거운 마음으로 교직을 떠난다. 이와 동시에 서각 공예의 세계에 입문한다. 타인과 나누기 힘든 고통과 외로움을 나무에 새기며 슬픔을 예술로 승화한다. 이후 주일한국문화원 초대전, 필리핀 전 대통령 마카카발 기념사업회 초대전에 초청받는 등 예술가로서의 길을 걷는다.

1989년 서각 작업실 '미목'을 운영하던 중 월간지 〈말〉의 정희상 기자가 찾아온다. 이 만남을 계기로 그의 심장에 있던 진상 규명을 향한 의지가 다시 불타오른다. 진상 규명을 하는 그날까지 머리를 자르지 않으리라 다짐한다.

1990년 월간지 〈말〉에 문경 석달 사건에 대한 고발 기사가 실린다. 정희상 기자는 이후로도 문경 석달마을 민간인 학살 사건에 대한 취재를 멈추지 않는다. 같은 시기, 예술가로서 세계서화가협회 한국분회장, 중국 길림성 서화함수대학 명예교수로 위촉된다.

1993년 민간인 학살 피해자들이 모여 유족회를 결성한다. '한국전쟁 전후 민간인 학살 피해자 전국유족회'가 유가족들 사이에서 공론화된다.

1994년 오로지 진상 규명에 전념하기 위해 서울 집을 정리하고 경북 상주시 외딴 시골로 이사를 간다.

1995년 1월 당시 김원웅 의원에게 탄원서가 담긴 편지를 전달한다. 편지를 읽은 김원웅 의원은 이 사건에 대한 책임감을 느낀다. 정희상 기자는 〈시사저널〉에 민간인 학살에 대한 르포

기사를 꾸준히 게재한다. 이해 여름 처음으로 문경 석달마을 민간인 학살 가해 부대의 꼬리가 밟힌다.

1996년 김영삼 정부는 세 지역에 국한된 양민 학살 사건 특별법을 제정한다. 이 세 지역에 문경 석달마을은 포함되지 않았다.

1997년 두 차례 미국을 방문하여 문경 석달마을 민간인 학살 사건과 관련된 비밀문서 7건을 확보한다. 오랜 사투 끝에 얻은 소중한 증거였다.

1998년 조용환 변호사와 함께 민간인 학살 문제 해결을 위해 입법을 하지 않은 국회의 직무유기에 대한 헌법소원을 진행한다. 그해 겨울 정희상 기자는 채의진 선생이 1997년 확보한 미국 문서 7건에 대해 보도한다.

2000년 김동춘 교수와의 인연으로 제주에서 열린 제2회 인권학술회의에 참석한다. 처음으로 공식적인 자리에서 자신의 피해 사실을 증언한다. 이날을 기점으로 한국전쟁 전후 시기 민간인 학살 문제가 본격 거론되기 시작한다. 헌법재판소에 국회를 피고로 하는 입법부작위 위헌 소청 서류를 제출한다. 전남 구례에서 열린 동아시아 평화·인권 국제회의에도 참석한다. 민간인 학살에 대해 관심을 갖는 지식인들이 점점 늘어나며 9월 '한국전쟁 전후 민간인 학살 진상 규명과 명예 회복을 위한 범국민위원회'가 결성된다. 12월 열린 위령제에서는 문경 석달마을 민간인 학살 피해자를 위한 '어린이 희생자 추모시비'가 제작된다.

2001년 '한국전쟁 전후 민간인 희생자 진상 규명과 명예 회복에 관한 법률'이 발의된다. 그리고 이듬해 겨울 '6·25 전쟁 휴전 이전 민간인 희생자 진상 규명 및 명예 회복 등에 관한 법률안'이 국회 과거사청산특위를 통과한다.

2004년 법률안 발의로 진상 규명에도 빛이 보이는 줄 알았지만 한나라당의 반대로 부결된다. 쓰라린 마음을 안고 그해 7월 개인 서각전을 개최한다. 이날 모인 기금으로 진상 규명 운동을 이어간다. 그리고 겨울, '올바른 과거 청산을 위한 범국민위원회'가 출범한다.

2005년 5월 3일 드디어 '진실과 화해를 위한 과거사 정리 기본법'이 국회를 통과한다. 9월 7일 특별법 통과를 축하하는 행사 자리에서 17년간 기른 머리를 자르는 삭발식을 치른다. 인고의 시간 끝에 얻은 열매였다.

2006년 6월 26일 문경 석달마을 민간인 학살 사건에 대한 진상 규명이 시작된다. 이듬해 '진실·화해를 위한 과거사 정리위원회'가 다음과 같이 발표한다. "석달마을 양민 학살 사건은 비무장 민간인을 학살한 사건이었다."

2008년 국가의 미흡한 사후 처리에 불만이 터져 나온다. 박갑주 변호사와 함께 국가를 피고로 하는 손해배상 청구 소송을 시작한다. 그러나 이듬해 1심 재판에서 기각 판결을 받는다. 이에 굴하지 않고 항소하지만 2심 재판 역시 그의 요청을 거부한다. 모두가 질 거라고 말했던 싸움에도 끝까지 간다는 마음 하나로 2009년 8월 18일 대법원에 상고한다.

2011년 9월 8일 대법원의 최종 판결이 내려진다. 그의 손해배상 청구가 받아들여진다. 파기환송된 재판은 다시 서울고등법원으로 내려갔다. 2012년 4월 27일 서울고등법원은 기존의 판결을 취소하고 채의진에게 손해배상금을 지급하라고 판결한다. 승리의 환호가 채 가시기도 전에 피고(군법무부)가 이 판결에 대해 대법원에 상고한다.

2014년 5월 29일 대법원은 군법무부의 요청을 받아들인다. 사건은 다시 서울고등법원으로 돌아왔고 이듬해 5월 서울고등법원은 채의진에게 손해배상금 일부를 환급하라는 판결을 내린다. 결국 상처만 남은 채 재판이 마무리된다. 이후 채의진의 건강이 급격히 악화한다.

2016년 6월 15일 오랜 기간 진상 규명을 함께 해온 정희상 기자와 함께 '제6회 진실의 힘 인권상'을 공동 수상한다. 길고 외로운 싸움으로 인해 지친 몸과 마음을 추스르며 병원에 입원해 있던 채의진에게 재단 측이 직접 상패를 전달한다. 6월 28일 가족들이 보는 앞에서 눈을 감는다. 결코 꺼지지 않을 것 같았던 강인한 불꽃이 조용히 사그라지는 순간이었다.

• 참고 문헌 •

정희상, 〈이대로 눈을 감을 수 없소〉, 돌베개, 1990.

정희상, 〈대한민국의 함정〉, 은행나무, 2005.

이이화, 〈한국사 나는 이렇게 본다〉, 길, 2005.

김동춘, 〈전쟁과 사회〉, 돌베개, 2006.

진실화해위원회, 〈문경 석달 사건 보고서〉, 2008.

김동춘, 〈이것은 기억과의 전쟁이다〉, 사계절출판사, 2013.

한국전쟁 민간인 학살 진상 규명 웹사이트, 〈www.genocide.or.kr〉

진실의 힘 웹사이트, 〈www.truthfoundation.or.kr〉